블록체이니즘 선언

BLOCKCHAINISM MANIFESTO

이정엽

2020. 6. 11. Seoul, Korea

포스트모더니즘을 넘어 미래네트워크사회의 지배이념으로

BEYOND POSTMODERNISM

지은이 **이정엽**

제주에서 태어나 과학이 세상을 바꿀 수 있을 거라 믿으며 소설책 읽는 걸 좋아하던 저자는 당시 바이오 붐으로 인기였던 연세대학교 생화학과에 입학했지만, 2학년이 돼 실험실에 들어간 뒤에야 적성과 맞지 않다고 느껴 자퇴하고는 다시 서울대학교 철학과에 진학했다. 군복무를 마치고 학교로 돌아와 IMF시대를 맞이하며 미래에 대한 불안감에 택했던 사법시험에 합격한 후에는 2002년부터 서울북부지방법원 판사를 시작으로 서울고등법원, 서울중앙지방법원, 광주지방법원, 의정부지방법원, 대전지방법원에서 근무하였다.

현재는 의정부지방법원 부장판사로 근무하고 있으며, 2017년부터 2018년 대전에서 근무할 당시 현재 건국대학교 로스쿨 교수(당시 충남대학교 교수)인 이상용 교수 등과 한국인공지능법학회를 창설하고 그 무렵 뜻을 같이 하는 사람들과 블록체인법학회를 창설하였다. 한국인공지능법학회에서는 초대 부회장을, 블록체인법학회에서는 초대 회장을 맡고 있다.

블록체이니즘 선언

2020년 6월 11일 초판 발행

지은이 이정엽 | 펴낸이 안종만 · 안상준 | 펴낸곳 ㈜박영사 | 등록 1959. 3. 11. 제300-1959-1호(倫)
주소 서울특별시 종로구 새문안로3길 36, 1601
전화 (02) 733-6771 | 팩스 (02) 736-4818
홈페이지 www.pybook.co.kr | 이메일 pys@pybook.co.kr

편집 박가온
기획/마케팅 이승현
표지디자인 조아라
제작 우인도 · 고철민 · 조영환

© 이정엽, 2020, Printed in Korea

ISBN 979-11-303-1033-6 (03190)

정가 18,000원

블록체이니즘 선언
BLOCKCHAINISM(B-ism) MANIFESTO

자본주의와 산업사회를 지탱해온
이성 중심의 모더니즘을 비판하며 나타난 포스트모더니즘은
인터넷과 정보혁명에 따른 사회변화를 비판만 할 뿐
이끌어갈 수 없었다.
미래 네트워크정보사회로의 진화를 위한
새로운 지배이념의 등장을 이 시대는 원하고 있다.
나는 이것을 '블록체이니즘'으로 부르고 싶다.

'블록체이니즘' 선언

Blockchainism Manifesto

2020. 6. 11. SEOUL, KOREA

모든 진보는 계단식이다. 다른 말로 하면 양자적이라고도 할 수 있다. 지금까지의 컴퓨터 기술과 네트워크 기술의 발달이 축적되어 인류는 새로운 사회로 진입하게 될 것이다. 새로운 사회는 한마디로 네트워크정보사회라고 부를 수 있다.

네트워크정보사회의 지배이념을 나는 '블록체이니즘'이라고 부른다.

네트워크정보사회에서는 개인의 모든 사고와 행위가 컴퓨터가 인식할 수 있는 디지털 정보로 바뀌게 된다. 이렇게 변환된 디지털 정보는 다양한 방식으로 블록체인 네트워크를 통해 권리자가 정해진다. 권리자가 정해진 디지털 정보는 블록체인 네트워크에서 정보가치를 수학적으로 표현하는 단위로 나타낸다. 이러한 단위를 정하여 정보의 가치를 나타낼 수 있다는 것이야말로 진정한 혁신이고, 블록체인 혁명의 핵심이다. 디지털 정보의 단위가치는 지금 가상화폐, 가상자산, 암호자산, 암호화폐, 디지털 에셋, 디지털 자산 등 다양한 이름으로 불리고 있고, 코인, 토큰이라는 단어로 통칭되고 있다.

블록체인 네트워크에서 활동하는 노드의 수, 노드들 사이의 트랜잭션의 수와 빈도를 포함하여 앞으로 결정될 네트워크의 가치에 따라 정보의 가치는 결국 시장에서 결정된다. 시장에서 결정된다는 말은 정보를 추상화한 코인, 토큰은 거래소에서 다른 암호자산, 암호화폐와의 비교, 현실의 법정화폐와의 비교를 통해 자산시장을 통하여 가치가 결정될 것이라는 뜻이다.

16세기 네덜란드의 동인도회사에서 시작되어 지금까지 인류의 문명을 이끌어온 주식회사는 그 역할을 다하고, 블록체인 네트워크가 그 자리를 대신하여 회사보다 더 많은 가치를 창출할 것이다. 이러한 네트워크는 수직적 조직이 아니라 수평적 조직이다. 전통적인 회사와 같이 누군가를 고용하여 자신이 원하는 일을 시켜서 원하는 가치를 만들어내는 방식으로 일하지 않는다. 네트워크의 일부 노드가 어떠한 가치 창출을 원한다는 의사를 네트워크에 표현하면 네트워크의 수많은 노드들 중에서 이에 응답하거나 혹은 요청에 대한 응답이 아닌 자발적인 기여로서 필요한 가치를 만들어 네트워크에 제공하여 저장하도록 할 것이다.

네트워크에 정보를 제공하는 것을 알고리즘이 평가하여 그에 상응하는 가치를 부여하고, 네트워크가 부여한 가치는 네트워크의 알고리즘에 따라 단위가치를 추상화한 암호화폐나 암호자산으로 표현된다. 네트워크에서 정보의 가치를 판단하기 위하여 네트워크는 중앙이 없는 시장, 즉 블록체인 네트워크가 되어야 한다.

개인이 생산하는 개인에 대한 정보를 비식별화하여 가명정보로 기업이 사용할 수 있도록 하게 되면 개인은 자신에 대한 통제권을 잃을 수 있는 처지에 놓이게 된다. 자신의 정보에 대한 통제권의 상실은 인간에게 지속적인 불안감을 가져다주고 지속적인 불안감은 인간을 불행하게 한다.

　정보 통제권의 상실로 인한 인간의 불안감을 없애고 스스로 자신을 고양하기 위해서는 개인이 스스로 자신의 정보를 자신이 운영방식에 참여할 수 있는 네트워크에 기여하는 방식으로 정보를 생산하여야 한다. 개인이 생산한 정보의 가치와 무관하게 해당 개인을 근로자로 고용한 회사로부터 보상을 받는 것보다 네트워크가 정보의 가치를 평가하여 네트워크가 정한 보상을 개인에게 주는 방식이 개인의 자유와 창의성을 보장하는 진일보한 방식임은 두말할 나위도 없다.

　정보가 자본이 되고, 주식회사가 네트워크로 대체되는 흐름이 '블록체이니즘'이라는 사회문화적 변화로 표현된다. 이를 위해 각각의 국가는 독립국가로서의 주권을 내세우는 것이 아니라 '하나의 지구'의 한 구성원으로서, 거대한 조직의 허브로서 지구에 사는 모두에게 적용되는 공통적인 룰rule을 따르게 될 것이다. 역사, 문화, 생활수준, 피부색, 국가의 부가 모두 다르더라도 국가가 장벽이 되어 부와 정보의 흐름을 막는 역할을 하지는 않게 될 것이다.

　네트워크정보사회로의 진화를 위해 각국은 경쟁하고 또 협력하게 될 것이고, 지구인으로 태어난 사람은 누구라도 지구 어디라도 자유롭게 이동하고 거주하고, 그곳에서 가치창조활동을 할 수 있는 자유를 가지게 될 것이다. 국가를 대체하는 수많은 국제적 네트워크가 새로이 형성될 것이고, 이러한 국제적 네트워크는 기존의 국가가 가진 여러 제약을 뛰어넘어 보다 자유로운 개인을 위해 봉사하게 될 것이다.

　개인의 정보를 네트워크로부터 보호하는 것보다 네트워크에 공유하는 것이 인간의 자유와 창의를 고양하는 방법으로 채택될 것이다.

인간의 자유는 무질서로부터 오는 것이 아니라 질서로부터 나온다. 그 질서는 고정된 것이 아니라 사회와 문명의 발달에 따라 새로운 질서로 바뀌는 유연한 것이다. 객관과 주관의 이분법을 초월하여 정보우주의 관점으로 세상을 보면, 인간은 다양한 네트워크의 노드로서 자유롭게 가입, 탈퇴를 하면서 자신이 가장 자신다울 수 있는 네트워크에 참여하여 자아실현을 하게 되는 세상이 오고 있음을 알 수 있다. 그러한 세상은 부의 획득하여 삶을 영위하는 데 있어 누구의 통제도 받지 않고, 자신이 참여한 네트워크의 알고리즘에 따라 부를 분배받는 세상이다. 물론 부의 분배 알고리즘은 네트워크 노드들의 합의에 의해 만들어지고 합의에 의하여 정당성을 확보하게 된다. 네트워크들은 각자 가입, 탈퇴가 자유롭기 때문에 수많은 네트워크들은 노드로부터 선택을 받기 위해 자신이 창출하는 가치의 총액이 어느 정도인지, 어느 정도의 부를 분배할 수 있는지, 분배의 공정성은 어떻게 확보하는지 등등의 이슈에서 서로 경쟁하고, 서로 협력한다.

문화도, 역사도, 경제력도 다른 여러 국가의 사람들이 동일한 시장이라고 할 수 있는 하나의 디지털 네트워크에서 노드로서 활동하게 될 것이다. 지구인으로서 각 노드들은 모두 단일한 가치평가단위를 사용하여 서로의 필요와 욕망을 교환하게 된다.

혁명적이라는 것은 이러한 상황을 뜻하는 것이다. 아직도 산업화나 정보화가 진전되지 못하여 사회의 기반시설이 부족한 국가도 해당 국가의 국민들이 디지털 네트워크의 노드로서 활동하면서 다른 나라와 비슷한 정도로 빠르게 평준화될 것이다.

이 모든 것은 '블록체이니즘'의 효과이다. '블록체이니즘'은 세계화나 신자유주의와는 다른 방식으로 지구의 문화를 하나로 통합하게 한다. 이 거대한 흐름에 찬성할 수도 있고, 반대할 수도 있지만 이러한 흐름은 과학의 발전에 따른 불가피한 현상이다.

'블록체이니즘'이 가져오는 여러 효과 중 화폐와 금융자본, 은행의 혁신에 대해 여러 가지로 많은 반발이 있다. 전통적인 자산을 많이 가지고 있을수록 반발이 클 수밖에 없다. 전통적인 자본 역시 궁극적으로 자본을 가지고 있을 것이 아니라 정보를 가지고 있어야 한다는 점을 깨닫고 있다. 100년 전에는 가장 소출이 많이 나오는 논이나 밭을 장남에게 상속하고, 아무 쓸모없다고 여겨지는 황무지를 막내나 딸에게 상속해 주었다. 그러나 산업화 시대에 들어서면서 토지는 그 토지에서 생산되는 농산물 양이 아닌 다른 가치로 평가되었다. 황무지가 그 위치상의 가치로 신도시의 부지로 포함되면서 황무지가 논이나 밭보다 수십, 수백 배 높은 가치로 평가되고, 부모의 기대와는 다르게 황무지를 상속받은 자녀는 소출 높은 논, 밭을 상속받은 장남보다 더 큰 부를 거머쥐게 된다. 전통적인 부동산, 주식, 채권을 가진 사람들보다 정보를 가진 사람들이 더 큰 부를 가질 수 있게 된다.

정보의 유통을 막는 많은 규제가 있다. 이러한 규제는 사람들의 개인정보를 보호한다고 이야기되고 있다. 그러나 역설적으로 이 규제가 정보의 독점을 통한 권력의 독점을 유지하는 작용도 하고 있다.

'블록체이니즘'은 이러한 정보의 독점, 권력의 독점에 반대하고, 이러한 정보독점에 따른 부의 독점에 반대한다. '블록체이니즘'은 반대를 위한 반대로 끝나지 않는다. 부의 독점, 권력의 독점을 피하면서 주식회사를 통해 가치를 생산하는 시스템으로는 해결할 수 없는 더 큰 문제를 해결할 수 있는 새로운 제도를 궁구하는 것이 '블록체이니즘'이다.

기후변화, 전 지구적 군축, 항구적 평화, 인간의 자유로운 이동, 자원고갈, 충분한 의료서비스와 식량을 제공받지 못하는 수많은 지구인의 처우개선 등 지금까지 쉽게 해결할 수 없는 문제에 대한 해결책으로서의 주식회사의 한계를 인식하고, 그 대안으로 디지털 네트워크를 제시하는 것이 '블록체이니즘'이다.

한 개인은 그 자체로 가치 있는 존재이고, 다른 생명과 같이 그 잠재력을 표현하도록 운명 지워졌다. 블록체인 네트워크는 그가 태어난 국가의 도움 없이도 자신의 가치를 알릴 수 있는 통로를 만들어낸다.

인종, 국적, 성별, 나이, 학력수준, 재산수준, 직장 등 현재 네트워크는 소멸하거나 가치가 줄어들고, 인간이 의식적으로 만들어낸 다양한 블록체인 네트워크가 그 자리를 대신할 것이다. 디지털 네트워크들은, 정보에 가치를 부여하는 블록체인 네트워크는 앞으로 지금의 네트워크보다 수만 배, 수천만 배로 다양하고 많아질 것이다. 컴퓨터 사이언스의 발달은 인간이 그 수천만 배의 다양한 네트워크와 그 네트워크에서 생성되는 정보를 다룰 수 있는 기술을 제공할 것이고, 이러한 수천만의 네트워크로 융합된 사회가 바로 네트워크정보사회이다.

이러한 네트워크정보사회를 만들겠다고 하는 것, 네트워크정보사회를 만드는 설계도, 이것이 '블록체이니즘'이다.

2020년, 대한민국 서울에서 '블록체이니즘'을 네트워크정보사회의 설계 이념으로 선언한다. 이러한 블록체인 네트워크정보사회 건설에 대한 지구인의 노력을 촉구한다.

추천사

AC(After Corona) 시대 새로운 질서인 코로노말(Coro-Normal)이 형성되는 혼돈의 시대를 눈앞에 목도하고 있다. 인류의 역사와 함께 해온 일상적인 접촉의 단절이 가져온 코로나격차(Corona divide)와 코로나캐스트(Coronacast)는 경제적 약자들을 지탱할 새로운 질서로서 블록체인의 가치를 더욱 돌아보게 한다. 저자는 코로나19 이전에도 블록체이니즘을 네트워크정보사회의 설계이념으로 주창하여 왔다. 인류를 폭력으로부터 평등하게 할 차세대 이념으로서 저자의 블록체이니즘 선언에 동의한다.

구태언 대한특허변호사회 회장, 법무법인 〈린〉 변호사

블록체인은 기술 이전에 '신뢰'다. 기존 기술을 '대체'하기 위한 것이 아니라 신뢰를 더하기 위한 것이다. 2020년 벌어진 코로나 바이러스 팬데믹 사건은 더 신뢰 있는 의료 정보를 필요로 하게 됐고 글로벌 공급망 붕괴와 변화도 블록체인을 필요로 하게 됐다. 또 개인의 창의성과 자유가 더 중요해졌다. 블록체이니즘은 포스트 코로나를 반영하는 시대정신이라 볼 수 있다.

손재권 〈더 밀크〉 대표, 前 〈매일경제신문〉 실리콘밸리 특파원

블록체이니즘은 새로운 시대정신이다. 이 정신은 개인의 창의성과 자유가 극대화되어 총 생산성이 제고되면서도, 비분쟁 합의분배가 계속되는 자유 디지털 네트워크 사회를 추구한다. 이 네트워크는 가입과 탈퇴가 자유롭고 국경을 초월하여 존재할 수 있다. 블록체이니즘은 우리 사회를 양극화하여 지배해온 자본주의와 사회주의를 뛰어넘는, 개인의 자유가 극대화되며 개

인이 네트워크와 함께 발전하는 새로운 지배 사조가 될 것임을 확신한다.

이흥노 광주 과학기술원(GIST) 교수

매년 네바다 주의 사막에서 열리는 '버닝맨'에서는 돈이 통용되지 않는다. 여기서는 개인이 창작한 노래, 댄스, 디자인, 퍼포먼스 등 인간의 창의성이 다른 인간의 창의성과 교환된다. 세상에는 다양한 문명의 가능성이 존재한다. 그리고 블록체인은 그러한 새로운 문명의 가능성을 열어주는 열쇠 중 하나로 손꼽히고 있다. 이 책은 블록체인에 대한 상상력을 최대치로 끌어내는 현대미술 속 추상화와 같다. 한 문장 한 문장 연필로 꾹꾹 눌러 쓴 깊이감 있는 사색을 통해 새로운 문명의 가능성을 마음껏 상상해 보길 바란다.

신현규 기자, 〈매일경제신문〉 실리콘밸리 특파원

아직 사회적 시선은 블록체인과 암호화폐를 '제도'라는 틀에 맞추어 허구이자 투기의 산물로 재단해버린다. 하지만 필자는 그 제도인 헌법과 법률에 관하여 최종판단을 내리는 법관이라는 점에서, 우리가 가지는 그 사회적 시선이 편견일지도 모른다는 메시지를 던지고 있다. 또한 블록체인과 가상자산은 제도 속에서 이해될 수 있고, 때로는 인류에게 더 유익한 제도를 재창조해낼 수 있음에 주목하고 있다. 그런 점에서 이 글은 혁신적이다. 편견은 미지未知의 산물이고, 그 미지의 경계를 넘어서면 새로운 틀이 우리 일상에서 실현될 수 있음을 이 글을 통해 깨우쳐주고 있는 것이다.

오영준 암호자산거래소 〈빗썸〉 상무

'블록체인Blockchain'으로 새로운 미래를 꿈꾸는 독자라면 꼭 읽어봐야 할 책이 출간되었다. 인공지능과 함께 미래 사회를 만들어가는 '블록체인', 이제 '블록체인'은 단순한 기술이 아니라 우리의 미래사회를 지배하게 될 새로운 시대의 지배이념이다.

고찬수 『인공지능 콘텐츠 혁명』 저자, KBS PD, 한국PD연합회 회장

사전 정보가 전혀 없다고 치자. 글만 놓고 보자면 저자의 직업이 무엇일 것 같은가? 제목에서부터 혁명가의 분위기가 느껴진다. 블록체인 분야의 역사를 아는 사람이라면, "개발자"라는 답을 내놓을지 모르겠다. 비트코인 탄생의 사상적 배경이 온전히 담긴 '사이퍼펑크 선언문(A Cypherpunk's Manifesto)'과 이 책이 어쩐지 닮아서다. 놀랍게도 저자의 직업은 판사다. 가장 보수적인 직업군이다. 그런데도 저자는 국가 시스템을 넘어서는 네트워크 정보사회를 꿈꾼다. 가장 보수적인 이가 가장 급진적인 주장을 하는 아이러니, 『블록체이니즘 선언』에서 만날 수 있다.

고란 〈조인디〉 콘텐츠책임(CCO)

디지털 혁명시대를 맞이하여 정보의 유기적 관계를 설명한 새로운 가치창조의 기본서로 추천 드립니다.

홍주의 서울특별시한의사회장

평소 블록체인법학회 이정엽 회장님의 해박한 법리, 풍부한 경험, 끊임없이 새로운 세계로 도전하는 열정에 감탄을 금치 못하고 있었는데, 옥저 『블록체이니즘 선언』을 발간하신다니 화룡점정畵龍點睛이란 말이 생각난다. 네트워크정보사회의 지배이념을 분석·정리한 본서가 법조인을 비롯하여 이 분야에 관심 있는 많은 분들에게 큰 도움이 될 것이라 믿으며, 저자가 만들어낼 다음 번 용이 벌써부터 기대된다.

이찬희 대한변호사협회 회장

블록체인과 암호화폐에 관한 세간의 관심이 들불처럼 번져가다 사그라들기를 반복하고 있다. 아직도 이것이 투기인지 아닌지를 두고 해묵은 논쟁이 한참이지만 진정한 변화는 이미 깊은 곳에서 시작되고 있다. 무형의 정보가 유형의 재화를 대체하고 국가와 기업이라는 중앙집권화된 조직을 수평적 네트워크가 대체하면서 인간의 삶이 근본적으로 바뀌고 있다. 저자는 이러한 의미심장한 변화를 블록체이니즘이라고 부른다. 기존의 모든 논의의 틀을 뛰어넘어 펼쳐지는 담대한 조망 앞에서의 경이로움을 독자들도 함께 하기를 기대한다.

이상용 건국대학교 법학전문대학원 교수

블록체인은 네트워크에 참여한 노드들이 가치를 만드는 데 기여하고 자발적 참여를 유도하는 인센티브를 도입하여 디지털 세상에서 자유 민주주의를 실현하고 있다. 이 책에서 저자가 통찰한 네트워크정보사회의 지배 이념인 블록체이니즘은 근대 헌법의 토대가 된 마그마 카르타처럼, 블록체인 시대의 합의 알고리즘과 스마트 컨트랙트의 기본 이념으로 평가된다. 또한 인공지능 기반의 플랫폼 세상에서 정보와 권력의 독점으로 부의 독점까지 이어지는 승자독식의 폐해를 방지하기 위해 블록체이니즘은 반드시 필요하다. 이러한 측면에서 일반 독자는 물론, 정책입안자와 기업가는 이 책을 꼭 읽어보고 정의로운 세상을 구현하는 새로운 시대정신에 동참하기를 기대한다.

임명환 ETRI/UST 교수, 한국블록체인연구교육원 원장

구리와 주석을 섞어 만든 청동으로 각종 도구를 만들었던 시기를 청동기라 한다. 청동의 등장은 불을 다루는 기술과 관련 기술들의 급격한 발달은 물론, 생산 효율성을 드라마틱하게 향상시켰고, 군사적 우위를 가능하였으며, 사회 전반적으로 비약적인 발전을 가져왔다.

이처럼 청동기에서의 청동기술은 단순히 그 시대 넓게 쓰인 도구만을 의미하는 것이 아니라, 그 시대 정치, 사회, 문화, 지배구조를 아우르는 포괄적 의미의 아이콘인 것이다.

저자는 '청동'기와 같은 의미에서 이제 막 전개되고 있는 세상을 '블록체이니즘'으로 정의하고 있다. 우리가 블록체인의 합의알고리즘과 속도 등 기술수준을 비교하며 유용성을 판단하는 것은 마치 청동기시대를 조망한다면서 구리와 주석의 합금비율만을 연구하는 것과 같다.

이 책은 블록체인이라는 단어가 지닌 시대정신과 앞으로 펼쳐질 패러다임을 조목조목 설명해주고 있다.

저자가 말하고 있는 '블록체이니즘'을 이해하는 것은 '블록체인기' 세상에서 그 어떠한 지식보다 중요할 듯하다.

김의석 박사, KAIST 기술경영전문대학원 겸직교수,

한국조폐공사 ICT사업개발팀장

미래 네트워크정보사회가 어떤 모습으로 나타나는가 궁금한 분들께 강력하게 추천합니다.

이수진 국회의원(더불어민주당 동작을)

차례

1장 서론

2장 정보

3장 네트워크

4장 화폐

11장 '블록체이니즘'과 대한민국의 확률적 미래

12장 '블록체이니즘'선언

저자 일러두기

1. 이 글은 풍부한 사례로 논증하는 글이 아닙니다. 지금까지 필자가 다양한 경로로 습득한 말과 글에 따라 발전한 개인적 생각을 쓴 글입니다. 따라서 전혀 학문적으로 참고할 만한 글은 아닙니다. 또한, 사실을 적은 부분의 사실관계에 대한 충분한 고증을 거친 바도 없음을 미리 알립니다.

2. 블록체인에 관심 있는 사람들에게는 많이 들어본 주장일 수 있겠지만, 아직 블록체인이 가져오는 사회적 변화나 그 흐름에 대해 많이 생각해보지 않은 사람들에게는 생각할 거리가 될 수 있다고 생각하여 글의 수준이 낮음에도 책을 내기로 하였으니 너그러이 용서바랍니다.

1장

서론
Beginning

BLOCK
CHAINISM

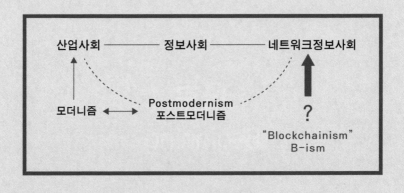

'블록체이니즘'은 하나의 사회운동이자
새로 나타나는 디지털 르네상스의 지배이념이다.
또한 산업사회를 지배하던 모더니즘과 이를 비판하던
포스트모더니즘의 대립을 한 번에 해결하는 새로운 시대정신이다.

'블록체이니즘'이란 무엇인가? 네트워크정보사회를 이끌어내는 시대이념이다. '블록체이니즘'은 하나의 사회운동이자 새로 나타나는 디지털 르네상스의 지배이념이다. 또한 산업사회를 지배하던 모더니즘과 이를 비판하던 포스트모더니즘의 대립을 한 번에 해결하는 새로운 시대정신이다.

　미래는 정해진 것이 오는 것이 아니라 만들어 가는 것이다. 디지털 세계가 확장되면서 데이터 혹은 정보는 엄청나게 쌓이고 있을 뿐 아니라 쌓이는 속도 또한 기하급수적으로 증가하고 있다. 엄청나게 쌓여가는 데이터를 개인은 어떻게 관리하고, 이용할 것인지, 기업과 국가는 그 데이터로 무엇을 할 것인지, 데이터가 자본이 되는 과정에서 나타나는 빈부의 격차와 정보의 격차는 어떻게 해결해야 할 것인지 등 새롭고 다양한 질문이 전방위적으로 제기되고 있다.

이러한 여러 가지 질문에 대하여 '블록체이니즘'은 전통적인 소유권 기반의 법률체계, 주식회사 기반의 가치창출조직체계, 달러 기반의 국제무역체계에 대하여 새로운 해석을 요구한다.

그리하여 지구적인 관점에서 자원에 대한 소유권에서 공유재에 대한 접속권으로의 전환, 근대법학에서 생태법학으로의 전환, 회사에서 네트워크로의 전환, 수직적 조직에서 수평적 조직으로의 전환, 국가에서 도시로의 전환, 자산에 대한 소유와 운영의 분리, 빈부격차의 극복, 개인의 자발적인 네트워크의 참여와 탈퇴가 전통적인 고용 및 해고를 대체하는 것, 디지털화되고 주인이 없는 국제적인 시장의 탄생과 같은 거대한 이슈에 대해 새롭게 토론하고 새로운 제도를 만들어내는 시대적 요청 그 자체가 바로 '블록체이니즘'이다.

블록체인기술은 무엇 때문에 탄생하게 되었을까? 어떤 문제를 해결하기 위해 만들어졌을까? 하나의 노드에서 제3자의 보증 없이 디지털 정보를 다른 노드에 이전하되, 이전된 디지털 정보를 처분 혹은 사용할 수 있는 사람이 누구인지를 네트워크에 분명하게 알려주는 장부로서의 역할을 하는 디지털 네트워크는 무엇 때문에 필요한 것일까? 어떤 문제가 있기에 그러한 기술적 진보가 이루어졌을까?

최초의 블록체인기술의 발전은 장부를 관리하는 주체인 거대은행의 문제를 해결하기 위한 것이다. 이러한 블록체인기술에 따른 분산장부는 국가 간 회계제도와 화폐제도가 달라 국가별로 통용되는 다양한 장부의 통일성을 유지하기 위한 비용, 쉽게 말하여 외환거래에 따른 비용의 문제를 해결하기 위한 것이라고도 할 수 있다.

단순한 정보 전달에 그치는 것이 아니라 법정화폐로 표현될 수 있는 가치를 전달할 수 있는 플랫폼의 가능성을 열어준 비트코인혁명으로 인하여 블록체인과 암호자산은 단순한 블록체인기술이 낳은 결과물이 아니라 진정한 정보혁명, 금융의 혁신이라고 불릴 수 있는 '블록체이니즘'으로 나아가고 있다.

'블록체이니즘'은 다양한 면에서 영향을 미치게 될 것이고, 현재도 다르지 않다. 철학적인 측면에서 모든 것을 데이터, 정보의 관점으로 세상을 바라보게 될 것이고, 경제학적인 관점에 따라 정보가 재산권의 대상이 되거나 공유재로 관리될 것이다. 정치적인 면에서는 미미한 비용으로 즉각적인 투표가 가능해지고, 민의가 더 잘 전달되어 대의제를 새로운 단계로 혁신할 수 있다.

가장 중요한 변화는 디지털 네트워크가 요구하는 새로운 정보가 엄청나게 폭발하고 그 정보를 채굴, 가공, 유통하는 새로운 가치생산조직인 블록체인 네트워크가 수없이 만들어질 것이라는 것이다. 가치생산조직은 극도로 발전하는 컴퓨팅 능력으로 무장한 개인일 수도 있고, 전통적인 주식회사일 수도 있으며 새로운 형태의 네트워크 조직일 수도 있다. 주식회사도 네트워크 내의 하나의 노드로서 다른 노드들과 상호작용할 것이다. 네트워크 조직의 부상이야말로 블록체인 시대를 나타내는 가장 큰 특징일 것이다. 어떻게 보면 이러한 네트워크는 회사라기보다는 국가와 비슷하다.

네트워크는 회사법에 따른 규율보다 네트워크에서 제정된 헌법에 따라 규율될 것이다.

이러한 네트워크가 회사보다 더 많은 가치를 창출하면서도 종전과 같이 부가 한쪽으로 쏠리지 않게 하려면 어떻게 해야 할 것인가. 이는 '블록체이니즘'이 직면한 도전 중의 하나이다.

2장

정보
Information

BLOCK
CHAINISM

존 아치볼드 휠러(john Archibold Wheeler)의 정말로 큰 질문

존재는 어떻게 생겨났는가?
왜 양자인가?
동참하는 우주?
의미는 무엇인가?
비트에서 존재로?

- 한스 크리스천 폰 베이어의
'Imformation, the new language of science'에서 -

———

과학의 목표는 사물 자체가 아니라
사물들 사이의 관계이다.

- 푸앵카레(프랑스 수학자) -

정보(Information)

모든 것은 정보로부터 시작되었다

정보라는 말이 이처럼 사람들 입에 자주 오르내리는 시대가 있었을
까? 누군가는 정보라는 말 대신 데이터라는 말을 쓴다. 빅데이터라
는 말도 많이 이야기된다. 데이터는 정보와 다르다고 볼 수도 있고,
쓰이는 바에 따라 비슷한 의미로 사용될 수도 있다. 데이터는 현실
세계에서 관찰자가 관찰한 사실이나 자료값이고, 정보는 데이터를
의사결정에 사용하기 위해 처리하여 조직한 결과물이라고 주로 이
야기된다. 데이븐포트와 프루삭은 자신의 논문을 통해 정보는 데이
터에서 파생되고, 지식은 정보에서 파생된다고 주장하고 있다.[*]

현재는 진정한 정보혁명의 초입이고, 이러한 정보혁명기술이 인류

---

[*] 엘리너 오스트롬, 샬럿 헤스 공저, 『지식의 공유』, 김민주, 송희령 역, 타임북스에서 재인용.

의 모든 측면에서 사고의 전환을 가져오고 있다. 이러한 인류의 사고 전환이 바로 '블록체이니즘'이다.

이러한 '블록체이니즘'으로 표현되는 사고의 전환을 빨리 하고, 지금의 사회를 뒤에서 살펴볼 네트워크정보사회로 먼저 변화하는 나라야말로 새로운 시대를 선도하는 나라가 될 것이다.

이 책에서의 정보는 세상을 해석하는 새로운 도구로서의 정보를 말한다. 세상을 해석하기 위한 도구로서의 원자론과 대비되는 개념으로서의 정보를 말하고, 20세기에 비약적으로 발전한 과학이론인 상대성이론과 양자역학, 그리고 그에 따른 컴퓨터 과학을 토대로 세상을 더 잘 해석하기 위한 개념으로서의 정보를 말한다.

시간의 흐름도 관찰자의 운동 상태와 무관할 수 없다는 상대성이론과 우리 밖의 실재적인 사물도 관찰자를 배제한 채 기술할 수 없다는 양자역학은 절대적인 객관성이라는 것은 존재하지 않는다는 점을 알려주었다.

우리는 이제 세상을 해석함에 있어 주관을 배제할 수 없음을 알게 되었고, 따라서 주관을 객관화하기 위하여 언어나 수학 또는 컴퓨터 과학의 도움을 필요로 한다는 점을 분명하게 인식하게 되었다.

언어 혹은 개념이 가진 주관성을 제거하여 시간과 공간을 초월하여 동일한 어떤 것을 정의하기란 불가능하다는 점도 알게 되었다. 한스 크리스천 폰 베이어Hans Christian von Baeyer는 그의 책『과학의 새로운 언어, 정보』*에서 정보란 무엇인가를 플라톤과 아리스토텔레스까지 거슬러 올라가면서 탐구한다.

• 한스 크리스천 폰 베이어, 『과학의 새로운 언어, 정보』, 전대호 역, 승산.

그러고는 '과학의 목표는 사물 자체가 아니라 사물들 사이의 관계이다'라는 프랑스의 수학자 푸앵카레Henri Poincaré의 생각에 동의한다. 그리고 '우리는 어떤 대상에 대해 다른 대상들과의 연결 가능성을 떠나서는 아무것도 생각할 수 없다'는 오스트리아의 철학자 비트겐슈타인의 통찰에 공감하면서, 정보는 한 매체에서 다른 매체로 관계를 포함하는 형상●을 전달하는 것이고, 그 전달은 본질적으로 새로운 패턴으로 번역하는 코딩과정을 거치게 된다고 주장하고 있다.

정보는 기억 속에 저장될 수 있고, 이 저장된 정보는 사람에서 사람으로, 사람에서 기계로, 매체에서 매체로 전달될 수 있다. 과학자의 실험을 통한 측정과 그 측정결과에 대한 해석을 언어나 수식으로 출력하는 것을 정보의 유입으로 볼 수 있다. 언어나 수학도 일종의 패턴으로, 코드라고 할 수 있다. 우리는 다른 사람이 하는 말을 듣고 이해한다. 이를 정보가 전달되었다고 말한다. 말을 하는 것은 성대를 진동시키는 것이다. 성대의 진동은 공기 중에 압력파동을 만들어내고 이 파동은 귀를 통해서 파동을 감지하는 세포에 전달된다. 파동을 감지하는 세포의 변화는 학습을 통해 네트워크 의미망의 어떠한 의미와 대응된다. 눈으로 정보를 습득하는 것 역시 이와 비슷한 작용을 거친다.

'학습된 의미와 어떠한 패턴, 코드가 대응되는가'라는 문제, '어떠한 의미를 만들기 위해 어떻게 성대를 울려 정보를 코딩할 것인가'라는 문제에 대해서는 사실 정보통신기술이 발전하기 전까지는 크게

● 한스 크리스천 폰 베이어는 형상이라는 단어를 플라톤의 용어 에이도스에서 유래된 말로서 플라톤은 이를 '사물의 완벽하고, 추상적인 이상, 원형'이라는 뜻으로 사용하였고, 아리스토텔레스는 형상을 '사물의 본질적인 속성의 총합'으로 정의했다고 이해하고 있다.

의미를 두고 연구가 되지 않았다. 인류가 문명을 만들 수 있었던 이유로 언어를 사용하여 집단의 힘을 모을 수 있었다는 것으로부터 찾을 수 있을 것이다.

구전으로 지식을 전승하다가 문자를 만들고, 이를 기록할 활자가 발명되면서 문명이 한 단계 도약한 것은 시간과 공간을 확대하여 집단적 힘을 모을 수 있는 도구의 발명 때문이다.

전신, 전화, 컴퓨터 등도 이러한 관점에서 보면 정보를 코딩하여 다른 매체로 전달하는 것에 혁신을 가져온 것이다. 이러한 혁신은 질적인 변화를 거쳐 현재는 물질적 세상을 넘어 인간사회 역시 정보의 관점에서 해석할 수 있는 단계에 이르렀다. 정보에 대한 새로운 접근이 절실히 필요하다.

정보이론의 창시자로 불리는 섀넌Claude Shannon은 정보를 정의하지 않고, 정보의 양을 측정하는 방식으로 정보를 과학의 단계로 올려놓았다. 그러나 섀넌의 이론으로는 아직 정보를 진정하게 가치 있는 것으로 다룰 수 있는 기술적 토대를 제공해 줄 수는 없다.

인류는 어느 순간 상업이 부를 창출할 수 있음을 깨닫게 되었다. 상업이나 무역은 장소와 시간을 바꾸어 물건이나 서비스를 제공할 수 있도록 함으로써 가치를 더하는 작업이라고도 할 수 있다. 윌리엄 괴츠만William N. Goetzmann은 자신의 책 『금융의 역사』*에서 금융의 기본 요소로 4가지를 든다.

1. 시간을 넘나들며 경제적 가치를 재할당한다.

• 윌리엄 괴츠만, 『금융의 역사』, 위대선 역, 지식의 날개.

2. 위험을 재할당한다.

3. 자본을 재할당한다.

4. 이러한 재할당 과정을 접근이 용이하고 정교하게 만든다.

이제 위에서 본 경제적 가치나 위험을 '정보'라고 바꾸어보자. 물건에 대한 정보와 물건의 관계는 이제 현금과 현금이동에 대한 장부의 기재와 비슷해지고 있다. 물건과 서비스 역시 그 효용을 소비하기 위해서만 존재하는 것이 아니라 실재의 물건과 서비스를 추상화한 정보의 형태로 자신의 잠재력을 확장하고 있다. 이는 금융혁신을 통해 가능해지고 있다.

집이나 토지와 같은 부동산이 거주 및 농산물을 생산하는 수단으로만이 아니라, 공장을 건설하고, 물건을 제조하여 유통하며, 디지털 네트워크를 만드는 자본으로 사용되는 것도 금융혁신의 일종이다. 우리는 이러한 물건 혹은 서비스에 대한 권리에 관한 정보를 금융상품, 금융서비스라고 지칭하며 이를 소비하고 있다.

정보가 금융혁신을 만나게 되면 진정한 정보혁명이 일어나게 되어 사회가 네트워크정보사회로 이동하게 된다.

상품이 현금으로 결제되는 경우에는 상품의 이동속도와 화폐인 현금의 이동속도는 같다. 그러나 금융의 발전은 상품과 화폐를 시간적, 공간적으로 분리할 수 있게 되었다. 상품과 서비스는 화폐와 같은 속도로 이동가능하게 되었고, 정보통신기술의 발달로 인하여 화폐, 혹은 계약 자체도 새로운 단계로의 변신을 시대가 요청하였고, 그에 따라 암호화폐, 암호자산이 등장하게 되었다.

암호화폐, 암호자산은 시대의 요청에 의한 응답으로 나온 기술적 대답이지, 도박이나 투기의 목적으로 만들어진 것이 아님은 분명하다.

존재에서 비트로

원자론은 세계를 이해하는 놀라운 툴tool을 제공하여 왔다. 원자론은 산업혁명과 블록체인 이전의 정보혁명까지 인류를 인도해온 세계에 대한 해석방법론이었다.

그러나 존 아치볼트 휠러가 말한 것처럼 이제 양자물리학은 원자론에서 벗어나 정보를 새로운 세상의 해석 툴로 사용하려 노력하고 있다. 양자물리학은 양자정보물리학이라는 새로운 이름을 가지려 하고 있다. 주관과 객관을 명확하게 분리하여 객관적 실재가 있고, 인류는 이를 알 수 있다는 신념체계에서 주관과 객관을 분리할 수 없고, 관찰대상과 관찰자를 분리할 수 없다는 신념체계로 바뀌고 있다.

모든 것이 마음에 달려있다. 하나의 물체는 맥락에 따라 사람마다 달라진다는 불교 철학도 양자물리학과 연결된다. 관찰대상과 관찰자를 분리할 수 없기 때문에 관찰대상에서 관찰자에게 연결되는 관계가 곧 정보라고 할 수 있다. 그 연결은 과학기술의 발전에 따라 수많은, 새로운 연결이 가능하다.

객관적 실재를 탐구하는 것이 한계에 부딪히게 되면서 객관적 실재가 아닌 관찰자가 관찰한 정보 자체를 탐구하는 것으로 관점을 바꾸는 것이 바로 '존재에서 비트로'라는 말에 함축된 의미이다.

정보는 관계이다

'정보는 관계'라고 생각하는 것은 커다란 인식의 전환이다. 정보를 관계라고 생각하면 관찰대상은 관찰자가 자신이 속한 네트워크 내에서 학습해 온 의미망에서만 실재한다고도 말할 수 있다. 인간은 언어를 통해서만 세상을 해석할 수 있다는 말과도 연결된다. 왜냐하면 인간이 관찰 혹은 측정하는 대상은 인간의 감각기관을 통해 일종의 패턴으로 인식되고 이러한 패턴에 대해 인간은 자신이 자라온 네트워크를 통해 학습된 의미를 대조하기 때문이다.

생물학적인 인간으로 태어났어도 늑대와 같이 자란 인도의 소녀는 교육을 받았음에도 인간의 언어를 학습할 수 없었다. 영어를 사용하는 나라에서 자란 사람과 한국어를 사용하는 나라에서 자란 사람이 어떠한 대상을 완전히 동일하게 이해하기는 어렵다. 왜냐하면 정보는 관계이므로 표현하고자 하는 대상이 '의미망'이라고 부르는 네트워크에서 어떤 위치에 존재하느냐에 따라 그 대상에 대한 인식이 달라지는데, 그 의미망은 언어와 문화에 따라 다르기 때문이다. 사랑이나 행복과 같은 추상화된 개념은 더더욱 그렇다. 어떤 네트워크 내에서는 아예 그러한 개념이 없는 경우도 있으므로 어느 한 네트워크의 의미망은 인간의 인식의 범위와 깊이에 큰 영향을 미치게 된다. 이러한 이해의 어려움은, 포스트모더니스트들이 '이해는 우연의 산물일 뿐 말한 그대로의 의미 전달은 본질적으로 불가능하다'라고까지 말하게 하였다.

정보가 관계라고 인정한다면 정보가 충분히 많은 다른 의미들과의 관계를 반영할 때보다 더 사실을 반영한다고 할 수 있다. 이는 곧 정보를 통해 세상을 해석하는 것은 확률론을 통해 세상을 인식하려고 하는 것과 같다.

확률과 빅데이터, 이것이 요즈음 현대과학이 세상을 해석하는 좋은 도구로 제시하고 있는 것이다.

관계의 생산은 정보의 생산이다

정보는 관계이므로 정보의 생산은 관계의 생산이 된다. 정보는 새로운 시대의 석유이다. 정보가 많이 생산되기 위해서는 새로운 관계가 많이 네트워크에 추가되어야 한다. 관계, 즉 정보는 네트워크 내에서 중첩되기도 하고 서로 섞이기도 하면서 새로운 의미를 만들어낸다. 정보가 관계이면서 가치 있는 자산이라고 인식하게 되면, 새로운 인식이 이루어지는 많은 새로운 관계를 네트워크가 만들어내야 한다.

네트워크의 노드 수, 노드들 간의 상호작용이 정보의 생산량을 좌우한다. 네트워크의 의미망은 고정되어 있는 것이 아니다. 계속해서 변화하고, 확대되기도 하고 수축되기도 한다. 과학과 기술의 발전은 기존의 의미망을 재해석해서 보다 넓은 이해를 하도록 한다.

뉴턴은 중력을 이해하기 위한 도구로서 미적분학을 만들었다. 컴퓨터과학의 발전을 위해 도구로서 리먼 기하학을 만들었다. 이러한 도구는 네트워크에 새로운 의미망을 추가하였다. 이러한 도구로 이해되는 새로운 정보는 네트워크에 엄청난 가치를 주었다.

인공지능과 컴퓨터의 발달은 인간 감각기관의 확장을 가능하게 하였다. 인간의 감각기관을 대신하는 센서들을 가능하게 하였다. 물론 센서들은 스스로 인간으로부터 독립하여 의미를 생산할 수 있는 기계라고 할 수는 없지만, 인간의 의미생산능력을 폭발적으로 증대시켜줄 수 있다. 인간은 컴퓨터를 이용하여 자신이 원하는 바의 정보를 기계가 생산하도록 할 수 있게 되었고, 이로써 컴퓨터와 인간의 커뮤니케이션이 가능하다고 말할 수 있게 되었다.

개인이 정보와 지식을 생산하고, 이를 다른 사람들과 실시간으로 전달함으로써 집단적 협업이 가능하도록 한 통신과 컴퓨터의 발달은 새로운 사회로의 도약을 가능하게 한 기술적 충격이다.

요하이 벤클러Yochai Benkler가 그의 책『네트워크의 부』*에서 이야기했듯이 전 세계 수억 명의 사람들은 서로 연관되지 않은 상태에서도 독립적으로 분산된 상태에서 정보를 생산하고 있고, 생산된 정보를 실시간으로 필요로 하는 사람에게 전달할 수 있는 능력을 가지게 되었다.

예전에는 이러한 능력을 가지기 위해서는 커다란 자본이 필요했을 뿐 아니라 기술적으로 원하는 정도로 빠른 시간에 정보를 보내고 받을 수가 없었다. 따라서 개인은 많은 정보를 집적하고 지식을 조직화하여 자본으로 만들기가 어려웠다.

그러나 지금은 개인도 컴퓨터를 이용하여 많은 정보를 취득하여 이를 조직화하고, 조직화된 지식을 전 세계에 배포함으로써 부를 얻

• 요하이 벤클러, 『네트워크의 부』, 최은창 역, 커뮤니케이션북스.

을 수 있는 시대가 되었다. 결국 얼마나 많은 좋은 정보를 취득하는가가 중요하게 되었다. 네트워크에서 얼마나 좋은 관계를 지속적이고, 또 많이 맺느냐의 문제는 이제 곧 부의 질을 결정하는 토대가 된다.

'블록체이니즘'은 정보로 세상을 해석하는 시대의 시대정신이다

세계 최초로 VOC(네덜란드 동인도 회사)와 주식시장을 만들고 상업으로 큰 부를 축적한 네덜란드가 왜 다양한 기술을 기반으로 한 다양한 회사의 주식이 거래되는 주식시장을 만들지 못하였을까? 왜 영국에서 산업혁명을 이끌어갈 다양한 주식회사가 생성되어 시장에서 거래될 수 있도록 하고, 결국 패권을 쥐게 되었을까? 윌리엄 괴츠만은 아마도 '명예혁명'으로 촉발된 자유롭고 창의적인 사회분위기 때문이었을 것이라고 추측한다.

자유롭고 창의적인 문화는 과학, 기술의 발전에 따라 시대가 요구하는 새로운 제도를 만드는 토대가 된다. 새로운 제도를 구현하기 위해서는 새로운 제도를 관통하는 새로운 시대정신이 필요하다.

이러한 새로운 시대정신은 정보를 어떻게 생각하고, 어떻게 다루어야 하는지 사회적 기술로 사용하기 위해서는 어떻게 추상화하여야 하는가에 대한 답을 찾는 데 도움을 주어야 할 것이다. '블록체이니즘'은 뒤에서 이야기할 네트워크, 자본주의의 진화, 수평적 조직, 부와 권력의 분산 그 모든 것을 정보기술의 관점에서 재해석하는 새로운 시대정신이다.

3장

네트워크
Network

BLOCK
CHAINISM

—

블록체인 네트워크는 인류공통의
문제 해결에 도움이 되는 행위에
보상을 하는 경제구조를
소프트웨어로 구현할 수 있는 잠재력이 있다.

조직의 재창조

변하지 않는 사실이 있다면, 모든 것은 변한다는 것이다. 민주적 사회라고 한다면 새로운 변화는 개선 또는 진보라고 이름 붙일 수 있다. 왜냐하면 생명은 그 자체로 자신이 가진 잠재력을 발현하도록 디자인되어 있고, 잠재력의 발현은 진화의 과정에 포섭되기 때문이다. 정보우주와 생명은 정해진 잠재력을 발현하면서 지속적으로 확장하고 있다.

　가치를 생산하는 조직에 대하여 인류는 역사적으로 수많은 실험을 하여 왔다. 인류가 만들어낸 조직형태는 진화의 법칙과 동일하게 경쟁과 협업을 통해 사라지기도 하고 번성하기도 하였다. 지금까지 살아남아 번성한 조직형태가 바로 국가와 주식회사라고 할 수 있다.

모든 변화는 양자적임을 인정한다면 국가와 주식회사와 같은 조직 역시 어느 순간 계단식 변화, 즉 우리가 보기에 전혀 다른 조직으로의 상태전환이 이루어질 수 있다는 것 역시 인정해야 한다.

프레데릭 라루Frederic Laloux는 그의 책 『조직의 재창조』에서 가치를 생산하는 조직, 새로운 의식과 문화를 담아낼 수 있는 새로운 조직의 발흥에 대하여 이야기한다. 그는 조직을 색깔에 따라 적색 조직, 호박색 조직, 오렌지 조직, 그린 조직, 청록색 조직으로 분류하였다. 그의 견해에 따르면 지금의 정부기관은 위계적 피라미드 내의 공식화된 역할들을 특징으로 하는 호박색 조직이고, 다국적 기업은 성장과 혁신을 지상과제로 하면서 목표에 의한 관리를 특징으로 하는 오렌지 조직이다. 고전적 피라미드 구조 아래서 직원의 동기부여를 위하여 문화와 권한부여에 초점을 맞추는 특징을 가진 조직은 그린 조직이라고 부르면서 사우스웨스트항공사를 그린 조직의 예로 이야기한다. 프레데릭 라루는 인류가 만들어낸 가장 새로운 가치창출조직을 청록색 조직이라고 부른다.

청록색 조직은 위계가 없는 조직, 즉 수평적 조직이다. 청록색 조직은 누구나 다른 누구의 지시 없이도 혁신을 위한 업무를 실행할 수 있는 조직이며 이 조직의 특징은 위계가 없다는 것이 아니라 위계 체계들이 분산된 형태로 운영되는 것이 특징이라고 한다. 청록색 조직이라고 하여 권력 작용이 없는 것이 아니라 권력이 분산되어 있는 것이라고 이야기된다. 프레데릭 라루의 청록색 조직이 '블록체이니즘'과 연관되는 지점이 여기이다. 프레데릭 라루는 블록체인이라는 단어를 한 번도 사용하지 않지만 프레데릭 라루의 청록색 조직의 이념은 블록체이니즘의 권력분산과 통한다. 포스트모더니즘은 모든 위계체계를 좋지 않은 것으로 생각하지만 권력관계가 아예 존재하지 않는 것은 오히려 무질서와 불안으로 귀결된다.

아프리카의 어느 지역은 다수의 부족이 힘의 균형을 가지고 있어 어느 부족도 다른 모든 부족을 압도할 힘을 가지고 있지 못한 상태이다. 이들 부족들 사이에는 중앙화된 권력작용이 부재하기 때문에 부족 간의 갈등이 해소되지 못하고 계속적인 부족전쟁이 계속되고 있고, 전쟁의 피해는 각 부족의 피지배층이 부담하고 있다.

권력이나 권위가 무조건적으로 나쁜 것이 아니라 권력, 권위가 어느 한 곳에 집중되어 고정되어 있고 권력, 권위의 원천과 집행방법에 정당성이 결여되어 있는 경우가 나쁜 것이다.

결국 새로운 가치창출조직을 만들 때 조직 내의 권력, 권위를 어떻게 분산하고 유연하게 움직이도록 할 것인지, 권력, 권위의 원천을 어디에 둘 것인지, 권력의 집행방식에 대하여 어떻게 정당성을 확보할 것인지가 중요하다.

기존의 조직, 특히 국가와 주식회사는 정보기술의 발달에 따라 그 한계가 드러나고 있다. 국가도, 주식회사도 새로운 조직의 창조를 위해 다양한 실험을 하고 있다. 인구 132만 명으로 EU에 속해있는 에스토니아는 국민과 영토에 대해 새로운 관점을 가지고 있다. 에스토니아는 일정 조건을 충족하는 전 세계의 사람들에게 에스토니아에 거주하지 않고도 에스토니아 시민이 될 수 있도록 하는 전자시민권(E-Residency)을 부여하고 있고, 이를 통해 수많은 스타트업은 에스토니아에 거주하지 않고도 에스토니아에 법인을 설립하여 활동하고 있다. 100유로로, 한국 돈 13만 원 정도면 에스토니아 시민권을 획득할 수 있다.

에스토니아는 디지털 플랫폼상에서 '국적'을 다루려고 하는 것처럼 보인다. 디지털 플랫폼에서 가입하고 탈퇴하듯이 국적을 취득하기도 하고, 바꾸기도 하는 것이다.

다국적 기업들도 각 프로젝트별로 팀을 만들어 성과를 따로 측정하기도 하고, 화웨이 같은 곳은 소사장제를 통해 속도와 혁신의 가능성을 높이고 있다. 하지만 다국적 기업의 조직변화 역시 그 최후의 목적이 주주들을 위한 이익창출에 있는 한 그 변화는 충분하지 않다.

블록체인 네트워크는 그 실험의 첨단에 있는 가치창출조직이다. 블록체인 네트워크는 그 이름과 같이 주식회사가 아닌 네트워크로 구성되고, 전통적인 회사와 같이 제품이나 서비스를 기획하는 사람들이 모이는 회사건물이나, 제품이나 서비스를 만들어내는 공장 같은 눈에 보이는 자산을 소유하는 조직은 아니다. 블록체인 네트워크는 노드들의 협업으로 네트워크에서 가치 있는 정보를 생산하는 조직이다. 생산된 정보에 따른 실물세계의 구현비용은 점차로 낮아지게 될 것이다. 마치 애플이 아이폰 설계로 인하여 대부분의 이익을 가져가고 아이폰을 조립하는 폭스콘과 같은 회사는 최소한의 이익만을 가져가는 것도 이러한 추세를 반영한 것이다.

설령 블록체인 네트워크의 실험이 실패로 끝나더라도 새로운 가치창출조직을 요청하는 시대적 이념인 '블록체이니즘'은 여전히 새로운 조직을 재창조하는 이념이 될 것이다.

수평적 조직과 블록체이니즘

수평적 조직이란 무엇일까? 어떤 일을 실행함에 있어 누구의 지시 없이도 스스로의 판단 하에 업무를 실행하고 그 업무의 성공 여부에 따라 보상이 결정되는 조직을 말한다. 이 조직은 업무의 특성만이 있을 뿐 관리자의 개념이 없고, 따라서 승진제도도 존재하지 않는다. 승진이라는 비가역적이고 총체적인 보상이 있는 것이 아니라 업무별로 보상을 지급하는 것이다.

산업화의 지도 이념 중의 하나는 '테일러리즘', 즉 업무를 표준화하고, 그에 따른 평균적 인간상을 정립하는 것이다. 테일러리즘 아래서 근로자는 평균적인 근로자로서 자신의 독자적 판단에 따라 일하는 것이 아니라 관리자가 미리 연구하여 작성한 표준적 업무 매뉴얼에 따라 일하게 된다. 자신의 판단은 오히려 업무의 효율성을 저해한다고 교육받는다.

그러나 토드 로즈Todd Rose가 그의 저서 『평균의 종말』에서 잘 이야기했듯이 산업화의 진전에 따라 인간을 분류해야 할 적절한 기준이 없기 때문에 평균이라는 기술을 만들어낸 것이지, 평균적 인간이란 실제로는 존재하지 않는다. 인간은 하나의 기준에 따라 평가받기에는 너무나 다양한 특성을 가지고 있다. 예전에는 인간이 가진 이러한 다양한 특성을 모두 반영하기에는 개인에 대한 정보를 측정하기도 어려웠고, 관리하기도 어려웠다. 컴퓨팅 기술과 정보기술의 발전은 인간의 다양한 특성을 충분히 알 수 있을 정도로 인간의 정보를 취합할 수 있게 해주었다.

이러한 상황의 변화는 테일러리즘의 한계를 제대로 보고 새로운 조직원리를 생각할 수 있게 해주었다. 어떤 정해진 기준에 따라 사람들을 서열을 매겨 줄세우기를 하는 것은 인간의 자율성을 해친다.

하나의 목표를 달성하기 위해 관리가 필요하다는 생각에 목표 달성에 필요한 요건을 매뉴얼로 작성하고, 이를 지키도록 관리자를 둔 것이 지금의 수직적 구조의 회사를 만들었다. 이러한 수직적 회사는 피라미드식 구조로 되어 있고, 피라미드의 가장 아래에 있는 가장 많은 수의 근로자는 아무런 생각을 하지 않고, 피라미드 위의 관리자가 정한 매뉴얼을 따르기만 한다. 실제 현장에서 부딪히는 여러 문제나 그 문제의 창의적 해결에 대해서 가장 잘 알 수 있는 사람들을 배제한다. 이러한 사고의 전제에는 피라미드의 위쪽에 있는 사람들의 사고력이나 문제해결능력이 피라미드 아래쪽을 구성하는 사람들보다 낮다는 생각이 깔려있다.

그러나 앞서 말한 것처럼 피라미드의 위와 아래를 구분하는 기준으로 사용하는 도구들은 사실 어떤 사람을 종합적으로 판단하기에는 너무나 빈약하다. 어떤 기준에는 이 사람이 더 낮고, 다른 기준에는 다른 사람이 더 나은 경우가 대부분이기 때문이다. 그러므로 기준에 따라 사람을 분류하여 어떤 사람은 실제 업무를 해보지도 않은 상태로 매뉴얼을 작성하거나 개선하고, 어떤 사람은 더 나은 업무수행방식이 있다는 것을 알지만 이미 작성된 매뉴얼을 따르는 방식은 점점 경쟁에서 뒤떨어지고 있다.

수직적 조직은 능력이 커지는 개인의 창의적 해결을 채택하기 어려운 시스템이기에 수평적 조직의 창의성, 혁신을 따라갈 수 없고,

가치창출능력도 떨어진다.

　관리자를 없애는 조직실험이 다양하게 이루어지고 있다. 생산성만 보는 것이 아니라 일하는 사람들의 자율과 창의성을 보장하려는 관점에서 관리자가 없는 다양한 수평적 조직을 실험하고 있는 것도 '블록체이니즘'과 관련이 있다고 할 수 있다. 수평적 조직을 말하는 단어로 '홀라크라시'라는 단어도 많이 사용된다. 홀라크라시는 2015년에 미국의 온라인 신발업체인 자포스에서 조직 내의 관리자를 모두 없애기로 하면서 세상의 주목을 끌었다. 자율경영이 트렌드가 되면서 수천 개의 기업이 홀라크라시의 경영이념을 받아 다양한 조직실험을 하고 있다. 아직 성공했다고 말하기는 어렵지만 디지털세상에서의 협업방식이 고도화되면서 수평적 조직도 새로운 방식으로 진화하고 있다.

노드*들의 참여와 가치 있는 정보의 생산

수평적 조직은 모든 조직의 구성원이 자율적으로 스스로 판단하여 가치를 창출하는 행위를 하는 조직이다. 조직의 구성원이 누구의 지시를 받지 않고 자율적으로 판단하여 일을 한다는 것은 노동법의 근간을 뒤흔드는 발상의 전환을 필요로 한다. 현재로서는 근로시간 동

● 일반적으로 네트워크에서 노드란 연결 지점을 말하며, 다른 노드로의 데이터 전송을 인식하고 처리(process)하거나 전달(forward)할 수 있도록 프로그램되어 있다. 컴퓨터 네트워크에서 물리적 노드란 네트워크에 붙어서 전송할 정보를 만들고, 통신 채널상으로 이를 주고받는 활성화된 전자 기기를 말하지만 이 책에서는 네트워크의 연결지점 역할을 하는 사람을 주로 지칭한다([네이버 지식백과] 노드 [Node]).

안 근로자를 지휘, 감독하는지가 근로자인지 그렇지 않은지를 가르는 중요 기준이기 때문이다. 자율적으로 일을 한다면 강력한 노동법으로 근로자를 보호할 필요성도 줄어든다. 전통적인 노동과 자본의 대립구도도 새로운 시대와는 점점 맞지 않는다고 생각한다. 회사에서 네트워크로, 수직적 조직에서 수평적 조직으로 바뀌는 시대에는 고용, 해고, 승진의 전통적 개념은 참여와 탈퇴, 허브 등으로 바뀌게 될 것이다. 자본을 가진 사람이 노동을 할 사람을 고용하여 시장에 팔 제품과 서비스를 만드는 전통적인 가치창출방식은 점차 사라지고 있다. 주식회사는 다른 회사들과의 경쟁에서 승리하기 위해 고용을 하지 않고 제품이나 서비스는 자동으로 생산하는 데 모든 노력을 쏟고 있다. 정규직은 회사가 원하는 고용형태가 아님은 점점 분명해지고 있다. 따라서 사실 현재의 일자리 창출 노력은 흐르는 물결의 방향을 바꾸려는 시도로 흐름을 늦출 수 있을 뿐 소기의 성과를 얻기는 어렵다. 오히려 적극적으로 새로운 형태의 가치창출방식을 검토해볼 필요가 있다.

정보가 점점 가치 있는 세상이 되면서 어떻게 가치 있는 정보를 만들 것인가가 중요해지고 있다. 제품을 직접 제조하는 것은 제품의 설계도를 만드는 것에 비해 가치가 줄고 있음은 분명하다. 수직적 조직인 회사에서는 명확한 지시가 있어야 가치 있는 정보를 만들어내지만 수평적 조직인 네트워크에서는 네트워크의 크기와 노드들의 활발한 참여 및 정보융합이 중요하다. 어느 정도까지는 수직적 조직인 회사가 더 효율적이고 가치창출능력도 더 크다고 하겠지만, 네트워크의 노드 수가 어느 임계점을 넘고 노드들 사이의 트랜잭션도 임계점을 넘으면 네트워크의 효과가 회사의 가치창출능력을 훨씬 초과한다. 우버나 에어비앤비, 페이스북과 같은 네트워크형 기업이 구축한 디지털 네트워크가 어느 임계점을 넘게 되면 경쟁자라고 할 수 있는 전통적인 렌트카회사, 힐튼과 같은 호텔회사, 미디어 회사들이 따라올 수 없을 정도로 가치창출능력이 증대된다. 물론 이는 네트워크의 노드들의 참여가 기하급수적으로 늘기 때문이다.

따라서 노드들의 참여가 어느 정도에 이를 때까지는 전통적인 회사보다 가치창출능력이 떨어지더라도 인내하면서 디지털 네트워크의 노드들이 적극적으로 참여하도록 하여야 디지털 네트워크가 건설된다. '블록체이니즘'은 주주가 아닌 네트워크의 노드들 스스로 네트워크를 구축하고 가치를 창출하도록 하는 것을 요청하므로 디지털 네트워크에서 업무 혹은 기여에 대한 보상제도를 민주적으로 구축하는 것이 필요하다.

네트워크의 부 vs 주식회사의 부

네트워크가 창출하는 부와 주식회사가 창출하는 부는 어떤 차이가 있을까? 16세기 최초로 주식회사의 시초인 동인도회사가 만들어진 이후 수많은 주식회사가 생겼다. 주식회사의 존재 목적은 수익을 창출하여 주주들에게 돌려주는 것이었다. 주식회사 시스템은 수백 년에 걸쳐 인류문명을 발전시켰지만 세상의 어떤 것도 영원한 것은 없다. 인류는 주식회사의 시스템으로는 해결할 수 없는 문제들, 예를 들어 기후변화 문제, 자원고갈 문제, 부의 집중 문제 등에 부딪히고 있고, 이 문제들은 인류 공통의 문제이기 때문에 오히려 주식회사의 수익활동과도 자주 충돌한다. 인류는 더 이상 주식회사의 이익추구 활동을 보장하면서 인류의 문제를 등한시할 수 없는 시대에 접어들고 있다. 인류 공통의 문제를 해결하는 것에 보상을 줄 수 있는 시스템이 필요하다.

그러한 시스템이 요청하는 시대적 요구에 대한 대답의 하나로 나온 것이 블록체인 네트워크이다. 블록체인 네트워크에서는 인류공통의 문제 해결에 도움이 되는 행위에 보상을 하는 경제구조를 소프트웨어로 구현할 수 있는 잠재력이 있기 때문이다.

네트워크에서 회사가 창출하는 것과 같은 경제적 가치를 창출할 수 있는지, 네트워크가 만들어내는 부(wealth)가 주식회사에서 창출하는 부보다 더 커질 수 있는지에 대해 아직 확실하게 '그렇다'라고 말하기는 어렵다. 하지만 디지털세상에서는 점점 더 디지털 네트워크가 창출하는 가치가 커지고 있음은 분명하다. 이는 오픈소스모델과 개방형 협업*이 점점 확산되고 있는 것을 보아도 알 수 있다. 마이크로소프트가 2018년에 깃허브GitHub를 9조원에 인수한 것도 그러한 인식에서 이루어진 것이다.** 마이크로소프트는 깃허브에서 활동

---

* 오픈소스모델은 개방형 협업을 장려하는 탈중앙식 소프트웨어 개발 모델인데, 이는 "기여자와 비기여자들에게 이용이 가능할 경제적 가치의 산물(또는 서비스)을 창출하기 위해 소통하는, 목표 지향적이지만 느슨한 공동 작용을 하는 참여자들에 의존하는 혁신 또는 생산 시스템"을 의미한다. 오픈소스 소프트웨어 개발의 주된 원칙은 일반이 자유로이 이용할 수 있는 소스 코드, 청사진, 문서 등 제품의 동료 생산(peer producdtion)이다. 소프트웨어의 오픈소스 운동은 사유 코드의 제한에 대한 반응으로 시작되었다(https://ko.wikipedia.org/wiki/오픈소스, 2020. 2. 25. 접근).
** https://n.news.naver.com/article/031/0000448651, 2020. 2. 25. 접근.

하는 개발자를 직원과 같이 회사의 요구에 일하도록 할 수 없음에도 거액을 투자하여 개발자들의 협업공간의 관리자가 된 것이다. 마이크로소프트의 경영진은 전 세계의 개발자가 협업하여 작성한 오픈소스를 배타적으로 소유하지 않더라도 개발자 네트워크 자체에 영향력을 행사함으로써 마이크로소프트도 더 성장할 수 있다고 판단한 것이다.

주식회사의 부는 결국 주주들을 위한 것이지만, 네트워크의 부는 네트워크에 참여하는 모든 노드들을 위한 것이다.

아직은 정보와 알고리즘을 다루는 일부의 분야에서만 네트워크가 주식회사보다 더 큰 부를 창출할 수 있다고 보이지만 오프라인 세상의 정보가 점차로 디지털 정보로 바뀌어 가는 추세를 따라간다면 디지털 네트워크가 전통적인 주식회사보다 더 큰 부를 만들어낼 뿐 아니라 창출된 부의 분배 혹은 분산도 쉽게 소프트웨어에 의해 민주적으로 구현될 수 있다.

'블록체이니즘'이 네트워크와 가치에 따른 보상과 분리되어 생각하기 어려운 이유도 여기에 있다.

블록체인과 주식회사의 변화

블록체인 네트워크가 가치를 창출할 수 있고, 블록체인 네트워크 자체에서 창출된 가치를 서로 교환할 수 있다고 한다면 주식회사의 미래는 어떻게 될까?

디지털 네트워크가 주식회사를 대체할 수 있을까? 수평적 조직이 수직적 조직을 모두 대체할 수는 없을 것이다. 수평적 조직도 수직적 조직의 장점을, 수직적 조직도 수평적 조직의 장점을 도입할 것이다. 벌써 우버나 에어비앤비와 같은 네트워크형 주식회사는 네트워크의 유저 중 일부에 대하여 주식과 같은 형태의 보상을 하려고 시도하고 있다. 네트워크 기업에서 유저들의 기여도를 측정하여 주식 제공 등의 방법으로 수익을 공유한다면 네트워크형 주식회사는 단순한 주식회사라기보다는 네트워크에서 설계하는 토큰 이코노미를 수용한 하이브리드형 가치창출조직이라고도 할 수 있다.

디지털 네트워크는 네트워크에서 어떠한 문제가 생겼을 때 책임을 질 주체가 불분명한 것이 큰 문제 중의 하나이다. 주식회사는 문제가 생겼을 때 어떻게 누구에게 어떠한 책임을 부과하는지 오랜 경험을 통해 규제를 발전시켜왔다.

네트워크는 주식회사의 경험으로부터 문제해결을 할 수 있는 절차와 방법을 찾아내 이를 디지털 네트워크에 소프트웨어로 이식해야만 할 것이다. 그래야만 디지털 네트워크가 국적을 초월한 노드들의 참여로 국경을 초월하여 만들어질 수 있다.

네트워크와 주식회사의 공존 형태에 대한 추측

지구에 필요한 여러 가치를 만들어내는 가치창출조직은 어떠한 구조로 진화해 갈 것인가. 전통적 시장이 온라인에서의 디지털 시장으로 서서히 변화해온 것처럼 한참 동안 디지털 네트워크가 더 잘할 수 있는 부분은 디지털 네트워크로, 수직적 조직이 잘 할 수 있는 부분은 주식회사의 형태로 공존할 것이다. 지시, 관리라는 말은 실제 세계에서 적용될 때에는 다양한 방식으로 나타나는 모호한 개념이다. 어떤 프로젝트를 협업을 통해 수행한다고 할 때 업무를 분할하여 각자 할당받은 업무를 수행하는 것만으로는 프로젝트가 수월하게 진행되지 않는다. 다양한 업무를 수행하는 사람들을 조율하고, 전체적인 관점에서 프로젝트를 바라보고 방향을 정하는 업무도 필요하다. 그러한 업무를 담당하는 사람이 다른 사람에게 프로젝트에 대한 이야기를 하는 것도 지시, 관리에 포함될 수도 있다.

주식회사는 수직적 조직이라는 이유만으로 사라지지는 않을 것이다. 주식회사가 가치를 창출하기 위해 진행하는 프로젝트구성원의 역할과 프로젝트의 완성을 위한 구성원의 기여도를 알고리즘으로 평가하고, 그에 따라 알고리즘이 보상을 결정하도록 회사의 구조를 바꾼다면 그 자체로 주식회사의 조직 구조에도 불구하고 '블록체이니즘'이 말하는 네트워크형 구조에 가까워질 수 있다.

결국 수직적 조직의 문제는 인간이 그 구조에 의해 주어지는 권력을 자의적으로 행사하여 인간이 인간에게 권력에 기한 지시, 관리를 하는 것이 문제가 되는 것이다.

주식회사는 리버스 ICO*라는 방식으로도 회사의 고객과 회사의

---

* 운영하던 기존 사업과는 별개로 암호화폐를 발행하는 자금 확보형 ICO와 달리 이미 상용화된 기존 사업을 기반으로 암호화폐를 공개하는 방식을 리버스 ICO(Reverse ICO)라고 한다. 기존 서비스 확장에 초점을 두며, 코인 발행으로 거래 비용을 줄일 수 있고 소비자의 관심을 끌 수 있어 활용되고 있다(http://wiki.hash.kr/index.php/리버스_ICO, 2020. 2. 5. 접근).

관계를 네트워크형으로 바꿀 수도 있다. 이렇게 만들어진 네트워크는 주식회사가 모두 지배할 수 없겠지만 해당 네트워크의 중요 의사결정기구로 네트워크로부터 인정을 받아 존속할 수 있을 것이다. 마치 네트워크의 일종인 국가에서 정당의 역할을 하는 것과 비슷하다고 볼 수 있다. 네트워크 안에 내부 노드들의 신뢰를 받는 조직이 허브 역할을 하지 않고, 모두 동일한 비중의 다수의 노드로만 네트워크가 구성된다면 네트워크의 운영, 발전에 필요한 의사결정을 하기 어렵고 결국 네트워크는 진화할 수 없다.

네트워크형 주식회사인 텔레그램은 이러한 통찰을 바탕으로 자신의 메신저 프로그램인 텔레그램에서 사용할 '그램'이라는 토큰과 블록체인 TON을 만들기 위하여 리버스 ICO를 통하여 17억 달러라는 큰 자금을 모았다. 현재는 그램 토큰이 미국증권감독위원회의 승인을 얻어 거래소에 상장될 수 있을지 소송결과를 지켜봐야 한다(이 책을 편집하는 동안 미국 증권감독위원회와의 분쟁에 대한 부담으로 텔레그램은 2020.5.12. 공식적으로 TON 프로젝트를 중단했다).•

• https://m.news.naver.com/article/293/0000026116, 2020. 2. 26. 접근.

4장

화폐
Money

BLOCK
CHAINISM

———

그것이 무엇인지를 이해하는 것보다
그것을 잘 사용하는 방법을 아는 것이 더 중요하다.

- 존 폰 노이만 -

What is Money → How to use Money:
본질을 질문하는 것이 아닌 화폐와 다른 시스템의 관계를 연구

맨해튼 프로젝트[*]를 수행한 존 폰 노이만은 같이 근무하던 동료가 어려운 고등 수학을 어떻게 이해해야 하는지 묻자 이렇게 이야기하였다. '그것이 무엇인지를 이해하는 것보다 그것을 잘 사용하는 방법을 아는 것이 더 중요하다.'

왜냐하면 새로 탄생한 것은 충분히 성장하기 전에는 미리 성장한 후의 모습을 알기 어렵기 때문이고, 이는 새로운 과학적 발견이나 새롭게 창조한 수학도 마찬가지이다. 화폐도 그렇다. '화폐란 무엇인

---

[*] 맨해튼 계획 또는 맨해튼 프로젝트는 제2차 세계대전 중에 미국이 주도하고 영국과 캐나다가 공동으로 참여했던 핵폭탄 개발 프로그램이다.
맨해튼 계획은 미국 육군 공병대의 관할로 1942년부터 1946년까지 진행되었다(https://ko.wikipedia.org/wiki/맨해튼 프로젝트, 2020. 2. 5. 접근).

가'라는 질문으로 그 본질을 깨달으려 하기보다는 화폐가 어떻게 사용되고, 어떻게 변화하여 왔는지를 이해하는 것이 중요하다.

왜냐하면, 화폐란 사회적 기술로 문명을 가능하게 한 금융기술이기 때문이다. 따라서 사회의 발전에 따라 화폐가 발전한 것도 당연하다.

인간은 화폐로 무엇을 하는가?

인간은 화폐로 무엇을 하는가? 화폐의 기능에 대하여 많은 경제학자들이 여러 가지로 설명을 하고 있다. 교환의 매개, 가치저장, 가치의 척도 등 다양한 기능이 있다. 이러한 화폐는 사회를 구성하면서 자연적으로 생긴 것이 아니라 인류가 필요에 의해 사회적으로 만들어낸 기술이다. 화폐의 본질에 대해 알아야 화폐의 진화방향을 결정할 수 있다고 생각하는 것은 화폐라는 것을 고정된 것으로 보는 관점에서나 가능하다. 화폐는 사회적 기술이므로 계속해서 변화하여 왔고, 또 변화될 것이라는 것을 아는 것이 중요하다.

화폐의 본질이라는 것을 정의할 수 있다고 생각한다면 그 정의는 한 세대 정도의 비교적 짧은 시대의 의미망에 비추어 화폐가 사용되는 모습을 보고 추상화한 것에 불과하다는 점을 알아야 할 것이다. 최초로 화폐가 사용되던 시기의 화폐와 현대 금융에 있어 화폐와는 같은 단어로 표현하기 어려울 정도로 다른 것이다.

디지털 네트워크에서는 아직까지도 은행 등 다른 네트워크를 통하지 않고 가치를 전달하기 어렵다. 디지털 네트워크에서 화폐의 필요성이 있었지만 사토시 나카모토의 비트코인 혁명이 일어나기 전에는 그 필요성에도 불구하고 디지털 네트워크에서 메시지를 보내듯이 화폐를 보내기가 어려웠다. 페이팔*과 같이 온라인 송금을 할 수 있도록 하는 혁신적 기업이 나타났지만 그 역시 당사자 사이에서 가치를 직접 전달하는 것이 아니라 기존의 은행이나 카드 시스템을 이용하여야 하였다. 디지털 네트워크에서도 화폐는 오프라인에서와 동일한 기능을 하겠지만, 지폐나 동전처럼 실물의 현금이나 수표 등 전통적인 결제수단을 그대로 디지털 네트워크에서 사용할 수 없기 때문에 새로운 디지털 네트워크에서의 화폐가 창조되어야 했다.

결국 비트코인 혁명으로 인하여 전통적인 화폐를 정보로 바꾸는 디지털적인 추상이 기술적으로 가능하게 되었고, 이를 네트워크의 노드들이 화폐기능을 부여하기로 합의하였다면 그 정보는 화폐의 기능을 할 수 있게 된다. 법정화폐가 그 화폐의 기초가 되는 금이나 은의 담보 없이도 법률에 의하여 화폐로 승인된다면 화폐가 되는 것과도 같다.

지금 블록체인 네트워크에서 발행하거나 생성된 디지털자산이 노드들 사이에서 화폐로 기능한다면 화폐로 인정하여 법적인 효과를 부여해야 한다. 화폐로 기능함에도 화폐가 아닌 상품이나 서비스권 혹은 자산으로 다루게 된다면 해당 네트워크의 경제가 확장되기는

---

* 구매자와 판매자의 중간에서 중개를 해 주는 일종의 에스크로 서비스로, 구매자가 페이팔에 돈을 지불하고 페이팔이 그 돈을 판매자에게 지불하는 형식이다. 서로 신용카드 번호나 계좌 번호를 알리지 않고 거래할 수 있기 때문에 보안상 각광받고 있다. 더욱이 서로 사용 통화가 다를 경우에도 페이팔에서 환전을 거쳐 거래해 주기에 서로 다른 국가의 판매자, 구매자끼리도 거래할 수 있다. 하지만 은근히 손이 많이 가고, 신경써야 할 것들이 많다는 게 단점이다(https://namu.wiki/w/PayPal, 2020. 2. 7. 접근).

어렵다.

오프라인에서 사람들이 화폐로 하는 기능들을 살펴보고, 디지털 네트워크에서의 어떤 정보가 오프라인에서의 화폐의 기능을 한다면 이를 인정하여 디지털 네트워크의 경제제도를 설계해주어야 한다.

물론 디지털 네트워크에서의 화폐는 우리가 지금 이해하는 화폐의 한계에 머무르지 않고, 우리가 모르는 잠재적인 능력을 보여줄 것이다. 아직 우리는 블록체인 네트워크에서의 암호화폐, 암호자산의 역할이나 가능성에 대해 잘 알지 못한다는 사실을 인정해야 한다. 하지만 확실한 것은 그 역할이나 가능성은 부정적인 것보다는 기술적 진보로 인한 긍정적인 것이 많다는 것이다.

금융혁신과 화폐의 혁신

과학기술의 혁신이야말로 사회의 근본적 진보를 이끄는 힘이다. 그러나 여러 과학기술 혁신도 그 수준에 따라 사회의 변혁 수준이 달라진다. 더하기, 빼기 등 산수의 발명은 제조업에서의 혁신과 달리 사회의 기본적 인프라를 바꾸어주는 혁신이라고 할 수 있다. 그런 의미에서 사칙연산이나 복식부기 역시 금융의 혁신이고, 사회적 기술의 혁신이다.

금융혁신의 총아는 화폐이다. 화폐는 무엇보다 사람들이 물건이나 서비스 등의 가치를 측정하는 수단으로 기능할 수 있었기 때문에 사람들 사이의 교환이 이루어질 수 있도록 해주었다.

화폐는 문명이 고도화되면서 은행의 장부의 기재에 불과하게 되었다. 장부에 기재된 숫자를 부를 추상화한 것으로 인식하게 되었고, 장부상의 숫자의 변환을 부의 이동과 동일하게 인식하게 되었다(우리는 은행계좌에 기재된 예금을 자신의 재산으로 철석같이 믿고 있지만 은행계좌가 해킹 등으로 삭제되어 버린다면 과연 어떻게 될까).

문제는 지구상의 대부분의 나라가 독자적으로 화폐발행권을 가지고 있다는 이유로 각 나라마다 독자적인 장부를 가지고 있다는 것이다. 따라서 국제적인 교역을 위해서는 국가와 국가 사이에서 장부상의 변동을 위한 시스템이 필요하다. 지금 사용되고 있는 스위프트 SWIFT*는 현재 많은 비용이 드는 낡은 것이 되었다는 것은 금융기관에 종사하는 많은 사람들이 인정하고 있다.

화폐의 혁신으로 나온 것이 디지털화폐이다. 세계의 중앙은행들도 중앙은행이 발행하는 디지털화폐를 진지하게 검토하고 있다. 중국은 디지털위안화를 만들어 새로운 경제체제를 중국 주도로 만들려 하고 있고, 한국은행도 디지털통화를 만들기 위한 연구팀을 발족하였다.**

---

* 스위프트는 국제 간의 대금결제 등에 관한 데이터 통신의 네트워크를 기획하고 운영하는 것을 목적으로, 1973년 벨기에 법률(Belgium Law)에 의하여 설립된 비영리 조직이다. 전 세계 은행들의 출자지분으로 조직되어 현재 190개국 7,000여 금융기관과 핵심 메시지 플랫폼(Core Messaging Platform) 제공과 운영, 타이틀 등록체(Title Registry)의 운영을 제공하는 은행 간의 글로벌 네트워크 연합체이다. 스위프트는 은행 간 통신수단으로서 그 메시지는 회원은행만이 이용될 수 있도록 고안되었다. 회원은행에 대하여 스위프트 메시지의 전송은 유효한 신용장 증서로 간주하고 있다. 현재 대부분의 신용장은 스위프트 네트워크를 이용하여 전송된 신용장을 출력하여 사용하고 있다. 신용장의 발행, 통지, 확인 또는 매입에 대한 은행의 요청에서 90% 이상은 전자적 방식으로 수행되며, 그 나머지는 서신에 의하여 보내지고 있다. 스위프트의 네트워크를 이용하게 되면 외국환은행 간 외화자금 매매 해외거래은행의 계정잔액 및 대차내역을 쉽게 확인할 수 있으며 우편송금·전신송금·송금수표 등의 송금 및 추심업무와 신용장 발행, 환어음통지 등 은행 간 국제무역결제를 수행할 수 있다([네이버 지식백과] 스위프트[Society for Worldwide Interbank Financial Telecommunication]).

** https://www.coindeskkorea.com/news/articleView.html?idxno=64038, 2020. 2. 29. 접근.

중앙은행이 발행하는 디지털통화와 블록체인 네트워크에서 발행하는 암호화폐와의 차이는 발행자가 중앙은행은 전통적인 국가의 화폐발행권에 기인한 것이고, 블록체인 네트워크는 네트워크의 합의에 따라 이미 알고리즘에 의해 정해진 것이라는 것이다.

비트코인이 발행량이 정해져 있고, 비트코인 보상이 반이 되는 반감기나, 더 이상 채굴이 되지 아니하는 시기도 모두 정해져 있는 것은 이를 잘 나타내주고 있다. 만일 블록체인 네트워크라고 하더라도 개발업체가 발행량을 자의적으로 조절할 수 있다면 이는 중앙은행이 발행하는 디지털화폐보다 화폐의 발행에 대한 정당성이 없어 블록체이니즘과는 더욱 거리가 멀어진다고 할 것이다. 그나마 우리나라의 경우 중앙은행은 국민이 선출한 권력에 의해 만들어지고 통제되는 기관이기 때문이다.

중앙은행이 통화정책을 구사하는 것이 과연 경제에 도움이 될 것인지에 대해 많은 연구가 있었지만 아직도 경기의 호황과 불황에 따라 돈을 풀거나 돈을 회수하는 것이 경기회복에 도움이 되는지는 명확하지 않다.

금융혁신의 가장 첨단은 화폐의 혁신이다. 국경을 초월한 자생적인 화폐의 등장은 너무나 놀라운 일이다. 지금의 자산시장을 주무르는 금융기관의 기득권을 뿌리부터 흔들 수 있는 가능성이 있기 때문에 암호화폐와 암호자산이 쉽게 자리잡기는 어려울 것이다.

그러나 지금의 달러 중심의 금융시스템에 대해 모든 국가가 동조하는 것은 아니다. 중국도 새로운 금융시스템을 구축하려 하고 있고, 영국도 파운드화의 영광을 부활하려는 생각이 있는 것으로 보인다.

영국은 금융의 역사에 대해 잘 아는 나라이어서 그런지 암호화폐에 대한 잠재력을 여러 가지로 실험해보고 있다.

디지털세상에서의 지배적 화폐를 어떻게, 누가 만들고 유지할 것인가에 따라 다가올 네트워크정보사회의 부와 권력의 방향이 가려질 것이다. 블록체인 네트워크는 네트워크를 지배하는 중심을 만들지 않고, 노드들에게 블록체인 네트워크에서 생산되는 부와 네트워크 운영권을 부여하는 알고리즘을 승인할 수 있도록 한다. 그럼으로써 개별 국가를 벗어난 새로운 경제체제가 디지털세상에서 생성된다.

네트워크와 화폐, 화폐와 국가, 합의알고리즘과 헌법

화폐가 화폐로서 기능하게 되는 것은 국가의 법률에 의해 화폐로서 지칭되기 때문이다. 가치를 표현하는 단위인 화폐제도를 기초로 하여 계약이 이루어지고, 계약이 이행되지 않았을 때 소유자의 동의 없이 강제로 재산을 이전하는 강제집행시스템을 국가가 실행하기 때문이다. 결국 네트워크에서 화폐를 화폐로서 인정할 권력에 의한 표지를 만들어야 하고, 그 화폐를 화폐로서 기능하도록 강제적인 자산이전시스템 등 네트워크에서 필요한 여러 시스템을 그에 맞게 디자인해야 한다. 디지털 네트워크인 경우 그러한 시스템을 코딩해야 한다.

현재의 블록체인 네트워크에서 만들어진 화폐라 할 수 있는 비트코인이나 이더리움도 노드들 사이의 거래에서 진정한 화폐로 기능하기 위해서는 다른 여러 제도에서 비트코인이나 이더리움을 화폐로 인정해야 할 필요성이 있다.

현재로서는 비트코인의 이전에 대해서 양도소득세를 부과해야 한다는 논의도 있는 것으로 보아 비트코인을 디지털 화폐가 아닌 디지털 자산으로 보는 견해도 유력하게 존재하고 있다. 과연 네트워크가 비트코인이나 이더리움을 부동산이나 주식과 같은 자산으로 사용하는지 외국환과 같은 화폐로 사용하려고 하는지는 좀 더 지켜보아야 하겠지만, 부동산과 같은 자산으로 보기 어려운 점도 많이 있다고 생각한다. 부동산은 법정화폐를 기준으로 가격이 정해진다. 비트코인 역시 법정화폐를 기준으로 가격이 정해질 수 있지만 반대로 부동산도 비트코인을 기준으로 가격이 정해질 수 있고, 달러나 원화도 비트코인을 기준으로 교환율이 정해질 수도 있다. 비트코인을 포함한 암호자산은 전통적인 자산의 틀 안에서 규정되기 어려운 점이 많다. 암호자산을 자산의 성격만 가지고 있다고 해석하는 것은 암호자산이 가진 잠재력도 많이 제한하는 것이고, 결국 네트워크정보사회로의 진입을 늦추는 것이 된다.

화폐는 국가 권력에 의해 화폐가 되는 것이다. 블록체인 네트워크에서 생산되는 가치를 표현할 단위를 디지털로 만들고, 그 단위를 화폐로 사용하려면 네트워크에 참여한 모두에게 화폐로 인정되어야 한다. 국가가 화폐를 발행할 정당성을 가지는 것은 국민이 그 권력을 선출하였기 때문이다. 블록체인 네트워크도 마찬가지로 네트워크에 참여한 노드들로부터 화폐발행에 대한 인정을 받아야 한다.

국가는 헌법에 의해 구성되고 선거를 통해 국민으로부터 국가권력을 행사할 수 있도록 권한을 부여받는다. 블록체인 네트워크도 전통적인 국가의 헌법에 대응하여 네트워크에 참여하는 모든 사람들이 받아들일 합의알고리즘이 필요하다.

화폐가 없다면, 화폐라는 사회적 기술이 없다면 국가는 설립, 유지되기 어려운 것처럼 암호화폐, 암호자산이 없다면 블록체인 네트워크가 설립·유지되기 어렵다. 한 국가차원에서 부를 어떻게 생산할 것이고, 그 생산되는 부를 어떻게 분배할 것인가에 대한 시스템은 국가 구성원들인 국민들이 지속적으로 법률을 만들고 개정하면서 만들어 가는 것이다.

블록체인 네트워크에서는 최초의 개발자들이 합의알고리즘을 만들고 처음의 합의알고리즘에 동의하여 참여한 노드들이 지속적으로 합의알고리즘을 개선하면서 블록체인 네트워크는 확장된다.

법정화폐의 종말 혹은 신종 네트워크화폐와의 공존

수많은 디지털 네트워크, 블록체인 네트워크가 생성되고, 그 네트워크에서 사용하는 디지털화폐가 많이 사용된다면 지금 사용되는 법정화폐는 없어질까?

모든 것이 디지털화된다는 의미는 우리가 아직까지 컴퓨터를 사용해서 해석할 수 없었던 것들을 컴퓨터가 인식할 수 있는 언어로 표현할 수 있는 방법을 개발하였다는 뜻이다. 따라서 모든 것이 디지털화되었다고 하여 우리가 잠을 자고, 밥을 먹고, 노는 행위 자체가 디지털화된다는 것이 아니다.

수많은 디지털 네트워크가 생긴다고 하더라도 오프라인 네트워크가 없어지지는 않을 것이다. 다만 지금까지 오프라인 네트워크에서만 이루어졌던 것들이 디지털 네트워크에서도 이루어질 수 있게 됨에 따라 보다 풍요롭고 다양한 삶이 가능하게 될 뿐이다.

가족을 이루거나 혼자 살거나, 학교를 다녔거나 다니지 않았거나 직업이 있거나 직업이 없거나 등 다양한 사회적 위치에 따라 해당 오프라인 네트워크에 소속될 수 있었고 그 오프라인 네트워크는 소위 인맥네트워크라는 명칭으로 불리면서 우리의 능력을 제한하기도 하고, 증대시켜 주기도 했었다. 이러한 인맥네트워크는 개인이 가진 독자적 능력과는 또 다르게 해당 개인이 가진 자본의 역할을 하게 되어 공정성 시비가 생기는 원인을 제공하기도 한다.

이러한 인맥네트워크가 디지털로 많이 구현될 수 있을 것이다. 디지털 네트워크는 전통적인 오프라인 네트워크보다는 훨씬 느슨하긴 하지만 더 넓고 쉽게 확장될 수 있다. 나아가 디지털화된 블록체인 네트워크는 해당 네트워크에서의 노드들의 디지털행위와 정보생산에 대해 보상을 받을 수도 있도록 할 것이다.

법정화폐는 오프라인 네트워크가 존재하는 한 완전히 사라지지 않을 것이다. 오프라인 네트워크는 완전하게 디지털 네트워크로 추상화될 수 없으므로 오프라인 네트워크는 완전히 사라지지 않을 것이다. 블록체인 네트워크가 많이 확산되더라도 한참동안은 법정화폐와 암호화폐, 암호자산과의 경쟁, 교환은 계속될 것이다. 이러한 경쟁, 교환이 이루어지는 장소로서 암호자산 거래소는 블록체인생태계의 중심역할을 하게 된다.

우리나라에서 자생적으로 생긴 암호자산 거래소를 세계적인 수준으로 만들지 않는다면 우리나라의 국민들은 결국 인터넷을 통해 다른 암호자산 거래소를 이용할 수밖에 없다. 그렇게 된다면 암호자산 생태계를 구성하는 다양한 블록체인 프로젝트 역시 우리나라에서 생길 수 없고, 블록체인 프로젝트가 많이 생기지·않으면 블록체인 프로젝트를 가능하도록 하는 금융제도도 생기지 않는다. 뿐만 아니라 미래의 네트워크정보사회의 이념이 되는 블록체이니즘에 대한 새로운 문화도 나타나지 않는다. 네트워크정보사회로의 진화를 위한 첫 단추로 블록체인생태계를 확산시킬 수 있는 암호자산 거래소가 필요하다. 암호자산 거래소가 블록체인 프로젝트에 대한 자본조달의 창구로 작용해야 함에도 그러한 역할은 하지 못하고 인터넷도박장과 같은 역할에 그치는 경우도 많이 있다. 암호자산 거래소의 육성뿐 아니라 암호자산 거래소의 규제가 중요한 이유도 여기에 있다.

법정화폐를 이용하는 오프라인 네트워크와 암호화폐, 암호자산을 사용하는 블록체인 네트워크가 상당기간 같이 공존할 것이고, 따라서 법정화폐로 암호화폐, 암호자산을 교환하기도 하고, 암호화폐, 암호자산을 법정화폐로 교환하기도 할 것이다. 확립된 오프라인 네트워크에 비해, 아직 블록체인 네트워크는 새로이 형성되고 있기 때문에 충분히 확산되지 않은 디지털 네트워크에서 사용될 암호화폐, 암호자산을 법정화폐로 구매하는 투자행위에 대해서는 잘 디자인된 규제가 꼭 필요하다.

이러한 규제는 오히려 우리나라의 암호자산 거래소가 세계의 다른 거래소와의 경쟁에서 도움이 될 것이다.

페이스북의 리브라와 구글의 캐시프로젝트, 아마존과 스타벅스의 금융업 진출

페이스북은 칼리브라 재단을 통해 리브라Libra라는 페이스북에서 사용가능한 스테이블코인을 출시하려고 하고 있다.[*] 이에 대해 미국 상원이나 하원은 금융안정성을 해치고, 달러의 패권을 약화시킬 수 있다는 이유로 격렬하게 반대하고 있다. 사실 페이스북 유저들은 그들 사이의 가치교환이 쉽게 이루어지기를 강력히 원하고 있다. 이것을 막고 전통적인 시스템을 이용해서 많은 비용을 들여 가치교환을 하도록 강제하는 것은 오래가지 못할 것이다.

화폐의 발행권이야말로 국가권력의 핵심원천이라고 할 수 있기 때문에 화폐의 발행권이 약화되는 것을 국가권력이 두고 보기는 어렵다. 그런데 선출권력이기는 하지만 국가권력이 화폐를 발행하거나 화폐를 소각하는 행위가 국가의 구성원들에게 골고루 영향을 미치는 것이 아니라 금융상품을 잘못 설계하거나 잘못 운용한 거대 금융기관에게 면죄부를 주고 불공정한 이득을 주는 결과를 가져온다면 국가권력의 화폐발행권에 대해 적절한 제한이 필요하다. 리먼브라더스의 파산 이후 거대 금융기관들을 구제하기 위해 중앙은행이 화폐발행권을 이용하여 거대 금융기관들에게 구제금융을 제공하였다. 기축

---

[*] https://libra.org/en-US/, 2020. 3. 1. 접근.

통화인 달러를 발행하는 미국 연방준비은행의 구제금융으로 인한 이익은 미국의 거대 금융기관들이, 손해는 미국을 제외한 다른 나라들과 미국 내의 일반 시민들에게 전가되는 결과를 가져왔다. 중앙은행이 없는 금융네트워크를 구축하고자 하는 생각은 이러한 문제의식에서 나타난 것이다.

페이스북 리브라의 백서에 의하면 리브라는 페이스북과 무관한 새로운 거버넌스Governance를 구축하려고 한다. 디지털 네트워크의 주요 플레이어들과 연구단체들로 구성된 리브라 어소시에이션libra association이 리브라 네트워크에 대한 주요 의사결정을 하도록 하는 계획을 가지고 있다. 그러나 리브라 어소시에이션으로 참여하는 회원사들이 페이스북과 독립적인 기관으로 독자성을 유지할 수 있는지에 대해서는 여전히 많은 사람들이 의문을 가지고 있다. 페이스북이 가지고 있는 네트워크에서 기존의 은행망을 사용하지 않고 즉각적으로 화폐역할을 하는 토큰을 유저들 사이에서 전송할 수 있도록 하고, 은행계좌가 없어 전통적인 금융에 접근할 수 없었던 17억 명의 지구인들에게 포용적 금융을 제공하겠다는 리브라의 비전은 여러 가지 의문에도 불구하고 진화된 화폐를 요구하는 시대적 요청에 대한 응답의 하나라고 할 수 있다.

페이스북보다 더 큰 인터넷 거인인 구글 역시 사람들의 금융정보를 취득하려고 하는 것은 페이스북과 다르지 않다. 구글은 고객의 금융정보를 취득하기 위해 미국 내 금융기업과 연합하여 구글페이 연동계좌를 금융기관이 발급해 주는 형식으로 은행계좌 서비스를 실시한다.•

• http://it.chosun.com/site/data/html_dir/2019/11/14/2019111402950.html, 2020. 3. 1. 접근.

구글은 페이스북과 달리 전통적인 방식으로 구글페이를 법정화폐 유통 플랫폼이라고 할 수 있는 은행을 통해 구매, 유통하도록 하는 방식으로 디지털머니 전쟁에 뛰어들고 있다. 구글은 페이스북 리브라 프로젝트가 국가의 화폐발행권에 도전하는 프로젝트라 판단하고 보다 안전하게 구글페이의 구매, 이동을 은행 플랫폼을 통해 정보저장을 하려고 한다. 화폐발행권 자체를 건드리지 않는 구글의 경우에는 기존의 금융계나 정부의 반발 없이 쉽게 기존 경제시스템에 편입될 수 있을 것이다.

그러나 구글과 같은 방식으로는 페이스북 리브라가 말하는 것과 같이 은행계좌가 없는 17억 명의 사람들에게 금융의 혜택을 줄 수는 없을 것이다. 또 국경을 초월한 유저들 사이의 가치이동에서 발생하는 비용을 획기적으로 줄일 수도 없다.

소매업계의 왕자라고 할 수 있는 아마존 역시 암호화폐로 결제할 수 있도록 하려고 한다. 이는 암호화폐로 결제할 경우 외국 통화로 결제할 경우에 발생하는 비용을 획기적으로 줄이고 즉각적인 결제가 가능하기 때문이다.

아마존 역시 리브라와 같은 자체 암호화폐의 발행은 아직 검토 중인 것으로 판단되지만 은행업으로 진출하기 위해 노력하고 있는 것은 명백하다.

스타벅스가 은행업으로 진출하는 것을 검토하고 있다는 이야기는 여러 가지 면에서 시사하는 바가 크다. 모든 기업은 디지털 트랜스포메이션의 기치 아래 정보기업으로 거듭나고자 하고 있다. 정보기업은 필연적으로 정보에 대응하는 코인, 토큰을 이용하여 금융업으로 진출하려고 하는 것이 당연하다. 기업이 시장에 제공하는 제품, 서비스는 모두 정보로 추상화될 수 있고, 정보는 또한 블록체인 네트워크에서 발행·유통되는 코인, 토큰과 대응할 수 있기 때문이다. 스타벅스의 충성고객들이 스타벅스 계정에 미리 충전해 둔 돈은 전 세계적으로 수조원이 된다. 이 돈은 각국의 법정화폐로 스타벅스가 보관하고 있는데 이 정도 규모의 돈으로 금융을 하고 싶은 것은 당연하다. 한국에서 스타벅스에서 자신의 계정에 3만 원을 충전해 두었다고 하더라도 현재로서는 미국의 스타벅스에 가서 이 계정의 돈을 사용할 수는 없다.

전 세계 스타벅스의 고객들이 커피음료를 사먹기 위해 미리 충전한 돈이 수조원이다. 뿐만 아니라 이 돈은 다시 현금으로 돌려줄 의무가 있는 것이 아니라 스타벅스의 커피 상당의 상품과 서비스로만 돌려주면 되는 돈이다. 그러므로 전 세계의 고객으로부터 법정화폐를 받고 그에 상당하는 상품과 서비스를 제공하기만 하면 되기 때문에 상품과 서비스를 추상화한 정보, 즉 디지털자산을 만들면 고객들은 전 세계 어디에서나 스타벅스를 이용할 수 있다. 그 뿐 아니라 스타벅스의 고객들 사이에서 해당 상품과 서비스를 추상화한 디지털자산을 이용하여 거래를 할 수 있는 새로운 시장이 생기게 된다.

스타벅스 고객들로 이루어진 디지털 네트워크를 전 세계적으로 구축하게 되면 스타벅스는 스타벅스 네트워크로 진화할 수 있다. 즉, 스타벅스는 커피뿐 아니라 모든 방면으로 해당 디지털 자산을 이용할 수 있는 네트워크로 진화하게 될 것이고, 결국 더 큰 네트워크인 은행업이 가능한 네트워크로 나아갈 것이다. 스타벅스가

Bakkt*에 투자하고 암호화폐 연구를 계속하는 것은 이러한 생각의 연장선이다.

은행이 기술기업으로 변신하는 핀테크에서, 기술기업이 은행으로 변신하는 테크핀으로의 변화가 지금의 금융혁신을 잘 나타내준다. 은행이 기술기업으로 변화하는 것보다 정보기술기업이 은행의 역할을 하게 되는 것이 더 빠를 것처럼 보인다.

• 뉴욕증권거래소(NYSE)와 23개 글로벌 거래소를 소유한 세계 최대 증권거래소 사업자인 인터컨티넨탈 익스체인지(ICE)는 암호화폐 거래 플랫폼 백트(Bakkt)를 설립했다. 백트 또는 백트 거래소는 비트코인 및 기타 초기 디지털 자산들이 시장에서 확대되는데 해결해야 할 문제들을 인지하고, 이를 시장의 흐름에 따른 가격 형성, 가치창출 및 상거래의 활성화를 목표로 하는 프로젝트이다. 현재 있는 규정을 일관되게 지키고, 가격과 관련된 투명한 시스템을 제공하며, 거래 전후로 품질을 보증하는 인프라를 제공하는 검증된 프레임워크를 만든다. 백트(Bakkt)의 첫 번째 암호화폐 제품은 비트코인 선물이다(http://wiki.hash.kr/index. php/백트, 2020. 2. 8. 접근).

5장

공유재와 자본
Commons & Capital

BLOCK
CHAINISM

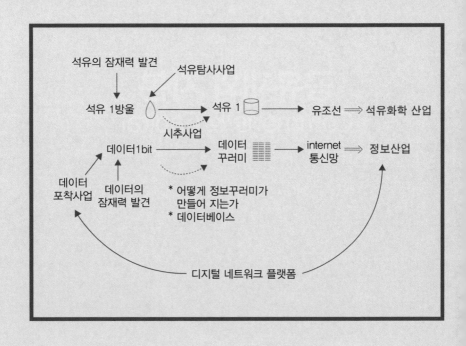

첫째, 정보는 자원이 되고, 자산이 된다.
둘째, 정보의 가치를 네트워크에서 측정할 수 있게 되어 정보는 자본이 된다.
셋째, 정보로 인하여 사회의 문화와 문명은 새롭게 진화하고, 새로운 산업을 꽃피운다.
넷째, 정보를 이해하여 정보산업을 발전시킨 사회와
그렇지 못한 사회는 현저한 부의 차이를 경험하게 된다.

공유재와 자본(Commons & Capital)

정보는 어떻게 자본의 길을 가는가

정보생산을 확대하기 위해서는 어떻게 해야 하는가?

물리적인 형태로 책이나 잡지를 만들려면 당연히 한 권을 추가하여 만들 때마다 비용이 들고, 그 책을 다른 사람에게 전달하는 데에도 비용이 든다. 그러나 정보는 그렇지 않다고 여겨져 왔다. 책을 디지털화된 정보로 바꾸게 되면 책을 복제하여 다른 사람에게 전달하는 비용이 거의 0에 수렴한다고 여겨져 왔다. 그렇다면 책을 쓰는 것, 다시 말해서 정보를 생산하는 것에 인센티브를 주기 위해서는 저작권을 통해 창작자에게 보상을 하는 것이 당연하고, 디지털화된 정보의 경우에도 이는 관철되어야 한다는 것이 현재의 주류적인 견해이다.

그러나 특허권이나 저작권을 강화한다고 특허나 지적 성과물이 증대된다고 할 증거는 여전히 부족하다. 오히려 새로운 특허나 저작권 역시 지금까지 인류가 쌓아온 지적 성과물 위에 새로운 것을 추가하는 것이기 때문에 기존의 특허권이나 지적 성과물의 탐색 및 이용비용을 증대시키면 전체적으로 지적 재산권은 줄어드는 것으로 연구가 되어 있다.[*]

정보의 생산도 마찬가지로, 정보의 생산자에게 많은 인센티브를 주기 위하여 정보의 탐색 및 이용비용을 증대시키면 정보의 생산은 줄어든다. 우리의 정보생산은 온전히 그 자신이 생산한 것이 아니라 네트워크에 소속되어 네트워크로부터 학습받은 지식과 기존의 정보의 도움을 받아 생산하기 때문이다. 뉴턴이 말한 '거인의 어깨 위에'서 있어 멀리 볼 수 있었다는 말도 이와 같다. 더욱이 우리의 언어와 수학이나 과학의 원리 자체 역시 기존의 인류 문명이 쌓아온 것이기 때문에 그것을 이용하여 새로운 정보, 즉 의미를 네트워크에 추가하였다고 하여 그 생산된 정보를 오롯이 정보생산자의 소유로 귀속시킬 수는 없다. 정보는 그 네트워크 내에서 의미를 부여받기 때문이다.

그런 생각의 연장선에서 정보는 네트워크가 정한 규칙에 따라 사용하는 것이 바람직하다. 개인정보에 대하여도 네트워크와 무관한 선천적인 권리로서의 개인정보에 대한 권리를 개인에게 부여하는 것은 미래의 네트워크정보사회를 건설하는 데 적절한 규칙으로 작동하기 어렵다.

새로운 정보혁명의 시대에는 기존의 특허권이나 저작권으로 포섭

---

* 요하이 벤클러, 앞의 책.

되지 않은 수많은 가치 있는 정보가 전 세계의 수십억 명에서 매일 생산되고 있다. 이러한 정보는 사람의 뇌에 저장되었다가 서서히 사라진다. 인간의 뇌는 검색되지 않기 때문이고, 병렬 컴퓨터처럼 하나의 뇌가 아니라 독립된 뇌이기 때문이다. 개인이 취득한 정보도 가치가 있기 때문에 어떤 형식으로든 그 가치를 보존하기 위해 법규가 만들어지고 있다.

이에 대한 법률적 접근이 바로 개인정보 자기결정권, 잊힐 권리, 개인정보보호권, 데이터삭제권, 데이터이전권 등에 대한 논의이다.

세계의 모든 정보는 이제 서서히 통합된 법규와 제도의 통제 아래 놓이게 될 것이다. 물론 법이 통제하지 않는 공간으로서 정보가 취급될 수 있겠지만 그 역시 국제적 차원에서 법이 그러한 공유재로서의 정보를 허용하여야 가능하다. 인간이 가진 모든 행위와 모든 생각이 외부로 표출되면 그에 대해 법적으로 다룰 수 있게 될 것이다. 인간의 행위와 생각이 디지털 정보로 변환되어 저장되어 시간적·공간적 제약을 벗어나게 되는 순간 그 행위와 정보는 경제적 가치를 가지게 되고 그에 따라 법이 개입하게 되는 것이다.

정보생산을 장려하기 위해 정보생산자에게 과도한 금전적 인센티브를 부여하는 것은 오히려 정보생산을 저해할 수 있다. 그렇다면 어떻게 정보생산이 증가할 수 있을까?

군이 정보와 데이터를 구분하자면 데이터는 정보의 전단계로 아직 의미가 부여되지 않은 신호라고 할 수 있다. 데이터 역시 인간이 의도를 가지고 데이터를 측정하는 경우에만 포착할 수 있다. 데이터 측정 방식의 발전이 바로 과학기술의 발전이다. 세계에 대한 새로운 해석은 새로운 데이터를 필요로 하고 새로운 데이터 측정방식 역시 필요로 한다. 데이터는 정보가 아니라고 하더라도 어떠한 형태의 정보로 전환될 것을 예정하고 있으므로 완전히 의미가 제거된 것은 아니고 본질적으로 의미가 완전히 제거될 수도 없다.

정보를 생산하기 위해서는 데이터가 필요하기도 하고, 정보를 혼합·가공하여 또 새로운 정보를 생산할 수도 있다. 앞서 본 것처럼 정보는 곧 세상이다.

데이터를 생산하는 것, 즉 데이터를 측정하는 것은 모든 생명이 생존하는 동안 일어나는 자연스런 현상이고, 습관처럼 일어나는 것이다. 이러한 데이터를 의도를 가지고 측정하고, 가공하는 것이 정보의 생산이라고 할 수 있다.

역사적으로 볼 때 문자를 아는 사람들이 지식의 생산자, 정보의 생산자라고 할 수 있었는데, 구전으로 정보가 고정되는 것은 한계가 있었기 때문이다.

그러다가 활자가 발명되면서 정보의 생산자가 대폭 증가하고 인류의 문명이 한 단계 도약할 수 있었다. 언어는 활자가 발명되어서야 영원히 정보를 저장할 수 있는 수단으로 기능할 수 있게 되었다.

활자가 발명되고 나서야 인류는 정말 새로운 차원의 네트워크로 묶여졌다고 할 수 있다. 활자가 발명되고 나서야 동서양의 교류도 새로운 차원으로 진입할 수 있었다면 너무 과장인 것일까?

정보가 컴퓨터 네트워크, 인터넷을 만나다

컴퓨터는 그 자체로도 인류의 놀라운 진보를 상징하는 것이지만, 컴퓨터는 인터넷이라는 통신수단을 만나면서 그 잠재력을 발휘하게 되었고, 다시 인터넷이 컴퓨터과학의 발전을 지속적으로 요구했다. 마치 인터넷을 통한 정보의 즉각적 전달이 컴퓨터의 진화의 목적인 것처럼.

활자단계에서 정보가 가지는 위치는 눈에 보이는 물체보다 크다고 말할 수 없었다. 지식재산권을 포함한 무형의 자산이 회계상 자산으로 분류된 것도 얼마 되지 않았을 뿐 아니라 현재도 여전히 R&D 비용이나 영업권 등을 얼마로 평가할 것인가에 대한 기준도 명확하지 않아 회사의 가치평가에 대하여 다양한 해석이 나올 수 있다.

인터넷 시대의 정보가 가지는 위치는 지속적으로 상승하여 왔다. 정보는 점점 중요해지고 있다. 정보가 중요해지는 것이 물질이나 보이는 서비스가 정보보다 덜 중요해지고 있다는 뜻은 아니다. 정보가 중요해지는 것은 컴퓨터 기술의 발달, 인터넷의 보급으로 인하여 물질과 정보의 이분법에서 벗어나 모든 물질, 존재를 컴퓨터 네트워크 혹은 인터넷을 통해 즉각적으로 전달하고, 검색하고, 오랜 시간 저장 가능한 디지털 정보로 추상화할 수 있게 되었기 때문이다.

활자시대에는 정보가 해당 언어를 사용하는 네트워크에서만 의미를 가지고 있었을 뿐 아니라 저장하기도 어렵고 검색하기도 어려웠다. 검색할 수 없는 정보는 검색할 수 있는 정보에 비해 네트워크 내의 가치가 적을 수밖에 없다.

컴퓨팅 기술은 언어가 기재되어 있는 물리적인 실재인 책이나 잡지 등 종이에 기재된 정보를 디지털화하여 컴퓨터가 인식할 수 있는 정보로 바꾸어 놓았다. 그리고 그 정보를 인터넷에 접속할 수 있는 수

십억의 개인들과 연결할 수 있도록 해주었다. 그 결과 정보는 네트워크에서 새로운 가치를 부여받기 시작했다.

그 뿐만 아니라 컴퓨팅 기술은 정보를 영원하도록 해 주었다.

활자시대의 정보는 일반 개인이 정보를 생산하여 종이에 고정시키는 것이 쉽지 않았다. 작가나 학자와 같은 사람들이 아닌 경우 비싼 종이에 자신이 알고 있는 어떠한 정보를 기재하는 것은 쉽지 않은 일이었기 때문이다.

그러나 지금은 수많은 개인들이 자신의 일상을 문자, 사진, 소리, 그림 등으로 정보를 기재하여 네트워크에 올리고 원하는 사람들에게 정보가 도달하도록 하고 있다. 페이스북, 인스타그램을 포함하여 수많은 SNS 프로그램은 유저들이 올리는 정보를 자동으로 저장하고, 유저가 원하는 사람들과 정보를 자동으로 연결할 수 있도록 해주고 있다.

이제 정보의 저장, 정보의 전달은 누구나 할 수 있고, 정보전달에 대한 비용도 너무나 적다. 유튜브나 아프리카TV 같은 개인방송채널은 개설에 비용이 거의 들지 않는다.

활자시대의 네트워크에서 인터넷으로 연결된 컴퓨터 네트워크로의 전환은 어찌 보면 활자시대 이전 시대의 네트워크에서 활자시대 네트워크로 전환된 것보다 그 크기가 더 커서 국경을 초월하고 있고, 자동번역 프로그램에 의해서 언어를 초월하고 있으며, 네트워크에 정보가 자동 저장됨으로써 시간을 초월하고 있다.

결국 정보생산의 문제는 크게 3가지로 귀결된다.

첫째, 네트워크에 참여한 노드들의 숫자 및 네트워크에서 노드들

사이의 연결과 소통(transaction)의 숫자로 표현되는 네트워크의 크기

둘째, 네트워크 내의 노드들 간 소통결과의 저장 및 검색가능성

셋째, 네트워크 내 노드들의 연결로 생산된 정보의 가공 및 그 결과의 확산을 통한 정보의 재생산

정보는 새로운 시대의 석유이다

'정보 혹은 데이터는 새로운 시대의 석유이다.'

석유시대는 인류의 에너지원이 석탄에서 석유로 전환되면서 나타났다. 석유화학기술의 발전으로 전력 산업뿐 아니라 플라스틱시대, 자동차와 항공기시대를 열었다. 석유로 인해 인류는 공간적 자유를 얻었고, 의복과 거주문화에도 엄청난 변화가 있었다.

이제 정보, 데이터가 새로운 시대의 석유라는 말을 받아들인다면 석유시대의 발전과정에서 나타난 것처럼 네트워크정보시대에도 비슷한 일이 생길 것이라고 추론할 수 있다.

첫째, 정보는 자원이 되고, 자산이 된다.

둘째, 정보의 가치를 네트워크에서 측정할 수 있게 되어 정보는 자본이 된다.

셋째, 정보로 인하여 사회의 문화와 문명은 새롭게 진화하고, 새로운 산업을 꽃피운다.

넷째, 정보를 이해하여 정보산업을 발전시킨 사회와 그렇지 못한 사회는 현저한 부의 차이를 경험하게 된다.

정보가 자원이 되는 것은 과학의 발전에 따른 자연스러운 현상이다. 물질과 생각이 명확하게 구분되던 종전의 과학이 양자정보물리

학을 통하여 새로운 단계로 진입하게 됨에 따라 물체 혹은 생각 이외의 모든 것을 오감으로 인식하는 것보다 인간이 발전시켜온 과학으로 물질을 인식하는 것, 특히 컴퓨터가 인식할 수 있도록 하는 것이 인식의 지평을 더 넓히고 인류에게 유용할 것임을 알게 되었다.

따라서 컴퓨터가 0과 1의 2진법으로 어떠한 물질을 인식하였다고 할 때 그 0 또는 1의 숫자의 나열이 우리가 눈으로 보고, 듣고, 냄새 맡고, 만지고, 맛보는 5개의 감각기관으로 정보를 받아들여 인식하는 것보다 정보의 저장, 확산에 있어 보다 우월하다는 것이 증명되었다.

종전에 가치를 두었던 석유나 다른 광물자원과 같은 물질, 더 나아가 일반적인 인간의 노동력은 새로운 정보시대에서는 그 중요성이 점점 줄어들고 물건과 노동력 등을 추상화한 정보가 점점 더 중요해질 것이다.

예를 들면 건물보다는 건물의 설계도가 점점 더 중요해질 것이다. 이는 모두 정보통신기술의 발달과 컴퓨터 네트워크의 발달로 가능하게 되었다. 애플이 만든 아이폰에는 'designed by California'라고 되어 있다. 이는 역설적으로 제조는 캘리포니아가 아닌 다른 곳에서 이루어진다는 것이다. 팀쿡은 애플의 공급망을 전 세계에서 컴퓨터 네트워크를 이용하여 구축해 놓았다. 아이폰이 다른 스마트폰과 달리 고가의 가격을 받을 수 있는 것은 제조에서 만들어진 부가가치가 아니라 캘리포니아에서 만들어진 소프트웨어와 디자인 때문이다.

인류는 이제 눈에 보이는 자원과 노동력은 쉽게 구할 수 있는 시대로 접어들고 있고, 과학기술도 새로운 차원으로 진입하고 있다. 레이커즈와일Ray Kurzweil은 이러한 컴퓨터와 정보과학의 새로운 도약을 '특이점이 온다'•라고 말하고 있다.

눈에 보이는 자원과 노동력을 쉽게 구할 수 있는 시대이므로, 자원과 노동력에 대한 데이터, 정보에 대한 접근이 무엇보다 중요하다. 만일 데이터, 정보에 대한 접근이 오픈되어 있는 경우라고 한다면 그 이후에는 데이터를 가공하여 정보로 만들고, 그 정보를 이용하여 우리가 지식이라고 하는 유용한 가치를 만드는 것에서 인류는 협업과 경쟁을 해 나갈 것이다.

따라서 경쟁의 관점에서 본다면 정보 또는 데이터에 대한 접근을 통제하는 것이 부와 권력에 대한 독점을 유지할 수 있는 방법이 된다.

정보에 대하여 소유권적인 접근을 하면 정보를 생산하는 개인을 보호하기 위해서는, 개인에 대한 데이터, 개인에 대한 정보를 영리목적으로 사용하기 위해서는 해당개인에 대한 동의 혹은 승낙이 필요하다는 쪽으로 이론 구성할 수밖에 없다. 그러나 정보 하나하나마다 동의를 받을 수 없을 뿐 아니라 어떠한 정보가 어떠한 목적으로 어떻게 이용되는지 알고 동의하기도 어렵다.

소유권적인 접근을 하게 되면 개인을 보호하기 위해 수많은 법적·제도적 규제를 둘 수밖에 없다. 그런데 그러한 법적·제도적 규제가 양날의 검이 되어 이미 그러한 규제를 충족시킬 수 있는 자본과 인적 능력을 갖춘 회사만이 정보를 다룰 수 있게 된다. 즉, 정보독점이 이루어진다.

페이스북, 구글, 아마존 등을 규제하기 위한 다른 여러 규제가 새로운 회사의 진입을 막고 경쟁을 저해하게 되는 것이다.

• 레이 커즈와일, 『특이점이 온다(기술이 인간을 초월하는 순간)』, 장시형, 김명남 역, 김영사.

지금까지 자본주의의 발전은 사적소유권제도 즉 소유권 법리를 통해서 이루어졌기 때문에 정보에 대해서도 기존의 소유권 법리를 적용하려는 시도가 많이 있다. 확립된 소유권 제도는 자산을 자본으로 진화시킬 수 있음을 인류는 경험하였기 때문에 정보 역시 소유권 제도를 이용하여 네트워크정보사회로의 진입을 위한 자본을 변화하도록 하려는 접근방법이 있다. 그러나 정보는 부동산이나 상품, 자원과 같은 전통적인 자산과는 또 다른 특성이 있으므로 일률적으로 소유권 법리가 적용되는 자산으로 보는 것에도 여러 문제가 있다. 하지만 소유권 제도를 통해 정보가 자본이 되는 것은 무엇보다 강력한 추동력이 될 것이다.

소유권적인 접근이 아니라면 어떠한 접근이 가능할까? 정보자원은 다른 일반적인 자원과 달리 취급되어야 하고 공유재로서 누구에게나 접근·사용이 가능하도록 하여야 한다는 주장*이 있다.

공유자원으로서 정보를 취급하자는 주장이 바로 그것이고, 오픈소스 운동이나 카피레프트 운동 등도 모두 이와 궤를 같이 한다.

문제는 공유재로서의 정보자원이 과연 현대 금융과 융합하여 새로운 정보산업을 일으킬 수 있는가 하는 점이다. 정보자원 중 개인과 무관한 정보자원도 개인정보와 비슷하게 다루어야 하는지 여부도 문제이다.

정보자원을 공유재로 사용할 경우 정보를 자본으로 삼는 경우에 비해 다른 나라보다 더 나은 정보산업을 일굴 수 있을까? 아니면 정

---

* 엘리너 오스트롬, 샬럿 헤스 편역의 앞의 책에서는 공유자원 중 디지털 공유자원은 천연자원과 달리 수준 높은 정보가 늘면 늘수록 훌륭한 공유재가 증가하는 성질을 가지고 있다고 하면서 오픈 액세스, 자율적 지배구조, 언론의 자유와 공유자원을 연결하고 있다.

보산업은 국가와 민족, 그리고 경계를 넘어 동일한 수준의 서비스를 제공하기 때문에 국가들 사이의 산업경쟁은 크게 영향이 없는 것인가?

정보를 소유권의 대상으로 보는 접근, 정보를 소유권의 대상이 아닌 모두가 공평하게 접근·사용할 수 있는 공유재로 보는 접근 둘 중에 어떠한 접근이 네트워크정보사회를 구축하는 자본을 만들 수 있는지, 기후변화, 자원고갈, 제3세계의 문제 등 인류 공통의 문제 해결을 위한 제도를 만드는 자본을 만들 수 있는지에 대해 좀 더 연구가 필요하다.

정보를 공유재로 보아서는 새로운 사회를 일굴 자본이 만들어지기는 어렵다. 그렇다고 전통적인 소유권의 대상으로만 본다면 인류 공통의 문제를 해결하기 어렵다. 개인적으로는 전통적인 소유권이 아닌 다른 형식의 권리 예컨대 네트워크에 배타적으로 접근할 수 있는 권리와 같은 '접속권'을 배타적으로 부여하는 방법으로 제도를 디자인하는 것은 어떨까 생각해본다. 제러미 리프킨Jeremy Rifkin이 『소유의 종말』*에서 주장한 소유권에서 접속권으로의 전환과도 통하는 면이 있다. 소유권은 네트워크를 염두에 두지 않고, 오히려 자신의 소유권을 위해 네트워크의 자원을 남용하는 경우도 있는 반면 접속권은 접속을 하는 네트워크의 유지 및 발전이 접속을 할 수 있는 권리를 가지고 있는 사람에게도 중요하기 때문에 네트워크 자원을 자율적으로 보호한다.

• 제러미 리프킨, 『소유의 종말』, 이희재 역, 민음사.

공유재로서의 정보와 자본으로서의 정보

공유재가 되어야 하는 정보도 있고, 자본이 되어야 하는 정보도 있다
지식은 정보로부터 추출되는 것이고, 그것이 학술적이든 비학술적인 것이든 가리지 않고, 우리 머릿속에서 나온 모든 생각을 조직화한 것이라고 할 수 있다. 지식이 공동의 저장소에 축적되고, 네트워크의 모든 사람들이 그 축적된 지식에 자유로이 접근할 수 있다면 지식은 공유재라고 할 수 있다.

지식이 공유재로서의 성격이 강한 것은, 지식은 확산되어도 그 총량이 줄지 않기 때문이다. 그럼에도 지식을 사유화하려는 여러 시도가 많이 있고, 그에 대한 반작용으로 정보는 혹은 지식자원은 반드시 공유되어야 한다는 주장이 많이 제기되고 있다. 정보가 자원으로 인식되는 이상 그러한 정보자원, 지식자원이 민간 혹은 정부의 소유로 하려는 시도가 계속되는 것은 어떻게 보면 자본의 속성상 당연할지도 모른다.

예전에는 토지가 누구의 소유가 아닌 공동체의 관리하에 공동체가 같이 사용하면서 관리하였다. 그러다가 중세 말 양모로 된 의류의 확산으로 양모 가격이 급등하게 되었다. 양모 가격이 급등하게 되자 15세기 말부터 16세기에 이르러 양을 기르기 위한 목장을 만들기 위하여 공유지인 토지를 양을 키우기 위한 목장으로 만드는 1차 인클로저 운동이 일어났다. 이후 18세기 후반부터 토지에 대한 특별한 권리를 가지고 있지 않은 농민들의 토지를 영주의 소유로 하고, 공동소유토지와 황무지 역시 자신의 소유로 편입하는 2차 인클로저 운동이 일어났다. 많은 농민이 자신이 경작하던 토지에 대한 권리를 잃고 노동력을 제공하여야 하는 처지로 전락하였다. 그러한 농민들이 산업혁명에 필요한 값싼 노동력을 제공하게 되었고, 영국은 이러한 노동력을 바탕으로 산업혁명의 수행할 수 있었다.

결국 공유토지는 직조기와 방적기의 발명으로 인한 생산성 확장으로 필요한 양모를 공급하기 위한 자원으로 필요하게 되었고, 그 필요성이 대규모 농장을 만들게 하는 인클로저 운동으로 이어졌다고도 할 수 있다. 석유나 대규모의 가치 있는 자원이 채굴되는 광산 역시 그러한 자원이 발견되기 전에 그 토지를 점유하면서 살고 있던 사람들의 강제적인 이주를 초래한다.

신기술로 인하여 과거에는 그 누구도 관리할 수 없었고, 법적으로 보호하기도 어려웠던 형태가 없는 가치에 대해서도 이를 포착할 수 있게 되었다.

뿐만 아니라 대규모의 정보의 가치가 계속해서 상승하고 있어 그 가치를 원하는 사람들이 점차 많아지고 있다.

10년 전만 해도 개인정보에 대해 관심을 가지는 사람들이 많지 않았는데 이제는 자신의 정보를 인터넷을 통해 기업과 다른 사람에게 제공하지 않으면 인터넷을 통한 거래를 할 수 없게 되면서 모든 사람들이 정보의 중요성에 대해 깨달아 가고 있다.

정보는 공유재(commons)의 길을 갈 수도 있고, 자본(capital)의 길을 갈 수도 있다. 정해진 것은 없다.

석유나 기타 천연자원이 그 잠재력을 발휘한 역사적 경험과 자본주의의 속성을 종합적으로 고려하여 보면 자본의 길을 갈 가능성이 더 커 보이기는 한다. 물론 정보가 공유재의 길을 갈 수도 있지만 과연 공유자원으로서의 보편적 오픈 액세스를 주장하는 사람들이 말하듯이 오픈소스 운동이나 위키피디아와 같은 협업으로 만들어지는 가치가 현재와 같이 주식회사 등에서 고객과 계약에 의해 화폐로 명확하게 측정되어 생산되는 가치보다 더 크고 그 생산이 확실하게 보장되는지에 대해서는 더 지속적인 연구가 필요하다.

지금까지의 인류의 경험과 특히 현재 개별 국가들이 서로의 부를 증대시키기 위해 경쟁하는 현실에 비추어 보면 국가가 자국 내에서 만들어진 정보를 다른 나라가 자유롭게 사용할 수 있도록 제공하는 것은 쉽지 않을 것이다.

또한 현재의 지식재산권법이나 저작권법으로 보더라도 정보가 누구도 소유하지 않는 공유재로 남는다는 것은 쉽지 않아 보인다. 지식재산권, 저작권은 계속해서 그 범위를 확장하고 있는데, 이는 사람들의 독창적 생각이나 아이디어가 디지털로 고정되면서 새롭게 가치를 부여하려는 시장의 요구가 계속되기 때문이다.

그렇다면 정보가 공유재가 아니라 소유권의 대상이 된다고 할 때 정보의 독점으로 인한 부와 권력의 집중을 막을 방법은 없는지 생각해보아야 할 것이다.

이 지점에서 탈중앙화와 부의 분산, 권력의 분산을 말하는 '블록체이니즘'은 좋은 대안이 된다.

정보는 젊은 자본이 될 것이다

자본은 그 자체로는 좋은 것도 아니고, 나쁜 것도 아니다. 자본은 기술이고, 제도이다. 자본은 인류가 개인의 힘만으로는 할 수 없는 일을 노예제와 같은 폭력적인 방법을 가지지 않고서도 이룰 수 있도록 한 금융의 혁신으로 탄생한 것이다.

그러한 자본은 그 설계구조에 따라 스스로 더 커지도록 프로그래밍 되어 있고, 그 자본을 사용할 수 있는 사람이나 조직은 자본을 이용하여 타인의 자원과 노동력을 이용할 수 있게 되었다.

물론 이러한 자본은 자산에 대한 사유재산제, 즉 소유권에 기반하고 있어 자본이 커지는 만큼 필연적으로 부의 집중이 생기게 된다. 자본이 확장되기 위해서는 국가 사이의 상품, 서비스, 화폐의 이동이 필요하고, 각국의 화폐제도가 다르기 때문에 국제무역에서 기축통화가 필요하게 된다.

산업혁명으로 인하여 도시화가 진행되기 전에는 곡식을 가장 많이 생산하는 농토의 가치가 가장 높았다. 그래서 산업화, 도시화 이전에는 자식들에게 재산을 물려주면서 좋은 농지는 장남에게 주고, 막내에게는 쓸모없는 황무지를 주는 경우가 많았다. 그러나 우리나라에서 급속한 산업화와 도시화가 이루어지면서 좋은 농지는 기계화와 기술 발달, 국제무역의 증가 등으로 그 가치가 떨어지고, 쓸모가 없었던 황무지는 도시화의 바람을 타고 그 가치가 급증하여 재산상속을 할 당시와는 전혀 다르게 부가 나누어지는 경우가 많았다.

부동산, 주식, 채권, 석유, 곡물 등은 지금 가장 중요한 자산으로 여겨지고 있다. 특허, 디자인, 저작권 등 무형의 지적 재산권은 점차 중요한 자산으로 인정되고 있지만 아직 자산의 잠재성을 충분히 발휘하지는 못하고 있다. 정보의 묶음, 혹은 빅데이터라고 불리는 정보의 꾸러미는 아직 자산으로 인식되고 있지는 않은 것 같다.

과연 이러한 자산들의 가치평가는 향후 어떻게 변하게 될까? 정보의 꾸러미가 부동산이나 특허권보다 더 가치 있는 자산이 될까?

공장을 소유하고, 재고자산을 유지하고, 정규직원을 많이 채용하는 것으로 기업의 가치가 평가되는 시기는 지났다. 자산의 총량이 중요한 것이 아니라 자산을 이용하여 이익을 창출할 수 있는 시스템에 기여하는 기술, 특허, 영업비밀, 브랜드 등이 더 중요해지고 있다. 이런 무형의 자산들이 중요해짐에 따라 기업들은 제품이나 서비스가 아니라 자기가 쌓아온 신뢰나 정직과 같은 자신의 브랜드를 유지하기 위하여 비용을 많이 지출하고 있고, 영업비밀이나 특허를 유지하기 위해서도 많은 비용을 지출하고 있다.

더 나아가 미국의 예를 보면 시가총액 상위 기업인 페이스북, 애플, 넷플릭스, 구글, 아마존은 모두 엄청난 고객데이터를 가진 기업들이다. 이 기업들은 유지, 보수비용이 지출되는 유형의 자산들은 거의 가지고 있지 않다. 또한 영업비밀이나 특허로 자신의 사업을 유지하는 것이 아니라 방대한 고객 네트워크로 자신의 사업의 독점력을 키우고 있는 상황이다.

명확한 설계도가 있으면 자본을 투입하여 공장을 건설하거나 기존의 공장에 자신이 원하는 제품을 만들도록 하고, 기존의 유통망을 이용하여 최종 소비자에게까지 쉽게 제품이나 서비스를 팔 수 있는 시대가 되었다. 한 사람이 홈페이지만 있는 작은 인터넷 쇼핑몰에서 시작해서 큰 기업을 일구는 것도 가능한 시대이다.[*]

---

* 스타일난다, 무신사 등 인터넷 커뮤니티나 홈페이지에서 시작하여 방대한 판매 네트워크를 구축한 기업이 지속적으로 등장하고 있으며 이는 예전에는 가능하지 않았던 기업형태이다.

정보는 관계이다. 정보의 묶음은 관계의 묶음이고, 관계의 묶음은 곧 네트워크이다. 결국 네트워크를 구축하는 것이 중요하고 구축된 네트워크는 정보를 생산하고, 생산된 정보는 자본으로 기능할 수 있다.

어떻게 정보, 네트워크가 자본으로 기능할 수 있을까? 에르난도데 소토Hernando de Soto가 『자본의 미스터리』에서 잘 설파했듯이 역사적으로 볼 때 어떠한 자산이 자본으로 기능하기 위해서는 해당 국가 어디에서도 통하는 확립된 소유권제도가 필요했다. 토지가 자본으로 기능하기 위해 인클로저 운동이 필요했던 것처럼 정보나 네트워크가 자본으로 기능하기 위해서는 정보 인클로저 운동이라고 할 것이 나타날 것이다.

페이스북이 소유한 사진 공유 플랫폼인 인스타그램은 유저들이 자신의 플랫폼에 업로드한 사진을 유저의 승낙 없이 광고주들이 비용을 내지 않고 페이스북이나 인스타그램이 영리목적으로도 이용할 수 있다는 취지로 약관을 개정하겠다고 발표한 후 유저들의 집단 반발을 초래하였고, 급기야 집단 소송까지 당한 바 있다. 결국 인스타그램은 그러한 내용으로 약관을 개정하지 않겠다고 발표하였다.

이러한 소송은 겉보기와는 다르게 정보의 사유화를 위한 투쟁이 시작되었음을 보여주고 있다.

그렇다면 정보를 소유권의 대상으로 하는 것이 과연 배척하기만 해야 하는 것인가? 아니면 현 단계에서는 소유권의 대상으로 하여 정보의 자본화를 촉진하여야 하는 것일까?

지금 전 세계의 부는 소수에게 집중되어 있다. 중요한 자산의 대부분이 소수의 사람들의 소유가 되어 있다는 뜻이다. 이러한 부의 집중 문제는 인류가 봉착한 중요한 문제 중의 하나로 인식되고 있다. 사람은 누구나 죽고, 죽으면 그 소유 재산은 상속을 하게 된다. 상속을 하면서 일부를 상속세로 내는 나라도 있고, 상속세가 없는 나라도 있다. 우리가 생각하는 것만큼 자수성가는 쉽지 않다. 왜냐하면 자본의 시스템이 큰 자본에게 유리하게 되어 있기 때문이다.

전 세계의 부를 강제로 분배할 수는 없고, 그래서도 안 된다. 역사는 부에 대한 가치평가를 다시 함으로써 부를 재분배하여 왔다. 엄청난 신기술이나 새로운 자원은 기존에 자산으로 인정된 자산 풀(asset pool)에 새로이 진입하면서 기존의 자산의 가치를 낮추게 된다. 마치 농지가 산업화에 따라 그 가치가 상대적으로 낮아지는 것과도 같다.

정보는 컴퓨터와 네트워크, 그리고 통신기술의 발전과 더불어 그 중요성이 계속 높아져 최고의 자산으로 등극하게 될 것이다. 물론 모든 정보가 그러한 것은 아니다. 디지털로 고정되고, 유통가능하며 수많은 사람들에게 영향을 미칠 수 있는 정보들의 묶음이 최고의 자산이 될 것이다.

이러한 최고의 자산은 어떻게 채굴 혹은 생산될 것인가가 문제의 핵심이다. 과연 소유권과 같은, 전통적으로 자본을 만들어낸 제도를 그대로 정보에도 적용하여 디지털 정보를 사적 소유권의 대상으로 하는 것이 가장 최고의 자산인 정보묶음을 만들어낼 수 있을 것인지 아니면 소유권이 아닌 디지털 정보를 다룰 수 있는 새로운 권리제도가 정보산업을 더 활성화하고, 최고의 가치를 지닌 정보묶음을 더 많이 창출할 수 있을 것인지가 문제이다.

예전에는 대학이나 연구소에서 만든 지식이 최고의 가치를 가지고 있다고 생각했다. 물론 지금도 여전히 대학이나 연구소가 지식을 생산하고 있긴 하지만 세계적인 지식 총량에서 차지하는 비율은 점차 줄어들고 있다. 최고의 지식을 더 많이 생산하기 위해 사회는 특허권이나 저작권제도를 만들었고, 여러 상이나, 대학에서의 종신교수제 등을 만들었다. 위 제도들은 최고의 지식에 대한 엄밀한 평가제도라고 할 수는 없었다. 마치 대중연예인에 대한 인기와 같이 과학자들에게도 해당 분야의 명성이 부여되었고, 학계에서의 이러한 명성이 지식생산의 인센티브가 되기는 하였지만, 오히려 특허권이나 저작권은 최고의 지식을 생산할 동인이 되지는 못하였다.

　토지나 건물은 그렇지 않았다. 토지나 건물은 그 소유권제도가 분명하게 확립되자 바로 자본의 길을 가게 되었고, 토지나 건물이 그 사용가치에서 벗어나 추상적인 가치로 네트워크에서 인정되게 되었다. 토지에서 작물을 키우거나 건물을 짓는 사용가치에서 벗어나 실시간으로 네트워크상의 유저들에게 그 관리나 소유권이 이전될 수 있는 자본이 되었다.

　확립된 소유권제도라는 것은 모두가 인정하는 소유권 이동을 기재한 장부 바로 그 자체이다. 이러한 신뢰할 수 있는 장부가 있었기 때문에 런던에 있는 사람이 런던에서 멀리 떨어진 자신 소유의 토지와 건물을 매각할 수 있고, 또 매수인도 소유권을 취득할 수 있다는 확신을 가지고 매매대금을 지급할 수 있었던 것이다. 이러한 신뢰가 있기 때문에 부동산에 대한 장부의 기재 자체가 사용가치를 넘어 금융자산으로 진화할 수 있는 것이다.

비트코인 혁명은 무형의 디지털 자산을 자본화할 수 있는 기술적 토대를 처음으로 만들어내었다. 비트코인 이전에 디지털 화폐를 만들어 내려는 수많은 시도가 있었다. 종전의 화폐주조와 같이 국가의 권위에 기대어 화폐를 발행하되 이를 전자적으로만 변환시키려는 중앙은행 디지털통화(Central Bank Digital Currency)에 대해 각국의 중앙은행이 다각도로 연구 중이다.*

비트코인은 국가나 제3자의 개입 없이도 네트워크에서 비트코인을 생성하여 화폐로 기능할 수 있도록 하였다. 디지털 정보가 제3자의 중개 없이 하나의 노드에서 다른 노드로 이전되고 해당 디지털 정보를 처분·관리할 수 있는 노드가 어떤 노드인지, 네트워크가 알 수 있게 됨으로써 모든 디지털 정보는 자본의 길을 갈 수 있게 되었을 뿐 아니라 동시에 부의 분산도 가능하게 되었다.

물론 국가 혹은 중앙은행과 같은 권위 있는 제3자가 디지털 정보에 대한 소유권 혹은 접속권을 확인하는 디지털 장부를 만들어도 같은 효과가 될 수 있지만 이러한 경우에는 디지털 정보가 네트워크에서 자발적으로 생성되기 어렵고 국가 혹은 중앙은행에 디지털 정보가 생성될 때마다 등록하는 등의 절차를 거쳐야 할 경우가 많을 것이다. 네트워크 자체에서 자동적으로 정보생산이 촉진되는 구조를 만들기가 어려울 것이다.

네트워크 과학의 관점에서 볼 때 하나의 중앙만 있는 네트워크는 다양한 허브가 존재하는 네트워크, 모든 노드가 허브가 될 수 있는 가능성이 열려있는 네트워크에 비해 정보의 양이나 질, 정보의 가치에

---

* https://www.thebchain.co.kr/news/articleView.html?idxno=6422, 2020. 3. 2. 접근.

있어 차이가 날 수밖에 없다.

　디지털 정보를 디지털 정보자원이라고 부르며, 디지털 정보자원을 사유화하는 데 반대하고, 디지털 정보자원에 누구나 접속가능하고 사용가능한 공유재로 만들어야 한다는 주장이 있다. 공유경제를 연구하는 새로운 연구자들도 많이 이에 동의한다.

　디지털 정보자원은 사용한다고 하여 그 양이 줄거나 질이 떨어지지 않는다. 지식은 다양한 곳에서 사용할수록 그 지식의 가치는 올라가고 새로운 지식이 창출된다. 그러나 디지털 정보자원에는 지식만 있는 것이 아니고, 사람들이 인식하지 못하는 정보 이전의 데이터들도 존재한다. 하나하나 떨어져 있을 때에는 아무런 가치를 지니고 있지 않은 것처럼 보이는 데이터들이 모이면 질적인 변화를 거쳐 새로운 지식으로 탄생한다. 이것이 빅데이터 과학으로 새로이 각광받고 있는 분야이다. 양자정보물리학에 따라 확률로 세계를 예측하는 것이 더 유용하다는 깨달음에 따라 사건이 발생할 확률을 계산하기 위해서는 수많은 정보와 그 정보를 처리할 수 있는 컴퓨팅 능력이 필요하다. 인류가 계속적으로 컴퓨팅 능력을 발전시키고 있는 것은 이러한 강한 시대적 요구가 있기 때문이다.

　디지털 정보자원의 다양한 수준에 따라 어떤 것은 디지털 자본으로, 어떤 것은 디지털 공유자원으로 분류하는 것이 필요하다. 예컨대 양자역학이나 상대성이론을 공부하고 이를 산업에 적용하는 것을 어느 누군가의 허락을 받고 할 수는 없는 것이다. 그러나 이러한 지식도 사유화하려는 시도는 있어 왔다. 이에 대해서는 단호하게 저항하여야 한다.

그러나 컴퓨터 네트워크 과학의 발전으로 이제 실물을 디지털로 추상화하여 다룰 수 있는 기술이 출현하였다. 이에 따라 토지나 건물 등 부동산의 경우 추상화된 가치의 표상한 등기부에만 의존하거나 부동산 리츠와 같은 금융상품 수준에서 벗어나 STO Security Token Offering 와 같은 금융혁신이 시도되고 있다.[*]

이러한 금융혁신으로 생성되는 자본은 젊은 자본이다. 기존의 자산가들이 가지고 있는 자본이 아니다. 기존의 자산가로부터 투자를 받거나, 상속을 받는 등의 방법으로 자산을 받는 경우를 제외하고 스스로 자본을 만들어 큰 부를 일구는 것은 기존의 부동산, 주식 등 전통적 자산시장에서는 매우 어려운 일이 되어 가고 있다.

그러나 정보가 자산이 되는 새로운 시대에서는 다르다. 아직 정보의 가치를 잘 모르거나 정보의 가치를 애써 부정하려는 기존의 자산을 가진 사람들과 정보의 가치를 인식하고 이를 토대로 자본을 축적하려는 사람들은 어쩔 수 없이 대립할 수밖에 없다. 정보를 토대로 자본을 축적한 젊은 자본가의 출현은 필연적이다. 문제는 이러한 젊은 자본이 종전의 자본과 같은 자본과는 그 성격이 다르도록 경제시스템을 디자인할 수 있는 것이 블록체인이 가져오는 경제시스템의 특징 중의 하나이다.

---

[*] STO가 단순한 지분을 실시간으로 파는 정도에 끝나는 것이 아니다. 국경을 초월하여 기존의 자본을 한 단계 업그레이드할 수 있다.
MIT Digital Currency Initiative의 보고서에 따르면 부동산 자산의 토큰화 진화단계를 크게 세 단계로 나누어 예측하고 있다. 먼저, 부동산에 투자하는 증권을 토큰화 하는 것부터 시작되며, 두 번째는 단계적으로 부동산산업에서의 가치사슬상에서 블록체인을 활용한 탈중앙화된 분산 애플리케이션이 적용될 것이다. 그리고 궁극적으로는 소유권에 대한 개인 간 거래, 그리고 중개인을 거치지 않는 주택 공유가 가능해지는 부동산 자산의 토큰화의 단계로 나누어 볼 수 있다(http://www.cctvnews.co.kr/news/articleView.html?idxno=133799).

아직 네트워크가 활성화되지 않은 상태에서도 암호자산과 암호화폐에 대한 투자가 젊은 사람들 사이에서도 유행이 되는 것도 정보가 자산이 되어 축적되는 자본이 젊은 자본이기 때문이다.

블록체인 프로젝트와 금융의 혁신

금융의 혁신은 사회적 기술의 혁신이다. 사회를 움직이는 혈액이 화폐라고 한다면 금융은 그 혈액을 만드는 골수, 혈액이 움직이는 혈관 등을 포함한 순환계라고 할 수 있다. 화폐의 혁신은 새로운 사회로의 진보를 위한 사회의 요구에 따라 만들어지는 것으로 화폐의 변화는 항상 무역의 변화와 패권의 변화를 가져왔다.

블록체인 프로젝트는 기존의 회사를 만드는 것과는 다르게 시작하고 있다. 블록체인 프로젝트는 디지털화된 형태로 정보가 흐르는 중앙이 없는 네트워크를 만드는 것이다. 블록체인 프로젝트는 정보를 컴퓨터가 인식할 수 있는 디지털화된 형태로 포착하여 네트워크에 흐르도록 하는 것에 중점을 두고 있다. 따라서 항상 커뮤니티를 만드는 것이 중요할 수밖에 없고, 컴퓨터 네트워크가 정보를 생산하도록 네트워크 설계를 하는 것이 중요하다.

회사가 아닌 네트워크를 만드는 것이므로 네트워크를 지배하고, 네트워크를 발전시키는 구조가 회사의 지배구조와는 다르다. 네트워크의 발전 혹은 가치 증가는 그 네트워크의 크기와 네트워크의 유저들 사이의 정보교환의 양의 크기로 측정될 수 있는 반면 현재 주식회사는 영업이익의 증가로 발전이 측정된다. 주식회사에서 제품과 서비스를 국경을 넘어 수출하는 것과 동일하게 네트워크는 그 정보를 글로벌한 수준으로 유통하도록 확산시켜야 한다. 따라서 블록체인 프로젝트는 처음부터 글로벌하게 시작할 수밖에 없다.

블록체인 프로젝트가 글로벌하게 시작하여야 함에도 아직 어떤 한 조직의 시작을 위하여 글로벌하게 자본조달을 할 수 있는 방법은 비트코인 혁신이 일어나기 전에는 없었다. 국경을 초월하여 가치를 즉시 전달할 수 있는 비트코인이 나타나면서 드디어 블록체인 네트워크의 시작과 동시에 전 세계를 대상으로 자본을 조달할 수 있는 금융기술도 같이 나타나게 된 것이다.

이것이 ICO•의 시작이다.

사실 혁신적 금융기술은 사회적 기술이기 때문에 실물이 빠르게 잘 뒷받침되지 않으면 신기루가 되기 십상이고, 사기의 대상이 되기 쉽다. 많은 블록체인 프로젝트가 실제로 투기의 대상이 되었고, 사기를 위한 수단이 된 것도 사실이다.

당초 ICO는 인터넷 네트워크에 참여하고 있는 노드들을 대상으로 새로운 네트워크를 구축하려고 하니 기부 형식으로 비트코인을 보내달라고 했던 것이 그 시작이라고 할 수 있다. 물론 대부분의 ICO는 백서에서 비트코인을 보내준 사람들에게 새로운 네트워크에서 생산될 정보(이는 상품이나 서비스를 지칭할 수도 있다)를 추상화한 코인이나

• ICO란 Initial Coin Offering의 약자로서, 새로운 암호화폐를 만들기 위해 불특정 다수의 투자자들로부터 초기 개발 자금을 모집하고 그 대가로 코인을 나눠주는 행위를 말한다. 아이씨오라고 읽는다. 아쇼라고 읽는 경우도 있다. ICO는 크라우드펀딩(crowdfunding)의 일종으로서, 초기코인공개 또는 초기코인제공이라고 한다. 주식 공개 모집을 의미하는 IPO에서 나온 말이다. ICO를 진행하기 위해 새로운 암호화폐를 만들게 된 동기, 목적, 운영 방식, 전망 등의 내용을 담은 백서(white paper)를 발행하고, 초기 투자자를 모집한다.

토큰을 그 대가로 주겠다고 했다.

블록체인 프로젝트를 실행할 팀에서 이러한 네트워크의 비전이나 설계를 기술한 백서(white paper)만 인터넷 네트워크에 올려, 수많은 노드들로부터 비트코인이나 이더리움을 받았고, 그렇게 모집한 비트코인과 이더리움으로 블록체인 프로젝트는 시작되었다.

이러한 형태의 자본조달 및 주식회사를 대신하는 네트워크 조직건설이 가능하게 된 것이 놀라운 혁신이다. 어떻게 무엇을 믿고 비트코인과 이더리움을 그냥 보낼 수 있었을까?

비트코인과 이더리움을 받은 블록체인 프로젝트팀이 자신들이 받은 비트코인과 이더리움을 네트워크를 만드는 자금으로 사용하지 않고 개인적 이익을 위해 사용해 버릴 수도 있었다. 이러한 블록체인 프로젝트팀의 모럴 해저드를 방지할 만한 아무런 법적 제한이 없었음에도,• ICO 프로젝트가 유행처럼 번져간 것은 다양한 이유가 있을 것이지만 크라우드 펀딩으로 상품과 서비스뿐 아니라 지속적인 가치 창출조직을 만들 수 있는 시장의 요구와 이를 가능하게 한 비트코인 혁신이 맞물리면서 일어난 것으로 생각된다.

사실, 구글이나 페이스북이 하나의 클릭에 따라 버는 광고비는 정말 적은 수준이지만 이것이 모인 큰 부를 구글이나 페이스북에 가져다주고 있는 것처럼 새로운 네트워크를 만들기 위하여 각각의 개인이 송금하는 돈이 아주 소액이더라도 이러한 소액의 돈이 모이면 충

• 설령 그러한 법적 제한이 있다고 하더라도, 백서에 나타난 바에 따르면 대부분의 블록체인 프로젝트가 백서에서 말하는 네트워크가 만들어지지 않는다고 해서 어떠한 법적 책임을 지는 것은 아니라고 명시되어 있을 뿐 아니라 국제적인 프로젝트의 경우 어느 나라에 어떠한 방식으로 법적인 추궁을 할 수 있는지, 그리고 그러한 법적 추궁이 실효성이 있는 것인지에 대해서 ICO 참여자는 알 수 없었고, 그러한 국제적인 수준에서 법적 조치를 할 수 있는 방안에 대한 아무런 규범도 없었다.

분히 글로벌한 네트워크를 만들 수 있다. 하지만 이미 모인 거액의 자금에 대한 처분권이 초기 개발팀에게 아무런 제한 없이 주어지고 있는 것이 문제로 대두되었고, 그에 따라 많은 사기성 짙은 블록체인 프로젝트가 금방 생겨난 것이 문제였다.

그러나 ICO가 많은 사기성 짙은 프로젝트에 오염이 되었다고 하더라도, ICO 그 자체는 국제적 수준에서 개인들이 네트워크를 스스로 설계하고 이를 만들고 이용할 수 있도록 자금을 조달하는 금융혁신이라는 점은 바뀌지 않는다.

ICO의 문제로 인하여 ICO 자체를 금지하는 것은 교통사고가 발생할 우려가 있어 자동차 운행을 금지하는 것이나 마찬가지이다. ICO의 사기성을 막는 제도를 만들어 혁신을 키우고, 투자자의 피해는 줄이는 작업을 지속적으로 수행해야 한다.

공유재의 자본 대체가능성 혹은 보완가능성

정보가 자본이 된다는 것에 거부감을 느끼는 사람들이 많을 것이다. 정보 나아가 지식은 누구나 접근 가능하고, 접근 가능한 정보와 지식을 이용하여 새로운 정보, 새로운 지식을 만들어내는 것은 인간이 가지고 있는 큰 기쁨 중의 하나이다. 그런데 정보에 가격을 붙여 정보에 접근하기 위해서 돈을 지불해야 한다면 돈이 없는 사람들은 정보에 접근하기 힘들어지고 결국 정보의 집중이 발생하게 된다는 것이다.

지금의 자본주의 시스템 아래에서는 당연히 그러한 문제가 제기될 수 있다. 그러나 현재도 충분히 돈을 지불할 의사가 있는 사람들이 있다고 판단되면 그 정보나 지식에 돈을 지급하여야 접근할 수 있도록 하고 있다. 특허권, 디자인권이 등록되어 권리가 부여되면 특허권자, 디자인권자에게 돈을 주지 않고서는 해당 특허나 디자인을 사용할 수 없다. 또 특허권이나 디자인권의 대상이 되기 어려운 경우에 대해서도 점차 저작권, 상표권, 트레이드 드레스* 등 다양한 방식으로 정보, 지식에 권리를 부여하고 이를 보호하려 하고 있는 것이 현실이다. 저작권으로 보호할 수 없는 정보에 대해서는 누구나 자유롭게 이용할 수 있다고 생각할 수도 있지만 이에 대해서도 개인정보보호의 명목으로 자유로운 이용에 제한이 있다. 개인정보에 대하여 비식별처리**를 한 정보꾸러미는 조만간 그 정보를 원하는 사람이나 기업들

---

* 색채, 크기, 모양 등 상품이나 서비스의 고유한 이미지를 나타내기 위해 사용된 복합적인 무형 요소를 뜻한다. 기존의 지적재산인 디자인(Design), 상표(Trade Mark)와는 구별되는 개념으로, 디자인이 제품의 기능을 중시한다면 트레이드 드레스는 제품 또는 상품의 장식에 주안을 두는 개념이라 할 수 있다. 코카콜라 병 모양을 생각하면 이해하기가 쉽다. 여성의 몸매와 유사한 잘록한 허리 모양과 표면에 있는 웨이브 문양 등 코카콜라병은 다른 음료수병과 다른 독특한 모양을 하고 있는데 이렇게 다른 음료수병과 구별되는 코카콜라병만의 독특한 특징이 바로 트레이드 드레스다. 그러니까 전체적인 외관 디자인을 보고 특정 브랜드를 떠올릴 수 있다면 그 디자인은 특허로 볼 수 있다는 게 트레이드 드레스의 골자다. 미국은 1989년 연방상표법을 제정해 트레이드 드레스에 대한 법적 보호에 나서고 있다. 반면에 한국은 부정경쟁방지법에 이와 유사한 조항을 두고 있으나 아직 트레이드 드레스에 대해 명문화된 규정이 없다. 이 때문에 앞으로 트레이드 드레스를 두고 법적 분쟁이 발생할 것이라는 예측이 많다. 실제 2011년부터 진행된 애플과 삼성전자 간의 특허 소송과 관련해 2012년 8월 미국 캘리포니아 북부지방법원 배심원단은 애플의 손을 들어 주었는데, 이는 트레이드 드레스와 관련이 깊다는 분석도 있다. 당시 애플은 '모서리가 둥근 직사각형 형태', '직사각형 모양을 둘러싼 테두리', '앞면에 직사각형 모양의 화면', '화면 윗부분에 좌우로 긴 스피커 구멍' 등 아이폰이 가지고 있는 고유한 이미지를 삼성전자가 침해했다고 주장했는데, 트레이드 드레스에 따라 배심원단이 애플의 손을 들어줬다는 것이다([네이버 지식백과] 트레이드 드레스[Trade Dress](트렌드 지식사전, 2013. 8. 5., 김환표)).

** 정보집합물(데이터 셋)에서 개인을 식별할 수 있는 요소를 전부 또는 일부 삭제하거나 대체하는 등의 방법을 활용하여 개인을 알아볼 수 없도록 하는 조치.

사이에서 여러 번 거래될 것이다. 그 거래마다 정보는 다시 가공될 것이다.

거래의 대상이 되는 정보꾸러미는 가격이 정해지는 순간 자본으로 추상화된다. 이러한 가치 있는 정보꾸러미를 자본으로 추상화시키지 않고 공유재로서 누구나 대가를 지불하지 않고 사용할 수 있도록 할 수 있을까? 흩어져 있는 정보를 모은 빅데이터를 분석, 가공하여 만든 새로운 정보는 당연히 거래의 대상이 되는 정보가 된다. 그 거래의 대상이 되는 정보는 가치가 있음에도 그 원료가 되는 정보꾸러미가 공유재로 기능하게 된다면 네트워크의 노드들이 자발적으로 정보를 네트워크에 제공할 유인이 사라지게 된다.

무엇보다 정보가 공유재로 기능하게 된다면 정보의 가격이 정해지기 어렵고, 정보를 포착하여 채굴하고 유통시키는 다양한 네트워크를 만들 자금을 유치하기도 어렵다. 물론 '위키피디아'와 같은 네트워크가 노드들의 자발적인 참여에 의해 만들어질 수도 있지만 위키피디아 네트워크와 같은 네트워크가 주식회사를 대체하여 가치창출 조직의 대세가 되기는 어렵다고 생각한다.

국가와 국경의 해체와 세계화폐

블록체인 네트워크는 본질적으로 국가를 초월한다. 블록체인 네트워크는 다른 디지털 네트워크와 달리 자체적인 가치측정수단을 가지고 있고, 이 가치측정수단은 블록체인 네트워크를 만들고 유지하는 수단으로 기능할 것인 동시에 블록체인 네트워크에서의 노드와 노드 사이의 거래의 지급결제수단으로도 기능할 수 있게 된다.

블록체인 네트워크의 가치측정수단으로 탄생한 암호화폐는 블록체인 네트워크가 만드는 서비스를 사용할 수 있는 권리의 증명으로도 쓰일 수 있고, 노드와 노드 사이 거래의 지급결제수단으로도 쓰일 수 있으며 블록체인 네트워크에서 화폐의 역할을 할 수도 있다. 블록체인 네트워크에서 만들어낼 정보, 혹은 가치를 추상화한 단위 코인, 토큰은 네트워크의 성장에 따라 다양한 역할을 하게 된다.

페이스북이나 구글과 같은 거대한 블록체인 네트워크가 만들어진다면 그 네트워크에서 사용되는 토큰은 달러의 위상과는 다른 진정한 세계화폐의 역할을 할 수도 있을 것이다.

문화와 경제력, 언어, 노동에 대한 가치가 모두 다른 집단이 다양하게 모여 이루어진 큰 네트워크에서 단일한 화폐를 사용하는 것은 어떠한 문제를 야기하게 될까? 자본은 물이 높은 곳에서 낮은 곳으로 흐르는 것처럼 돈의 가치가 큰 곳으로 움직이게 될 것이다. 예컨대 지금의 현실에서는 하루 동안 집을 청소해주는 것과 같은 가사 노동이 어떤 나라에서는 100달러이지만 다른 나라에서는 10달러로도 가능하다. 그렇다고 해서 노동 대비 달러의 가치가 높은 나라로 사람들이 자유롭게 이동하는 것도 국경이 있기 때문에 쉬운 일은 아니다. 미국의 트럼프 대통령이 멕시코 국경에 모두 방책을 세워 밀입국자 유입을 막겠다고 하는 것은 자국의 노동의 가치를 유지하려는 목적이 있기 때문이다.

단일한 네트워크에서 노드의 위치나 시간에 따라 동일한 상품, 서비스가 다른 가격으로 거래된다고 하더라도 실제 현실세계의 상품, 서비스의 이동 및 실행이 필요하고, 누구나 동일한 상품과 서비스가 노드의 위치에 따라 다르게 거래되고 있다는 정보가 투명하게 알려진다면 네트워크에서의 가치측정단위가 화폐로 기능하는 데 큰 문제가 생기는 것은 아닐 것이다.

지금 전 세계가 달러 하나의 화폐만을 사용한다고 하더라도 화폐 자체의 기능상의 문제는 없다. 마치 유로존에서 유로만을 화폐로 사용하고 있으나 잘 기능하고 있는 것과도 같다. 그러나 유럽의 문제에서 보듯이 정치적으로는 각 독립한 국가체계를 취하고 있으므로 유럽의 어떤 국가가 경제적 위기에 처하게 된 경우가 문제가 된다. 유로 네트워크의 이익과 유로존 내 위기에 봉착한 국가의 네트워크의 이익이 서로 충돌하는 경우에 항상 문제가 된다. 스페인, 그리스에 대한 재정지원 여부, 영국의 유로존 탈퇴문제가 모두 이러한 큰 네트워크와 그 안에 포함된 작은 네트워크 사이의 이익 충돌 문제이다. 이러한 문제는 비단 유로존만의 문제가 아니라 우리나라 안에서도 국가 전체의 이익과 어떤 지자체의 이익이 충돌하는 경우가 많이 있다. 그러나 언어, 문화 등이 비슷하고 거주이전이 쉽게 될 뿐 아니라 다른 여러 법률적 장치가 되어 있기 때문에 한 국가 내에서 지자체와의 이익 충돌에 있어서는 그렇게 큰 문제가 생기지 않는다.

유로존과 같이 언어, 문화가 다르고, 화폐 이외의 부분에서 법률도 많이 다른 주권국가들이 합의에 의해 유로라는 동일한 화폐를 사용하면서 법정통화의 발행을 유로존에 속한 주권국가 스스로 할 수 없게 되는 경우에는 여러 가지 문제가 생기게 된다. 이것이 유로존과 화폐인 유로가 상시적으로 가지고 있는 문제이다.

디지털 세상에서는 벌써 국가와 국경이 희미해지고 있음에도 오프라인에서는 아직 국가와 국경의 존재가 분명하다.

각 국가마다 헌법과 법률이 다르고, 문화와 언어가 다르기 때문에 이해관계의 충돌이 생겼을 때 지구적 차원에서 모두에게 이익이 되는 쪽으로 생각하기보다는 자국의 이익을 위한 쪽으로만 생각하기 쉽다.

유로존에서의 유로의 경험은 블록체인 네트워크에서 '화폐'의 발행 및 유통에 대한 설계를 어떻게 해야 하는지 많은 것을 알려준다. 다만 블록체인 네트워크는 각 노드의 가입, 탈퇴가 자유롭기 때문에 개별 국가(국가라는 네트워크)와 유로존의 관계를 그대로 동일하게 볼 수는 없고, 네트워크에서 노드들 사이에서 공정하면서도 유용한 거래가 보장되지 않는다면 노드들은 다른 네트워크로 쉽게 이동하고 결국 네트워크는 네트워크 효과를 이루기도 전에 소멸할 것이다.

자본주의의 새로운 변화

자본주의는 어떤 사회가 선택하는 이념이라기보다는 하나의 사회적 기술이다. 자본주의는 사회적 자원의 분배와 사회 인프라 구축, 부의 증진을 위한 제도와 방법론 중에서 역사적으로 그 효과가 검증된 기술이다. 자본주의라는 사회적 기술에 문제가 없는 것은 아니다. 하지만 자본주의가 가진 문제를 자본주의의 개선으로 해결하는 것이 아니라 그 근본이 되는 사유재산을 철폐하는 방식으로 근본에서부터 해결하려고 하는 여러 시도는 오히려 인간의 창의성, 자유를 저해하고 부를 증진할 수도 없었음이 역사적으로 증명되었다.

그러나 자본주의의 기본을 이루는 여러 제도 중의 하나인 주식회사와 같은 조직은 디지털 네트워크와 같은 새로운 조직 형태로 바뀌고 있다. 대중으로부터 큰 자본을 조달하여 가치를 창출하는 조직을 만드는 기술로서 주식회사가 가진 단점을 보완한 새로운 기술들이 다양하게 실험되고 있고, 이러한 실험을 이념적으로 지탱하는 것이 '블록체이니즘'이다. '블록체이니즘'은 아직 고정된 단어가 아니라 다양한 맥락에서 다양하게 사용되면서 그 의미를 획득해나가고 있는 중이다.

또한 전통적인 가치를 창출하기 위해 필요한 재료와 가치창출을 위해 투입되는 노동과 자본의 형식에도 근본적인 변화가 일어나고 있다. 이는 물리적인 실체를 가진 물건보다 그에 대한 디지털 정보가 오히려 더 중요하게 되면서 가속화되고 있다.

전통적인 자본과 노동관에 근본적인 변화가 일어나고 있다. 전통적인 노동법으로는 새로운 조직에서 나타나는 여러 문제를 제대로 규율하기 어렵다. 디지털 플랫폼에서 가치를 창출하는 사람들을 플랫폼 노동자로 보아 전통적인 노동법으로 그 사람들을 보호하려는 시도도 있고, 플랫폼 운영자와 플랫폼 사용자 사이를 공정거래법을 적용하여 플랫폼 사용자를 플랫폼 운영자로부터 보호하려는 시도도 있다. 전통적인 법률을 이용하여 네트워크의 노드들의 가치창출에 대해 규율하는 것은 여러 가지 문제가 있고, 중앙이 없는 블록체인 네트워크의 경우에는 규율할 대상이 없으므로 더욱 전통적인 규율방식으로는 네트워크를 공정하게 유지, 운영하기 어렵다.

자본이 노동을 고용하여 지배한다는 생각에 근본적인 변화가 생겼다. 자본이 위험을 감수하는 대신 대부분의 수익을 가져가는 것이 정당화되었던 것이 점차 지속가능하지 않다고 생각하는 사람들이 많아지고 있다. 왜냐하면 자본과 노동이 명확하게 구분되지 않고, 제품과 서비스를 만드는 사람과 소비자가 명확히 구분되지 않는 경우가 점점 많아지고 있다.

정보사회, 즉 관계사회가 심화되고 있기 때문이다. 이러한 긴밀한 네트워크정보사회에서는 '정보의 투명성'이 필요하다. 이러한 정보의 투명성은 정보에 대하여 누구나 언제든지 접근가능하여야 하고 특정한 사람들만의 정보독점을 허용하지 않는다. 이러한 정보의 투명성은 권력의 분산뿐만 아니라 부의 분산도 견인한다.

이렇게 권력의 분산과 부의 분산을 요구하는 것은 시대적인 요구이고, 이 시대적 요구에 대한 답변이 '블록체이니즘'이다.

지금까지의 자본주의는 부의 집중을 통해 가치를 최대한 생산해왔다. 그러나 부의 집중을 통한 가치의 생산이 한계에 부딪히고 부의 집중이 오히려 더 큰 가치의 생산에 제약이 되는 현상이 많이 나타나면서 다양한 대안이 모색되고 있다.

네트워크정보사회에 있어 부의 집중은 곧 정보의 집중을 말한다. 따라서 부의 분산을 위해서는 필연적으로 정보의 분산을 요구한다.

탈중앙화라는 표현은 정보의 분산을 이야기하는 말이다. 정보의 집중은 곧 정보에 대한 접근에 있어 집중된 정보를 관리하는 자의 허가를 필요로 하므로 정보의 투명성을 확보하기 어렵다. 탈중앙화이든 중앙화이든 정보의 집중이든 정보의 분산이든 네트워크에서 모든 노드들이 네트워크의 운영 알고리즘 외에 노드들이 생산·수집한 모든 정보에 대해 공평하게 접근, 열람가능하다면 네트워크정보사회의 시대이념인 '블록체이니즘'은 구현되고 있다고 본다.

네트워크정보사회에서는 기존의 산업사회에서 가장 효율적이던 자본주의이념이 제대로 작동하지 않는다. 이를 개선하여 '자본주의 3.0' 등이라는 표현으로 기존의 자본주의를 혁신하고자 하는 흐름도 있지만 새로운 혁신으로 등장한 네트워크정보사회에 잘 어울리는 개념이 되기는 어렵다.

새 술은 새 부대에 담아야 한다. '블록체이니즘'이 지배하는 새로운 시대는 같은 상태에서의 개선이 아니라 계단적 혁신을 통해 나타나는 새로운 상태이다. 따라서 산업사회에서 잘 어울리는 자본주의라는 언어를 사용하게 되면 새로운 시대정신을 잘 나타낼 수 없다. 정보의 자본화가 가속화되면서 '블록체이니즘'은 더욱 그 이념이 풍부해지고 외연이 커질 것이다.

6장

시장 혹은 거래소
Market or Exchange

BLOCK
CHAINISM

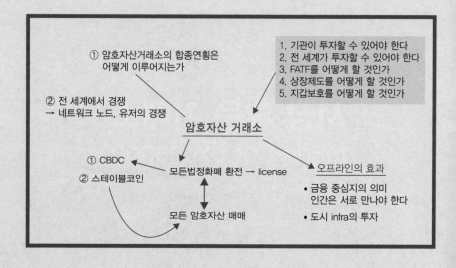

① 암호자산거래소의 합종연횡은
　　어떻게 이루어지는가

1. 기관이 투자할 수 있어야 한다
2. 전 세계가 투자할 수 있어야 한다
3. FATF를 어떻게 할 것인가
4. 상장제도를 어떻게 할 것인가
5. 지갑보호를 어떻게 할 것인가

② 전 세계에서 경쟁
→ 네트워크 노드, 유저의 경쟁

암호자산 거래소

① CBDC
② 스테이블코인

모든법정화폐 환전 → license

모든 암호자산 매매

오프라인의 효과
- 금융 중심지의 의미
  인간은 서로 만나야 한다
- 도시 infra의 투자

거래소는 가격을 만드는 메커니즘을 가진 공간이다.
이 공간이 존재하지 않는다면 물건이 상품이 되고,
상품이 자본이 되는 진화가 이루어지지 않을 것이다.

가치 있는 정보를 생산할 네트워크는 어떻게 만들어지는가

가치 있는 정보가 어떻게 만들어질까? 언제, 어디서, 누가, 어떻게 가치 있는 정보를 생산하고 소비하는 것일까? 누군가는 가치란 주관적이라고 하고, 누군가는 객관적이라고 한다. 마치 예전에 빛을 누군가는 입자라고 하고, 누군가는 파동이라고 한 것과 비슷하기도 하다. 관찰자와 관찰대상의 구분도 비슷하다. 가치는 주관과 객관의 틀에서 벗어나 새로운 틀 안에서 바라보아야 한다. 가치는 네트워크 에서 부여하는 것이기도 하지만 가치를 창출하고 소비하는 주체는 네트워크에 포함된 한 개인이므로 주관적임과 동시에 객관적이다.

어떠한 지점에서 가치를 바라보느냐에 따라 주관적이기도 하고 객관적이기도 하다.

이 책에서 말하는 정보는 디지털화된 정보, 즉 컴퓨터가 인식할 수 있는 정보를 말한다. 생명의 신비를 담고 있는 DNA 정보는 생명이 인식할 수 있는 언어로 코딩되어 있다. 인류는 이제 이 DNA 정보를 컴퓨터가 인식할 수 있는 언어로 바꾸기 위해 노력하는 중이다.

이 책에서 가치 있는 정보는 컴퓨터 네트워크에서 가치 있는 정보를 말하는 것이고, 궁극적으로는 우리 사회가 진화해 나갈 네트워크 정보사회에서 가치 있는 정보를 말하는 것이다.

그러한 정보는 어떻게 생산되는 것일까? 인류는 시장이나 사회와 같은 소위 복잡계 네트워크에 대해서는 어떻게 원하는 방향으로 네트워크를 진화시킬 수 있는지 잘 몰랐다. 시장이 불안정하다고 여러 가지 정책수단을 쓰지만 오히려 시장은 그와 다르게 반응하고, 사회도 마찬가지였다. 복잡계 네트워크는 개별적 구성원들의 합이 아니라 전체로서 우연처럼 새로운 창발성(emergent properties)이 나타나기 때문에 전통적인 모델로 단순화해서는 알 수가 없다. 이러한 복잡계 네트워크를 연구하는 과학이 네트워크과학*이다.

여기에서 소위 빅데이터와 인공지능의 중요성이 드러나게 된다. 하나하나의 데이터만으로는 네트워크의 관점에서 전혀 중요하지 않은 데이터들이 모이면 어느 순간 새로운 정보로서 네트워크에 기여

---

* '네트워크 이론'은 응용수학과 물리학 분야에서 다루는 이론으로, 수학의 그래프 이론에서 비롯하였다. 현재 전산학, 생물학, 경제학, 사회학 분야에 널리 적용된다. 네트워크 이론의 모태인 그래프 이론은 꼭짓점과 그 꼭짓점을 잇는 변으로 이루어진 그래프를 수학적으로 연구하는 이론으로, 수학과 전산학 분야에서 널리 연구되었다. 월드와이드웹, 인터넷, 단백질 상호작용 네트워크, 사회 네트워크 등이 일정한 성질을 가지는 복잡계 네트워크를 이룬다는 사실이 알려진 이후로, 물리학, 생물학, 경제학, 사회학 등 여러 분야에 복잡계 네트워크 이론이 활발히 적용되고 있다(https://ko.wikipedia.org/wiki/네트워크과학, 2020. 3. 4. 접근).

할 수 있게 된다. 한 사람의 한 달 동안의 이동 경로에 대한 정보는 주관적으로 볼 때 그 사람의 개인적 역사에 대한 기록 정도의 중요성밖에 없다. 네트워크의 차원에서는 만일 그 사람이 어떠한 범죄의 용의자인 경우 그러한 범죄를 저지를 가능성이 없었다는 것을 증명할 수도 있고, 그러한 범죄를 저지를 가능성이 충분하다는 것을 증명할 수도 있는 정보가 될 수도 있다. 하지만 그러한 정보가 네트워크 자체의 가치를 증대시켜 줄 정보가 되기는 어렵다. 그러나 네트워크의 노드들 중 충분한 수의 이동경로 정보가 모이게 되면 그 정보는 단순한 노드의 수를 합한 정보의 가치가 아니라 새로운 차원의 정보로 탈바꿈하게 된다.

네트워크 노드들이 만들어낸 정보꾸러미를 새로운 차원의 정보로 가공함에 있어 전통적인 방식을 사용할 수도 있지만 가공하여야 할 정보의 양이 엄청나기 때문에 컴퓨터로 정보를 가공하는 방법에 대해 많은 연구가 이루어지고 있다. 인공지능 기술의 발달도 인간의 두뇌를 이용하여 처리할 수 없는 엄청난 양의 정보를 처리해야 할 네트워크의 요청 때문이라고도 할 수 있다.

정보는 컴퓨터 네트워크 내에서 디지털화된 상태로 태어나 집적되고, 컴퓨터 기술에 의해 그 데이터와 정보가 가공된다. 이런 관점에서 볼 때 가치 있는 정보를 생산하기 위해서는 우선 디지털화된 형태로 데이터 혹은 정보를 만들어내는 네트워크의 존재가 필요하고, 그 네트워크가 네트효과를 발현시킬 정도로 충분히 크고 활성화되어야 한다.

가치 있는 정보를 생산하려면 그 정보를 디지털로 생산하는 디지털 네트워크를 다양하게 만들고, 다양한 디지털 네트워크가 네트워크 효과를 나타내도록 네트워크가 융합, 중첩, 연결되어야 한다는 결론이 된다.

지금까지 우리가 아는 네트워크는 자생적인 것이었고 누군가가 목적을 가지고 만드는 경우는 흔치 않았다. 동인도 회사가 처음 만들어진 이후로 지금까지 가치를 만드는 조직은 대부분 주식회사이었고, 그 주식회사가 지금의 문명을 만들었다고 해도 과언이 아니다. 주식회사 제도는 위험과 책임을 분산하면서 대중들이 모험적 투자를 할 수 있게 만들었고 큰 자본을 담는 그릇의 역할을 할 수 있었다.

그러나 주식회사 경우에는 영리활동을 위해 취득한 정보를 회사 소유의 무형자산으로 취득할 수밖에 없고, 그렇기 때문에 정보를 다른 사람, 다른 조직과 공유하면서 그 관계 속에서 새로운 정보가 생산되도록 하기가 매우 어렵다. 또한 주식회사의 속성상 그 정보를 이용하여 다른 회사와 경쟁하면서 자신의 수익을 최대한으로 얻어내려고 노력할 수밖에 없는 한계에도 부딪힌다. 새로운 시대의 정보는 네트워크에서 관계 속에서 이루어지는 것이므로 근로자가 지시에 따라 생산하는 정보는 그 양이나 질에 있어 네트워크에서 자생적으로 생산되는 정보와는 비교할 수 없을 정도로 미미하다.

페이스북이나 구글의 예를 생각해보면 페이스북이나 구글의 유저가 생산하는 정보의 양을 페이스북이나 구글의 직원이 생산할 수는 없는 노릇이다. 물론 페이스북이나 구글의 직원들은 유저들이 생산한 정보를 가공하여 다시 정보를 만들어내기도 한다. 하지만 그 정보는 어떻게 하면 유저들이 더 자신들의 정보를 더 잘 활용할 수 있는가

하는 방법에 관한 것이지 유저들이 관심을 가지고 있는 다양한 주제에 대하여 새롭게 가공한 정보는 아니다.

블록체인 네트워크의 자본조달과 투자자 보호

컴퓨터 네트워크가 가치 있는 정보를 만드는 조직이 될 수 있다. 이 것은 신생 네트워크과학이 발전하면서 인류가 알게 된 사실이다. 다양한 네트워크 중 부를 창출할 수 있는 네트워크에 대한 다양한 실험이 있었고, 그에 따라 주식회사보다 더 큰 부를 창출할 수 있는 디지털 네트워크의 가능성이 인정되었다.

브리태니커 백과사전과 위키피디아 프로젝트의 대결에서 모든 예상을 깨고 위키피디아 프로젝트가 압도적으로 승리하였다. 마이크로소프트에서 전 세계의 개발자들이 자신이 작성한 코드를 자유롭게 올리고 다운받는 사이트인 깃허브를 9조원이나 되는 돈을 주고 인수한 것도, 리눅스가 운영체제 소프트웨어의 왕좌를 차지하게 된 것도 모두 소프트웨어와 디지털 정보의 세계에서는 디지털 네트워크가 주식회사 체제보다 효율적일 수 있다는 증거가 되고 있다.

무엇보다 개인이 가진 컴퓨팅 능력과 통신 능력은 엄청나게 확대되고 있다. 지금 개인이 가진 휴대용 컴퓨터의 컴퓨팅 능력은 1970년대의 미국 국방성의 컴퓨팅 능력과 맞먹는다. 더 나아가 IBM이나 구글에서는 양자컴퓨터*를 클라우드 방식으로 개인이 사용할 수 있

---

* 양자컴퓨터(quantum computer)는 얽힘(entanglement)이나 중첩(superposition) 같은 양자역학적인 현상을 활용하여 자료를 처리하는 계산 기계이다. 고전적인(전통적인) 컴퓨

도록 조만간 서비스하겠다고 발표하였다. 지금으로부터 10년 정도 후의 개인의 컴퓨팅 능력은 지금 현재 한국거래소 상장기업이 가진 컴퓨팅 능력을 능가할 수도 있다. 정보의 전달을 보더라도 이제 개인은 자신에 대한 정보, 자신이 만든 정보를 즉각적으로 세계에 알릴 수 있는 채널을 가지게 되었는데 이는 개인이 하나의 방송국을 가진 것과도 같다.

이런 개인의 컴퓨팅 능력과 통신능력은 개인이 가치 있는 정보를 생산하고 유통할 수 있는 능력이 점점 커진다는 것을 뜻한다. 개인이 만들어내는 이러한 가치 있는 정보는 누군가의 지시에 따라 만들어지지 않는다. 왜냐하면 정보란 결국 관계인 것으로 우리가 보는 세상을 측정하고 관찰하는 관찰자는 회사나 어떠한 조직이 아니라 하나의 개인으로 귀결되기 때문이며 디지털 정보는 대가가 주어지지 않더라도 자동적으로 생산되기 때문이다.

정보를 생산하고, 정보를 가공하여 가치를 증대하는 조직은 개인이 생산하는 정보를 포착하여야 하므로 디지털 네트워크 조직이 회사조직보다 우월할 수밖에 없다. 정보를 다루는 구글이나 페이스북과 같은 회사가 수직적인 조직에서 팀별로 움직이는 소규모 조직의 연합체, 또는 디지털 네트워크를 운영하는 조직으로 변신하려고 노력하는 이유도 여기에 있다.

그렇다면 네트워크 조직 형태의 회사와 블록체인 네트워크는 어떻게 다른가? 이에 대해서는 많은 사람들이 이미 블록체인기술을 찬양

터에서 자료의 양은 비트로 측정된다. 양자컴퓨터에서 자료의 양은 큐비트로 측정된다. 양자 정보 통신을 활용한 양자컴퓨터는 한 개의 처리 장치에서 여러 계산을 동시에 처리할 수 있어 정보처리량과 속도가 지금까지의 컴퓨터에 비해 뛰어나다(https://ko.wikipedia.org/wiki/양자컴퓨터, 2020. 3. 5. 접근).

하면서 말한 적이 있다. 디지털 네트워크의 조직 형태를 갖춘 회사, 즉 페이스북이나 구글 같은 회사는 유저들이 회사가 제공하는 서비스를 이용하는 대신 자신의 정보를 페이스북이나 구글과 같은 회사의 서버에 남겨 둔다. 페이스북이나 구글은 이 남겨진 정보를 가공하여 자신의 네트워크 플랫폼에 광고를 하여 수익을 창출한다. 이 수익은 거대한 플랫폼에 존재하는 유저들 개인들에게 나눈다면 크지 않겠지만 거대한 플랫폼을 운영하는 회사의 주주들에게는 엄청난 것이 된다. 네트워크 플랫폼 기업의 문제는 수익이 일부의 주주들에게 집중되는 것뿐만이 아니라 회사에 집중된 정보를 주주들, 특히 대주주나 회사의 직원들만이 접근 가능하게 됨으로써 권력의 집중도 일어나게 된다는 것이다.

정보기업의 권력집중은 단순히 제조업을 기반으로 한 기업이 많은 자산을 가지고 시장을 독점하여 공정한 거래를 해치는 전통적인 독점의 문제에 그치는 것이 아니라 우리가 사는 사회 자체의 근간을 흔들 수 있는 민주주의의 위기를 가져올 수 있는 문제이다. 민주주의의 근간은 선거라고 하는데 선거에 있어 확실하게 후보를 정하지 않은 부동층의 표심을 미리 알고 그에 맞는 정보를 개별적으로 제공할 수 있다면, 사실이 아닌 정보를 제공하여 판단을 흐리게 할 수 있다면 정보를 다루는 기업이 선거를 좌우할 수 있는 가능성이 없는 것도 아니다.

실제로 과거 미국에서 오바마 민주당 정권이 공화당을 누르고 선거에서 승리한 데에는 빅데이터 분석을 통한 맞춤 선거운동이 큰 역할을 했다는 것은 주지의 사실이다.•

• http://www.hani.co.kr/arti/politics/assembly/792799.html.

이런 정보기업의 문제점은 한 두 개가 아니다. 유럽은 구글이나 페이스북 같은 거대 정보기업이 없다. 유럽인들이 점점 구글이나 페이스북과 같은 네트워크 기업에 자신의 정보를 업로드하기 시작하면서 유럽은 구글이나 페이스북과 같은 정보기업을 규제하기 위해 다양한 시도를 하고 있다.

잊힐 권리나 강화된 일반개인정보보호법(GDPR)이 유럽에서 먼저 나온 것도 그런 이유 때문이라고 한다면 과장일까. 개인정보로 인한 여러 문제의 해결을 위해 데이터 이전권, 데이터 삭제권, 누구나 접근가능한 데이터저장소 등에 대한 논의가 진행되고 있다. 문제는 이러한 권리가 충분히 보장된다면 데이터, 혹은 정보 집중으로 인한 여러 문제가 해결되겠지만 현실적으로 이러한 권리를 거대 정보기업으로부터 인정받는 것도 어려울 뿐만 아니라 이러한 권리를 보장할 수 있는 시스템 구축에 비용이 너무 많이 들기 때문에 신생 정보기업의 탄생이 거의 불가능해진다는 것이 문제이다.

데이터를 거대 정보기업의 플랫폼에 업로드한 유저가 다른 플랫폼에 자신이 업로드한 정보를 이전하여 달라는 요청을 할 권리가 인정되면 해당 업로드한 정보의 가치를 충분히 인정받을 수도 있을 것이다. 그러나 이런 권리를 법적으로 인정한다고 하면 오히려 정보를 저장하고, 관리하는 비용이 크게 증가하므로 진입장벽이 매우 높아질 수밖에 없다. 신생 정보기업이 이러한 비용을 감당하면서 데이터를 저장, 관리하는 사업을 영위하기란 쉽지 않다.

또한 데이터 이전권을 보장하는 만큼 데이터를 영리목적으로 사용하는 것 역시 상당한 정도로 허용되게 될 것이고, 파편화된 개인이 자신의 데이터를 스스로 관리하고, 기존의 정보기업이 제공하는 서비스를 받고 살아가기도 쉽지 않다.

다양한 각도에서 생각해보더라도, 수많은 개인의 정보가 전통적인 회사나 수직적 구조를 가진 조직에 집중되는 것은 앞서 본 여러 가지 문제를 가지게 되고, 법적 규제를 한다고 하더라도 그 규제가 제대로 작동하기엔 여러 가지 난점이 있다. 유럽이 구글과 페이스북을 견제하기 위해 만든 여러 규제로 인해서 오히려 유럽에서 자생적인 정보 스타트업이 생기기 어려워진 것도 그러한 난점 중의 하나이다.

이런 모든 중앙화의 문제점에 대한 반발로 생겨난 것이 '블록체이니즘'이다.

'블록체이니즘'이 탈중앙화를 기치로 삼는 것도 이러한 이유이다. 지금 여러 기술적 문제에도 불구하고, 정보를 중앙에서 독점하지 못하게 하려면 수직적 구조가 아닌 수평적 네트워크형 구조로 정보를 생산, 가공, 저장, 유통하는 조직을 만들어야 할 근본적 필요성이 있다. 지금 구글이나 페이스북의 구조는 어떠한 법적 규제를 하더라도 정보의 가치 증대로 인한 부와 권력이 구글, 페이스북의 대주주에게로 독점적으로 갈 수밖에 없다.

개인에서 정보기업으로의 이러한 정보의 이동은 전통적인 물류비용이 거의 들지 않으므로 공간적 제약을 벗어나고, 한 국가가 다른 국가로의 정보이전을 막는 것 역시 개인의 자유를 제한하는 것이어서 민주주의 국가에서 채택하기도 어렵다.

지금 이 순간 정보기업의 문제를 해결하고, 다양한 가치를 가지는 정보를 현실적 자산으로 만들기 위한 시도로 아직까지는 유일하게 나타난 것이 블록체인 프로젝트들이라고 할 수 있다.

블록체인 프로젝트의 자본조달은 어떻게 이루어져야 할까? 전통적인 주식회사의 자본조달의 경우를 살펴보자. 주식회사를 만들어 부를 창출하려는 사람이나 조직의 경우 처음에는 자신의 돈이나 엔젤투자자의 자금, 아주 초기에 투자하는 벤처 캐피탈로부터 초기 자금을 투자받아 사업을 시작한다. 투자에 대한 대가는 항상 설립된 주식회사의 주식이 된다. 설립된 주식회사가 생산하는 제품이나 서비스가 아니다.

사업이 진행되고 회사가 커짐에 따라 투자가 지속적으로 이루어지고, 회사가 잘 성장하여 상장요건을 달성하게 되어 상장이 되면 초기 투자자나 창업가는 큰 부를 거머쥐게 된다.

전통적인 상품을 만드는 회사, 다른 회사에 중간재를 납품하거나 소비자에게 상품을 판매하는 회사의 경우에는 이러한 주식회사의 상장제도를 통한 산업발전이 잘 이루어졌다고 볼 수 있다. 그러나 1990년대 닷컴 버블 이후 새로이 생긴 정보기업인 구글, 페이스북, 애플, 아마존 등이 시대의 중심이 되면서 당초 주식회사를 만들어 상장하는 시스템으로는 시대적 요구에 충분히 맞출 수 없게 되었다.

위 기업들의 특징은 네트워크형 기업이고, 플랫폼형 기업이며, 회사의 가치를 창출하는 것이 네트워크에 연결된 유저들이라는 점이다. 전통 기업의 경우 자신이 판매하는 상품을 만들고 개선하는 것은 회사의 일이지 소비자의 일이 아니다.

네트워크형 기업, 플랫폼 기업의 특징은 해당 네트워크의 유저들이 많이 연결되어 정보교환이 많아질수록 네트워크와 플랫폼의 가치, 즉 해당 기업의 가치가 올라가는 것이다.

이런 네트워크와 플랫폼은 중앙이 없을수록 오히려 그 가치가 더 증가하게 된다. 다만 중앙이 없는 경우에는 가치를 창출하는 디지털 네트워크 플랫폼의 업그레이드, 문제가 생겼을 경우의 해결, 유저들이 생산하는 디지털 정보의 보관 등에 대해 빠르게 대처하기 어렵게 된다. 이러한 문제점은 결국 이는 해당 네트워크, 플랫폼의 거버넌스 Governance의 문제로 귀결된다.

과연 컴퓨터 네트워크로 연결된 노드들 사이에서의 거버넌스는 과연 주식회사의 거버넌스보다 더 잘 작동할 수 있을까?

어떤 거버넌스를 만들어내야 문제를 잘 해결할 수 있는지 알지 못하지만 인류는 조직의 거버넌스도 디지털로 구현하기 위해 인류는 다양하게 실험 중이다.

블록체인 네트워크는 새로운 시대의 요구에 부합하는 새로운 조직이다. 그러나 블록체인 네크워크가 과연 그 잠재력을 충분히 발휘하여 네트워크형 주식회사보다 더 나은 조직이 될 수 있는지 아직은 미지수이다.

'블록체이니즘'이 시대의 요구임을 인식하는 사람들은 블록체인 네트워크가 더 나은 새로운 조직이 되도록 계속해서 노력할 뿐이다. 세상의 모든 것은 변하고, 진화하기 때문에 네트워크형 주식회사인 구글, 페이스북도 새로운 조직으로 진화할 것이고, 진화하지 못한다면 소멸할 것이다.

블록체인 네크워크의 잠재력을 발휘하기 위한 노력에는 자본이 필요하다. 에디슨의 전기혁명도 J.P 모건이 계속적으로 자본을 조달해

주지 않았더라면 사회에 뿌리내리기 어려웠을 것이고, 전기혁명은 상당기간 늦어졌을 것이다.

블록체인 네트워크의 자본조달은 전통적인 회사를 성장시키기 위한 자본조달과는 다를 수밖에 없다.

왜냐하면, 블록체인 네트워크는 네트워크의 노드를 지배하지 않기 때문이고, 디지털 환경에서 노드들 사이의 정보교환, 협업 등으로 산출된 새로운 정보의 양에 따라 그 가치가 오르기 때문이다.

블록체인 네트워크에는 이를 지배할 주주나 대표이사, 이사회가 없을 뿐만 아니라 지시를 받고 어떤 일을 수행할 근로자도 없다. 물론 네트워크 및 플랫폼을 구축하기 전에 누군가는 일을 할 수 있지만 그 완성된 네트워크 및 플랫폼과 근로자와의 관계는 전통적인 근로계약 관계는 아니다.

블록체인 네트워크가 주식회사와 다르기 때문에 주식회사를 염두에 둔 자본조달방법은 잘 작동하지 않는다. 블록체인 네트워크를 만들겠다는 많은 블록체인 프로젝트의 백서를 살펴보면 블록체인 프로젝트의 자본조달방식에 대해 알 수 있다. 블록체인 프로젝트에서 만들고자 하는 네트워크는 전통적인 기업의 목적과 많이 다르다. 지금 이 시점에서 사회의 구성원들이 필요로 하는 서비스 혹은 사회의 문제를 해결할 수 있는 해결책을 주로 백서에서 설명하면서 전 세계의 사람들로부터 비트코인이나 이더리움을 기부 형식으로 송금받는다.

그러나 대부분의 프로젝트가 네트워크가 제대로 작동이 되지 않거나 중간에 프로젝트를 포기하더라도 송금한 비트코인이나 이더리움을 반환한다고 백서에 기재하지는 않는데, 이 부분은 투자자들에게 큰 문제가 된다.

물론 비트코인이나 이더리움을 송금한 대가로 블록체인 네트워크에서 사용되는 코인이나 토큰을 지급하기는 하지만 네트워크가 잘 작동하고 그 네트워크에서 가치 있는 화폐, 상품, 서비스로 인정받지 못한다면 지급받은 코인이나 토큰은 단순한 소스코드에 불과할 것이다.

이렇게 보면 블록체인 프로젝트에서 투자자 보호는 미흡하다고 볼 수밖에 없다. 하지만 블록체인 프로젝트는 네트워크를 새로 만드는 것이므로 기존의 주식회사 제도의 투자자 보호를 그대로 적용할 수는 없다. 주식회사의 목적과 블록체인 네트워크의 목적은 다르다. 주식회사는 주주를 만족시키기 위해 수익을 극대화하는 것이라고 한다면 블록체인 네트워크는 네트워크 구성원들의 문제를 해결하고, 네트워크 구성원들을 위한 상품과 서비스를 유통하는 것이며 수익은 부차적이다.

목적뿐 아니라 해당 프로젝트에 비트코인, 이더리움을 보낸 사람들이 인터넷으로 연결된 국적을 달리하는 수많은 사람들이라는 점을 고려해보면 전통적인 투자자 보호제도를 그대로 적용하는 것은 맞지 않는 옷을 입히는 것과 같이 부자연스럽다. 각국의 투자자 보호제도는 모두 제각각인 것도 해결해야 할 문제이다.

후술하겠지만 블록체인 프로젝트에 투자하는 사람들이 해당 프로젝트의 진행에 따라 프로젝트 팀으로부터 받은 코인, 토큰이 투기적 거래의 대상으로 사용된다면 어느 한계를 넘는 경우 생태계를 파괴하는 쪽으로 작용하게 된다.

블록체인 네트워크의 미래 가치에 대한 확률적 판단에 투기심리가 가세하여 코인, 토큰이 사실상 도박의 대상이 되면 네트워크의 확장이나 정보 생산은 뒷전으로 밀려나게 된다.

물론 주식이나 채권, 부동산 등 모든 투자는 도박의 성질을 띠고 있다. 세상의 모든 것이 그러하듯 도박의 성질이 있다고 하여 무조건 나쁜 것도 아니다. 이 세상이 확률적 성격을 가지고 있으므로 세상 모든 것은 도박의 대상이 될 가능성을 가지고 있다. 다만 그러한 도박이 네트워크나 플랫폼에서 과도하게 이루어지는 경우, 즉 적절하게 관리되지 아니하는 경우에 문제가 되는 것이다. 자본시장법에서는 도박성을 띠고 있는 금융투자상품을 적절하게 규제하여 투자자를 보호할 수 있는 다양한 방법을 법제화해두고 있다.

투자자를 보호하기 위하여 새로운 혁신으로 나타나는 투자수단을 모두 금지하는 것은 오히려 국내 투자자로부터 좋은 기회를 박탈하는 것이 되어 투자자 보호를 하지 않은 것과도 같다.

홍콩 금융당국은 2019. 12. 6. 암호화폐나 암호자산 거래소가 하나라도 증권형토큰을 상장시킨 경우에는 증권거래법을 적용하겠다고 하여 투자자 보호를 하고 있다.*

신생 블록체인 프로젝트에서 발행한 암호자산이 증권거래법을 충족하기 쉽지 않다고 하더라도 증권거래법을 충족하면 합법적으로 거래할 수 있는 것으로 시장에 알리는 것이, 아직 암호자산을 상장하여 거래를 하도록 하는 것이, 법률적으로 어떠한 위험이 있는지 알 수 없게 하는 상태보다는 훨씬 낫다.

---

* https://blockinpress.com/archives/25068, 2020. 2. 5. 접근.

투자자 보호를 강화하면 투자자에게 항상 좋은 것만도 아니다. 투자자 보호의 강화는 그 반면으로 새로운 모험적인 시도를 잘 하지 못하도록 하는 경향이 있다. 전기가 미국에 도입되어 발전소가 세워지고, 전력 송전망이 깔리고, 가정에 전기가 공급되는 동안 투자자들의 투자금이 많이 투입되었고, 대부분의 투자자는 투자금을 회수하지 못한 것이 현실이다.

그러나 그 투자금으로 인하여 전기 시대가 도래하였기 때문에 투자자들의 투자금은 본인이 아닌 미래의 세대가 회수하였다고 볼 수도 있어 사회의 입장에서는 투자의 실패라고 말하기도 어려운 면이 있다.

전기혁명의 예를 들어 생각해보자. 많은 국가가 동시에 전기를 다룰 수 있는 기술을 알게 되고 그 전기혁명이 사회를 진일보시킬 수 있다는 잠재성이 알려져 있지만 아직 수익성이 보장되지 않고, 사업에 투자하더라도 투자금을 회수할 수 있는 확실성도 없는 상태에서 국가는 어떻게 하여야 할까?

다른 나라의 투자자들이 투자를 하고, 사회가 그 과실을 얻는 것을 보면서 따라가는 전략, 소위 패스트 팔로워 전략이 여전히 유효할 수 있을까. 위험을 최소화하면서 과실을 얻을 수 있는 그런 전략이 패스트 팔로워 전략이고 그러한 전략으로 우리나라는 지금까지의 부를 일구어 왔다.

현재 우리나라 정책당국자들 중 많은 사람이 비슷한 생각을 하고 있으리라 생각한다. 한마디로 급할 것 없다는 것이다.

그러나 이는 디지털 네트워크에 대한 이해가 부족한 생각이다. 네트워크는 그 속성상 어느 단계를 넘으면 쉽게 해체되어 소멸하지 않는다. 그리고 쉽게 무너지지 않는 만큼 어느 임계점까지는 다른 네트워크가 더 많은 가치를 창출한다고 하여 그 네트워크로 이동하지 않는다. 오랫동안 페이스북을 이용해온 사람이라면 페이스북보다 더 사용자에게 이익을 주고 사용자 친화적이라고 하여 쉽사리 페이스북에서 다른 비슷한 플랫폼으로 이동하지 않는다. 미국이 좋다고 많은 사람들이 쉽게 미국으로 이민을 가는 것도 아니다.

다양한 분야에서 디지털 네트워크를 구성하는 싸움이 시작되었다. 페이스북, 구글, 아마존, 애플, 마이크로소프트 등 대형 정보기업, 월가를 주름잡는 대형 은행, 대형 투자사의 문제점을 사람들이 많이 인식하고 그 문제점을 혁신할 새로운 도전을 블록체인으로 하고 있다. 이 새로운 블록체인 프로젝트들은 모두 디지털 네트워크를 구성하는 것이다. 이 디지털 네트워크를 어떻게 선점하는가에 따라 새로운 미래의 새로운 권력이 될 것이다.

새로 만들어지는 네트워크의 거버넌스(Governance) 문제

블록체인 프로젝트로 만들어지는 네트워크는 페이스북이나 구글과는 다르다. 주식회사가 중심이 되어 주식회사가 지배하는 디지털 플랫폼을 만드는 것이 아니다. 마치 새로운 디지털 국가를 건설하거나 인터넷과 같은 중심 없는 네트워크를 만들려는 것과 오히려 비슷하다.

탈중앙화라고 하여 네트워크에 권력이 없는 것은 아니다. 권력은 네트워크의 원활한 작동을 위하여 반드시 필요하고, 유의미한 네트워크로 지속되려면 권력 작용이 필요하다. 아프리카의 어느 나라는 여러 부족이 힘의 균형을 이루고 있다. 한 부족이 다른 부족에게 어떠한 권력 작용을 할 수 없다. 이러한 힘의 공백상태는 아이러니하게도 끊임없는 부족 전쟁을 유발하였고, 해당 네트워크의 구성원인 사람들은 네트워크가 진화되어 부를 얻지 못한 상태로 지내게 되었다.

권력 자체가 문제이어서 권력 자체를 없애는 것으로 해결해야 한다는 식의 포스트 모더니스트의 주장은 잘못된 것이다. 우리가 집중해야 할 질문은 네트워크 내 권력 작용의 정당성을 어떻게 확보할 것인가이다.

권력의 작용에 대하여 어떻게 정당성을 확보할 것인가의 문제는 인류가 오랫동안 고민한 민주주의의 문제이다.

민주주의의 문제가 디지털 네트워크를 구축하는 과정에서 디지털로 전환되어 다시 전면에 등장하게 된 것이다. 다양한 국적을 가진 사람들로 구성된 디지털 네트워크의 헌법을 알고리즘으로 어떻게 구현할 것인가에 대해 프로그래머, 법학자, 정치학자, 경제학자들이 다 같이 논의하여야 할 시기가 도래하였다.

정치학과 경제학이 분리되어 각자 독립한 영역을 가진 것처럼 논의되다가 칼 마르크스를 비롯한 연구자들이 경제는 정치와 따로 분석할 수 없다고 주장하면서 정치경제학이라는 분야를 발전시켰다. 정치경제학에서는 화폐제도나 금융제도가 정치적인 권력에 대한 분석 없이는 제대로 파악할 수 없고, 정치권력이나 국가의 권위에 기대어야 화폐제도나 금융제도가 가능하다고 주장한다.

토지, 건물, 기계 등 생산수단에 대한 사유재산제가 자본주의 발전의 기초가 되었다는 분석에 이의를 제기할 사람은 없을 것이다. 사유재산제가 아닌 다른 제도를 채택하였다고 하더라도 자본주의가 발전하거나 아니면 다른 형태의 제도가 발전할 수 있었을 것이라는 등의 가정에 대해서는 지금 현 시점에서 알 수 없고, 의미 있는 논의도 아니다.

디지털 네트워크의 구성에 있어서 생성, 발전, 확산과 관련하여 어떠한 자본조달제도, 어떠한 금융 혁신이 필요한지에 대한 논의를 위해 지난 역사에서 주식회사의 발전을 견인한 화폐제도, 금융제도를 생각해보는 것이다.

사실 자본에 대하여 어떠한 '주의'를 붙이는 것은 미적분학에 미적분주의를 붙이는 것과도 같다. 자본은 인류가 문명을 일으키면서 고안해낸 고도의 추상적 결과물이기 때문에 그것 자체로는 어떠한 이념이라고 할 수 없다.

주식회사의 거버넌스 역시 국가의 거버넌스와 마찬가지로 역사를 통해서 발전해왔다. 현재의 대표이사 및 이사회, 감사제도를 비롯한 여러 제도가 주식회사의 시초부터 제도화된 것은 아니다. 사회나 시장은 일종의 복잡계이므로 시장이나 사회에 새로운 제도가 도입될 당시에 문제되는 상황을 미리 예측하고 제어할 설계를 모두 할 수는 없다. 왜냐하면 새로운 제도가 기존의 네트워크에 대해 어떠한 영향을 미치게 될 것인지 알기가 쉽지 않기 때문이다.

주식회사 및 주식거래소의 역사에 대해서도 많은 연구가 이루어져 왔다. 이러한 연구결과와 경험은 블록체인기술과 비트코인으로 새롭게 관심을 받게 된 블록체인 네트워크와 암호자산 거래소의 제도 설계에 많은 도움을 주게 될 것이다.

전통적인 제조업을 하는 주식회사와 구글이나 페이스북과 같은 네트워크 정보기업은 그 거버넌스를 달리 해야 한다. 왜냐하면 그들은 은행과 같이 자신들이 관리하는 정보의 보관자일 뿐 자신들이 관리하는 정보의 소유자 혹은 처분권자로 볼 수는 없기 때문이다. 그런데 현재로서는 정보기업을 지배하는 사람 자신이 회사가 보관하고 있는 정보를 이용하여 불공정한 행위를 하더라도 이를 적발하고, 감독하는 국제적인 시스템이 존재하지 않는다.

더구나 현재까지 발표되는 블록체인 프로젝트가 구성하려는 디지털 네트워크는 인터넷 기반으로 국경을 초월하기 때문에 하나의 국가가 해당 네트워크를 하나의 국가 내의 규범을 가지고 규제하기도 쉽지 않을 뿐 아니라 실효성 있는 규제를 하기가 어렵다.

불공정한 거버넌스로 구성되어 있는 디지털 네트워크라고 하더라도 네트워크가 네트워크의 효과를 발생할 정도로 커지게 되었다면 해당 네트워크에서 노드로 활동하는 사람들이 쉽사리 다른 네트워크로 이동하기도 쉽지 않다. 또 해당 네트워크에 축적된 자신의 정보를 다른 네트워크로 이전하는 것 역시 현재로서는 쉽지 않다.

블록체인 프로젝트의 거버넌스에 대해서는 우선 인터넷 위에 구축된 블록체인 네트워크가 가져야 할 기본적인 규범에 대해 국제적인 합의가 있어야 한다.

그 합의는 시간이 흐름에 따라 블록체인 프로젝트를 실행하면서 발생하는 문제를 해결한 경험을 포괄할 수 있도록 유연하게 만들어야한다. 회사법과 증권법은 하루아침에 이루어진 것이 아니고, 수많은 사람들의 이해관계를 조율하면서 만들어진 균형이라고 볼 수 있다.

어떤 제도를 취하는지에 따라 한 나라의 흥망성쇠가 결정된다.[*] 마찬가지로 디지털 세상에서 블록체인 프로젝트가 어떠한 거버넌스를 가지는가에 따라 해당 블록체인 네트워크도 그 운명이 결정된다.

노드의 투표에 의해 네트워크의 운영정책을 결정할 것인지, 네트워크의 개발을 맡은 초기 개발팀에게 계속해서 권력을 부여할 것인지, 주식회사의 모델을 따라 주식과 비슷한 역할을 하는 코인, 토큰 기타 어떤 명목으로든지 투표단위를 도입할 것인지, 수많은 노드의 의사를 확인하는 방법으로 대의제를 사용하여 대표자를 뽑을 것인지, 그렇지 않으면 노드들의 직접 투표를 선택할 것인지 등등에 대하여 초기 네트워크를 구성할 단계부터 백서에 기재하여야 할 것이다.

블록체인 네트워크로서 주요 활동 국가에 등록을 하는 절차가 생길 수도 있다. 회사설립을 등록하고 법적 의무와 권리를 부여받는 것과도 같다. 현 단계에서는 세금이나 고용과 관련한 문제 때문이라도 곧 블록체인 프로젝트 역시 어떠한 공신력 있는 장부에 기재될 것이고, 그에 따라 장부에 기재되기 위한 필수요소들이 법정될 것이다. 물론 처음에는 주요 활동국가의 행정적 장부에 기재될 것이지만 결국 국제적 규범에 따른 등록이 이루어질 것으로 생각한다. 그 경우 블록체인 프로젝트의 백서에 반드시 들어가야 할 사항 역시 법정될 수 있고, 이는 주식회사의 예와 같을 것이다.

---

[*] 대런 애쓰모글루, 제임스 A 로빈슨, 『국가는 왜 실패하는가』, 최완규 역, 시공사.

다만, 중앙이 없는 블록체인 네트워크의 성격상 누가 국가에 등록을 하는 절차를 수행하고, 해당 노드들이 살고 있는 국가가 부여한 법적인 의무를 수행할 것인지 현재로서는 알 수 없다. 각 네트워크를 건설하는 초기 개발 조직에서 이러한 업무를 담당할 사람을 지정하거나, 그러한 업무를 수행할 조직을 구성하고 이를 네트워크의 노드들로부터 승인을 받는 수밖에 없지 않을까 하는 생각이 든다.

국적을 초월한 노드들 사이의 문화차이

전 세계가 하나의 네트워크로 포섭되는 것은 쉽지 않은 일이다. 페이스북, 인스타그램 등은 이런 점에서 보면 놀라운 네트워크이다. 물론 페이스북과 같은 네트워크 기업에서 국경과 인종을 초월한 유저들 사이의 상호작용은 전체 상호작용에 비하면 그 비율이 크다고 할 수는 없다.

그럼에도 불구하고, 페이스북이나 인스타그램의 네트워크가 다양한 문화를 가진 국가, 사회, 시장에 널리 퍼져 있다는 것은 놀라운 일이고, 앞으로 만들어질 블록체인 네트워크 역시 글로벌한 차원에서 이루어질 수 있는 가능성을 알려준다. 페이스북의 예를 들면, 페이스북은 사실 개인 뉴스피드로 이루어지는 새로운 뉴스매체의 형태를 띠고 있고, 자신이 관심 있는 뉴스들이 큐레이션되어 유저들에게 보여지기 때문에 전 세계의 유저들이 네트워크의 다른 노드들과 자신들과의 큰 문화의 차이를 느끼지 못한다. 거부감이 드는 뉴스들은 알고리즘에 의해 걸러지기 때문이다.

전 세계가 단일한 화폐를 사용하기 어려운 이유는 무엇인가? 단일한 화폐로 구성되는 네트워크에 참여하기 어려운 이유는 무엇일까? 상품과 서비스의 가치가 공간적·시간적 차이에 따라 다른 것은 누구나 인정하고 있다. 밀짚모자는 겨울에 사고, 털모자는 여름에 사라는 말은 시간에 따른 가치의 차이를 말하는 말이다. 바나나 수입이 자유롭지 않았던 1980년대 초에는 바나나가 쉽게 수입이 되지 않아서 동남아에서 흔한 바나나가 매우 비쌌다. 동남아에서의 바나나 가격에 물류비용을 더한 정도가 아닌 훨씬 비싼 가격에 바나나가 팔렸다. 쉽게 어떠한 상품과 서비스를 구할 수 있는 지역과 구하기 어려운 지역에 따라 해당 상품과 서비스의 가치가 달라진다. 가치는 달라지지 않는데 가격이 달라질 뿐이라는 말을 하는 사람들은 여전히 주관과 객관을 구별하는 과학과 철학에 기반하여 사고하는 사람들이다. 진실은 사실 직관적으로 이해되지 않는 경우가 많다. 아인슈타인의 상대성이론이나 양자역학도 처음 대중에게 소개되었을 때에는 이해하기가 어려웠다. 시간·공간, 주관·객관에 대하여 기존에 가지고 있는 이해체계와 배치되는 주장이어서 자신들이 가지고 있는 맥락에 근거하여 이해하기가 어려웠기 때문이다.

하나의 상품이나 서비스의 가격체계가 동일한 화폐로 표현된다고 하더라도 앞서 본 이유 때문에 지구적 차원에서는 동일한 '가격'으로 표현될 수는 없다. 한 사람의 한 시간의 단순 노동시간도 지구적 차원에서 모두 다르다.

그러므로 국가에서 국가로 자본이나 노동이 이동하는 것은, 물이 높은 곳에서 낮은 곳으로 흐르는 것처럼 자연스러운 현상이다. 그러나 각 국가는 자국민의 소득을 보호하기 위해 외국인이 자국에서 노동을 하여 소득을 올리기 위해서는 허가를 받도록 하는 제도를 운영하고 있다. 다른 한편으로 밀입국을 엄격히 통제한다.

유럽은 정치적으로는 통일되지 않았음에도 유로라는 단일한 통화 체계를 가지고 있다. 유로라는 통화발행을 유로존의 개별 국가에서 자유롭게 할 수 없음에도 많은 국가가 여러 가지 이유로 유로존에 가입하고 있다. 영국은 유로존에 가입해서 오히려 손해를 보고, 자국 국민들의 소득이 줄어든다고 생각해서 유로존에서 탈퇴하려 하고 있다.

미국과 같은 연방제 국가는 단일한 달러를 사용하고 있지만 유로와 같은 화폐제도상의 문제는 생기지 않는다. 이유가 무엇일까?

미국의 각 주는 연방헌법을 따르고 있기 때문이고, 미국의 건국부터 지금에 이르기까지 미국인들은 서로 같은 미국이라는 단일한 국가, 단일한 네트워크에 속해 있다고 인식하고 있기 때문이다. 유럽의 경우에는 미국과 달리 오랫동안 서로 싸우고 협력하면서 수백년 간 지내왔다. 이러한 유럽의 역사적 경험 때문에 유럽인들은 유로존을 단일한 하나의 국가와 같은 네트워크로 생각하지 않는다. 유럽인들은 각자 독립적 국가의 국민들이고, 경제적인 이유로 다른 국가들과 협의하여 유로라는 동일한 화폐를 사용할 뿐이라고 생각한다.

미국의 각 주가 달러를 사용하는 것과 유로존에 있는 각 나라가 유로를 사용하는 것은 결국 해당 경제 네트워크에 속한 구성원이 가지고 있는 역사적 경험, 생각, 문화에 따라 차이가 발생하게 된다. 경제

네트워크의 구성원들이 비슷한 생각, 문화, 역사적 경험을 가지고 있고 그 네트워크에서 화폐발행권한에 대한 정당성을 부여한 경우에는 정치와 경제가 분리되지 않아 유로화의 문제가 생기지 않는다.

결국 화폐발행권력에 대한 정당성이 어떤 시장, 어떤 네트워크에서 화폐가 제대로 기능하기 위한 중요한 요소가 된다.

화폐제도 자체가 사회적 기술로서 해당 화폐가 사용되는 정치적 공간과 따로 생각하기 어렵다는 사실을 알 수 있다.

블록체인 네트워크 역시 네트워크가 생성될 때 네트워크의 헌법이라고 할 수 있는 운영원칙을 어떻게 제정하고 집행할 것인지가 중요하다. 물론 블록체인 네트워크는 디지털 정보를 서로 교환하는 플랫폼이므로 근대국가의 성립에 있어서의 헌법제정과 동일하게 볼 수는 없고, 오히려 네트워크형 주식회사인 페이스북, 우버, 에어비앤비의 운영방식을 보고 도움을 받을 수 있다.

블록체인 네크워크에 있어 코인이나 토큰을 발행할 필요가 없다고 주장하는 사람들이 많이 있다. 물론 모든 블록체인 네크워크가 암호자산 거래소에 상장되어 거래되는 코인, 토큰이 필요한 것은 아니다. 어떠한 블록체인 네트워크가 코인, 토큰을 발행하는 것은 자본 조달 목적이 대부분이긴 하지만 설령 코인, 토큰이 자본조달 목적으로 발행되지 않는다고 하더라도 블록체인 네트워크에 노드들이 올리는 정보의 가치를 평가할 도구(tool)가 필요하다.

블록체인 네트워크는 정보의 가치를 평가하고 이를 합리적으로 교환할 수 있는 플랫폼으로 기능할 수 있고, 기능하여야 하기 때문이다.

정보의 가치는 주관적인 것도 아니고, 객관적인 것도 아니며 네트워크 내 관계 속에서 등락을 거듭하는 것이기 때문에 네트워크가 없이는 정보의 가치를 제대로 평가할 수 없다. 우리가 사는 사회도 하나의 네트워크이고, 사회는 사회 구성원이 생산하는 정보의 가치를 어떤 형식으로 평가해주고 있기는 하다.

정보의 가치를 화폐로 변환해서 평가하기 위해서는 그 전제로 해당 정보의 소유권자 혹은 소유권자가 아니더라도 처분권한이 법률적으로 보장된 자가 존재하여야 한다. 정보에 대해 배타적 권리자가 존재하지 않고, 정보를 누구나 사용할 수 있는 공유재라고 보면 정보의 가치가 각 개인별로 다른 이상 화폐로 변환하여 평가할 수 없을 것이다. 개인정보의 경우에는 해당 개인의 인격권을 보장하기 위해 우리나라의 경우에는 개인정보 보호법에 의해 해당 개인에게 처분권한이 있다.

개인정보 역시 관계에서 생성되는 것이므로 상대방이 없는, 네트워크가 없는 개인정보도 존재하지 않는다. 페이스북에서의 정보는 페이스북이 존재하지 않으면 생성되지 않는 것이고, 그 의미도 제대로 파악되기 어렵다. 개인정보 역시 개인이 가입되어 있거나 참여하고 있는 네트워크와의 관계에 따라 의미가 생긴다. 개인정보의 처분권한, 처분범위 등이 공개되어 네트워크의 다른 노드(영리사업을 하는 정보기업도 포함한다)들과의 관계가 쉽고 빠르게 연결되는 것 그것이 해당 네트워크의 부를 증대시킨다.

그렇기에 개인정보의 처분권한 및 처분범위, 정보의 가치를 네트워크에 참여하는 노드들이 분명하게 알 수 있고, 권리이전을 법률상 보장할 수 있는 장부의 존재는 정보사회에서 필연적이다.

특허, 저작권 역시 정보가 잘 가공되어 지식으로 네트워크에서 인정되었다. 특허, 저작권도 가치평가를 받기 위해서는 특허권, 저작권을 법률적으로 보호하는 제도가 필요한 것은 이미 말한 바와 같다. 특허권자, 저작권자가 누구인지 분명해진 이후 해당 네트워크가 어떠한 특허, 어떠한 저작물의 가치가 어느 정도인지 알려준다. 특허, 저작물을 원하는 사람들과 특허, 저작권자와의 합의에 의해 가치가 결정된다. 물론 네트워크에서 공정경쟁을 위해 특허나 저작권에 대하여 다른 가치를 부여하는 경우도 있지만 궁극적으로는 특허, 저작권도 하나의 상품, 하나의 서비스로 파악하는 것이 현재의 지식 시장 이해에 도움이 된다.

정보에 대해 소유권을 누군가에게 부여하자고 하는 것에 대해 반발을 하면서 정보를 공유재산으로 하여야 한다는 주장도 있지만 그러한 주장이 정보의 처분권한을 누군가에게 한정하는 제도 자체를 배제하는 것은 아니다.

오히려 '블록체이니즘'은 전통적인 자산을 소유권으로 보아 발전한 자본주의의 폐해를 답습하지 않을 수 있는 새로운 잠재력이 있다.

네트워크에서 정보의 처분권한 혹은 정보로 인한 혜택을 받을 권리 등이 누군가에게 있음을 모든 노드들이 투명하게 알게 된다면, 그러한 정보를 모아서 가공하여 가치 있는 정보나 지식을 만들어내는 것이 보다 쉬워진다. 또한 새롭게 만들어진 정보나 지식으로 인한 혜택을 분배하는 것도 컴퓨터 알고리즘에 의해 보다 쉬워질 것이다.

정보는 언어로 전달되기 때문에 다른 언어를 사용하는 구성원 사이에서 의미왜곡이 일어나는 것은 당연하다.

블록체인 프로젝트로 만들어지는 블록체인 네트워크에 다양한 노드들이 참여하고 이 노드들은 또 국가, 도시, 성, 나이 등으로 구분되는 다양한 네트워크의 구성원들로서 자신만의 의미체계를 구성하고 있다.

그중에서 각기 다른 화폐를 사용하는 경제네트워크에 속한 노드들 사이의 문화차이, 상품, 서비스, 노동에 대한 가치 인식 차이가 글로벌한 블록체인 프로젝트를 새로이 구성하는 데 큰 문제가 될 수 있다.

디즈니의 겨울왕국 영화를 보더라도, 뉴욕에 있는 로렌스가 생각하는 겨울왕국 영화 시청경험의 가치와 나이지리아에 있는 레베카가 생각하는 겨울왕국 영화 시청경험의 가치는 다를 수밖에 없다. 왜냐하면 그 경험의 가치에 대응하는 다른 상품이나 서비스의 가치가 다르기 때문이다. 그럼에도 인터넷상에 존재하는 단일한 글로벌 플랫폼에서 물류비용을 고려하지 않은 지식, 상품, 서비스에 대해 하나의 가격만을 표시하기 때문에 그 가격체계가 제대로 작동하기 어려울 수 있다. 그렇다고 국가별로 다른 가격정책을 사용하는 경우 공정거래나 차별의 문제가 생길 수 있어 또한 문제가 된다. 미국에서는 동일한 제품에 대해 흑인과 백인 사이에 다른 가격을 표시하도록 한 가격차별정책이 인종차별, 평등권 위반으로 문제가 되기도 하였다.

블록체인 네트워크에서는 가치 있는 정보가 국경을 넘어 쉽게 이전될 수 있다. 그러나 정보에 대한 가격정책을 잘 정리하지 않으면 노드들 사이의 거래가 어느 한쪽으로만 편향되는 문제가 생긴다. 이를 시정하기 위해 국가별로 혹은 다른 기준에 따라 다른 가격정책을 시행하는 것이 오히려 공정할 수 있는지에 대하여도 연구가 필요하다.

이러한 디지털 네트워크에서 가치이전에 대하여 공정하면서도 유용성이 크도록 플랫폼 규칙을 제정하는 것은 많은 연구와 시행착오가 필요한 분야이다.

암호자산 거래소는 블록체인 네트워크 생태계의 허브이다

거래소는 디지털 세상에서 구현된 블록체인 네트워크와 실물 세계의 네트워크와의 연결지점이다

주식시장 거래소가 없이 주식회사가 제대로 확장되지 못하는 것처럼 암호자산 거래소가 없으면 블록체인 네트워크가 제대로 확장하지 못한다.

블록체인기술의 발달과 암호화폐는 무관하고 암호자산 거래소가 없이도 블록체인산업 생태계는 발전할 수 있다고 생각하는 사람들도 있다. 하지만 정보가 가치가 되는 현상, 네트워크가 가치 있는 정보를 생산하는 시대적 변화를 인식하게 된다면 그러한 생각은 곧 바뀔 것이다.

어떠한 특정 상품이나 서비스를 구매하는 거래소는 왜 생기는 것일까? 시장은 왜 필요한 것일까? 전통적 시장에서 특정한 상품거래소로 어떻게 진화하는 것일까?

구매자가 일부 견본을 살펴보고 거래를 결정하거나 원래 알던 농부와 거래를 이어나갔던 매칭시장에 밀, 옥수수, 콩, 삼겹살 등 수많은 특정상품시장이 만들어지면서 금융시장과 같이 효율적으로 익명

의 거래가 이루어진다.[*]

밀이나 커피가 등급제를 통해 진정한 상품이 되었고, 수확이 되기 전에도 밀, 커피 선물 형식의 금융상품으로 발전되었다. 자연적으로 생성된 시장에서는 직접 눈으로 보거나 기존의 거래를 통한 신뢰가 있어야 거래가 이루어진다. 그러나 이러한 거래는 시간도 많이 걸리고, 익명의 다수가 시간과 공간을 초월하여 거래할 수가 없다. 익명의 다수가 시간과 공간을 초월하여 빠르게 거래를 하는 시장시스템을 만들기 위해서는 우선 상품에 대한 정보가 시장에 참여하는 사람들에게 투명하게 알려져야 하고, 정보의 격차가 없어야 한다. 그래서 상품에 대한 등급제가 만들어진 것이다.

특정상품거래소가 생기는 것과 동시에 해당 상품에 대한 일종의 등급제가 만들어졌다. 이 등급제는 해당 상품을 거래하는 참여자들의 합의 혹은 권력 작용을 통해 만들어진다.

금 거래소, 밀 거래소, 커피 거래소는 모두 이렇게 만들어졌다.

주식이나 채권에 대해 거래소가 없다면 어떻게 될까? 주식이나 채권을 파는 사람이 어디에 있는지, 매수할 사람이 어디에 있는지 알기가 어려워 쉽게 거래가 이루어지지 않고, 결국 주식이나 채권은 그 잠재력을 충분히 발휘하지 못할 것이다. 회사 자체를 거래할 수 있도록 실물 회사의 수익 능력, 신용을 추상화하여 거래가 가능하도록 한 주식이나 채권의 진화는 거래소의 진화라고 할 수 있다. 의회가 없이 대의제가 가능하지 않은 것과도 같다.

블록체인과 가상화폐는 별개이고, 가상화폐가 없더라도 블록체인

---

[*] 앨빈 로스, 『매칭』, 이경남 역, 알키.

생태계가 발전하는 데에는 아무런 지장이 없다는 주장이 많다. 우리 정부의 기본 입장이기도 하고, 중국 주석인 시진핑 역시 블록체인은 가상화폐와는 무관하다고 발언하였다. 현 시점, 네트워크가 만들어지기도 전에 개발자들이 만든 코인, 토큰이 '미래에 대한 투자'라는 이름으로 도박의 수단이 되는 것을 방지하기 위한 것이라고 생각된다.

양자역학적 관점에서 보면 모든 이벤트를 확률적 관점에서 보기 때문에 세상의 모든 이벤트는 도박적인 성질을 가지고 있다. 주식을 포함한 대부분의 금융투자상품 역시 도박적인 성질을 가지고 있음은 역사가 증명하고 있다. 그래서 자본시장법*에서는 금융투자업에 대해서는 도박죄의 적용을 배제하도록 예외조항을 두고 있다.

도박성이 크다는 이유만으로 암호자산을 규제할 수는 없다. 무엇보다 명칭에서 보는 바와 같이 암호자산 역시 자산이기 때문이다.

어떠한 물건, 어떠한 정보를 자산으로 만드는 것은 해당 경제 네트워크가 규정하는 것이다. 빛나는 다이아몬드, 황홀한 금도 무인도에 홀로 있다면 아무런 가치가 없을 것이다. 심지어 맛있는 음식도 그것의 가치를 매기는 것이 의미가 없을 것이다. 단지 생존을 위해 먹을 수 있으면 그 뿐이다.

그러므로 자산은 네트워크가 그 가치를 규정하는 것이고, 자산의 가격은 해당 네트워크의 구성원들이 구축해 놓은 다른 자산과의 가치 그물망 속에서 찰나적으로 발생했다가 다시 거래가 필요할 때 발

• 자본시장과 금융투자업에 관한 법률(약칭: 자본시장법) 제10조 제2항에서는 금융투자업자가 금융투자업을 영위하는 경우에는 형법 제246조(도박죄)를 적용하지 않는다는 명문의 규정을 두고 있다.

생하게 된다. 자산가격이 부침을 거듭하는 것은 이러한 이유 때문이다.

풍족한 자산이 부강한 국가를 만든다고 한다면, 국가는 새로운 자산을 계속해서 발굴함과 동시에 기존의 자산의 가치와 잠재된 능력을 계속 발전시켜 나가야 부강한 국가가 될 것이다.

새로운 자산이 발굴되더라도 처음부터 네트워크에 자산으로서 인식될 수는 없다. 물론 식량이나 식량을 공급하는 토지, 필요한 물건을 만들어내는 공장 등은 직관적으로 가치를 인식할 수 있어 쉽게 자산으로 인식될 수 있을 것이다. 그러나 석유와 우라늄 같은 자산이 그것이 가진 잠재력을 충분히 발휘하여 네트워크에서 자산으로 인식되기 위해서는 시간과 기술발전이 필요했다. 새로운 자산은 누군가에게는 가치가 있는 것이고 누군가에게는 아무런 가치가 없는 상태에서 시작하여 서서히 네트워크에서 자산으로 인식하는 사람의 수를 늘려간다. 새로운 자산은 기술의 발전과 문화의 변화에 따라 그 잠재적 가치를 확장해 간다. 자산으로 인식하는 사람의 수가 어느 임계점을 넘는 경우에 해당 자산은 그 자신의 사용가치를 넘어서 자본으로 추상화된다.

블록체인 프로젝트가 블록체인 네트워크를 구성하면서 네트워크에서 창출하는 가치를 코인, 토큰으로 추상화하는 것은 필수불가결한 일이다. 정보는 인류가 새로이 발견한 자산으로 물체를 정의하는 것처럼 현재로서는 우리의 주관을 최대한 배제한 형태, 성질을 사용하여 고유하게 정의하기 어렵다.

개별적인 정보를 정의하기 어렵기 때문에 물체를 다루는 방법처럼 다룰 수는 없고, 수학적 방법을 사용하여 추상화할 수밖에 없다. 이러한 추상화의 결과 정보 자산은 직관적으로 실체를 인식하기가 어렵게 된다. 사람들로부터 '비트코인이 무슨 가치가 있느냐?'라는 질문이 계속되는 것도 이러한 이유 때문이다.

아직까지 정보는 bit의 양으로밖에 측정할 수 없다. 질적인 측정방법은 알려지지 않았다. 네트워크가 어떠한 정보에 부여하는 가치 산정방식은 아직 발견된 바가 없다. 사실 어떠한 물건의 가격이란 것도 마찬가지이다. 가치나 가격이 어느 시간, 어떤 공간에서 거래 당시 나타나는 사건(event)과 같은 것이라고 하더라도 가격을 만드는 메커니즘은 존재하여야 거래가 가능하다.

거래소는 가격을 만드는 메커니즘을 가진 공간이다. 이 공간이 존재하지 않는다면 물건이 상품이 되고, 상품이 자본이 되는 진화가 이루어지지 않을 것이다.

블록체인 프로젝트는 중앙이 없거나 중앙이 고정되어 있지 않은 새로운 디지털 네트워크를 만드는 것이다. 시작부터 하나의 사회, 하나의 시장을 만드는 것이다. 따라서 전통적인 회사를 만드는 방식으로는 블록체인 프로젝트를 완수하기가 매우 어렵다.

목적을 가지고 네트워크를 만드는 방법에 대해 인류가 학습한 것은 많지 않다. 어찌 보면 네트워크는 혈연, 지연 등 자연발생적으로 생긴 것처럼 보인다. 인터넷이 생기면서 인류의 네트워크는 새로운 전환을 맞이하게 되었고, 사실 네트워크 과학이라고 이름 붙일 수 있는 학문분야도 인터넷이 생기면서 시작되었다고 할 수 있다.

노드와 노드 사이에 자체적으로 거래가 완결될 수 있도록 가치를 이전할 수 있게 네트워크를 만들려는 시도가 전 세계에서 세계적 차원으로 시작된 것이야말로 컴퓨터 네트워크 과학이 새로운 혁신의 단계에 진입하고 있음을 알려주는 것이다.

네트워크가 주식회사보다 가치를 더 창출할 수 있는가에 대한 질문에 일률적으로 답할 수 없다. 지금 세상은 토드 로즈가 『평균의 종말』•에서 잘 설명한 바와 같이 '평균적으로 어떻다'라고 말하는 것이 중요하지 않은 시대로 접어들었기 때문이다. 학교 성적이나 시험 성적과 같이 사람들을 하나의 기준으로 평가하여 서열화하는 시스템은 점차 그 효용성을 잃어가고 있다. 1인 기업과 수평적 조직의 확산은 어떤 하나의 기준으로 사람을 평가하는 것은 의미가 없다는 것을 보여주는 하나의 예이다.

확실한 것은 어떤 분야는 컴퓨터 네트워크가 주식회사보다 더 많은 가치를 생산하고 유통할 수 있다는 것이고, 깃허브, 위키피디아, 리눅스 등은 이런 명제를 확인해주는 증거들이다.

컴퓨터 네트워크가 주식회사보다 더 많은 가치, 즉 정보와 지식을 생산할 수 있는 분야는 점점 늘어가고 있다. 안데르센 호로위츠는 'Why software is eating the world'라는 칼럼에서 영화, 농업, 국방에 이르기까지 모든 산업이 소프트웨어에 의해 운영되고 온라인 서비스를 통해 제공된다고 주장했다. 이 말은 곧 컴퓨터가 인식할 수 있는 언어로 만들어지는 정보의 가치가 점점 증가한다는 말과도 같다. 정보와 무관하게 보이는 실물도 컴퓨터가 인식할 수 있는 정보로 코딩되기 시작하고 있다. 정보와 지식을 생산하는 조직은 점점 더 확

• 토즈 로즈, 『평균의 종말』, 정미나 역, 21세기북스.

산되고 있고 결국 세상의 모든 기업이 정보와 지식을 생산하는 조직이 될 것이다. 디지털 트랜스포메이션은 그러한 경향을 나타내는 말이다.

정보와 지식을 생산하는 조직을 새로 구성하거나 기존의 조직을 네트워크형 구조로 변화시키려고 할 때 전통적인 주식회사로 조직할 것인지, 컴퓨터 네트워크로 조직할 것인지가 문제된다.

'블록체이니즘'은 이 지점에서 등장한다.

정보의 경우 컴퓨터 네트워크가 회사보다 정보를 더 잘 생산·유통·소비하고 재생산하여 새로운 단계로 진입하게 해주는 조직형태라는 것이 '블록체이니즘'의 주장이다. 무엇보다 회사라는 조직은 정보의 독점으로 인한 권력집중을 막을 수 없기 때문에 새로운 조직형태를 고민할 수밖에 없다.

'블록체이니즘'은 컴퓨터 네트워크가 정보기업보다 더 많은 가치를 생산한다고 주장한다. 따라서 '블록체이니즘'은 수많은 컴퓨터 네트워크가 기업을 대체하도록 경제 생태계를 조성하여야 한다는 것이다. 이는 가치의 분산, 정보의 분산을 가져오게 되어 결국 부의 분산, 권력의 분산을 이끌기 때문이다.

부와 권력의 집중은 한 개인의 능력이 아니라 시스템에 의해 만들어지므로 시스템을 수정하여야 부와 권력의 집중을 막을 수 있다.

컴퓨터 네트워크가 풍성하게 창발하려면 어떤 것이 전제되어야 할까?
컴퓨터 네트워크가 생성되어 발전하려면 우선 컴퓨터 네트워크를 프로그램으로 만들어야 한다. 그런 네트워크를 만들고 유지하면서 노드 수를 늘리려면 개발자를 모집하고, 개발자들에게 월급을 주고, 노드들이 네트워크에 유입되도록 마케팅도 하여야 한다. 결국 돈이 들어간다.

기업이든, 컴퓨터 네트워크든 조직을 만들고 유지하기 위해서는 자본조달이 필요하다. 자본조달방식은 주식회사의 발전과 같이 발전하여 왔다. 그러다가 블록체인 프로젝트가 전통적인 자본조달방식과 다른 ICO라는 방식을 들고 등장하였다. ICO는 크라우드펀딩의 일종이라고 할 수 있지만 전통적인 크라우드펀딩과는 다르다.

ICO는 컴퓨터 네트워크 생태계에서 자연발생적으로 만들어진 자본조달방식이고, 기존의 법규에 의해 자본조달방식으로 인정된 것이 아니다. 초창기 ICO는 노드가 송금한 비트코인이나 이더리움에 대한 대가를 지급하지 않고 향후 노드들이 송금한 비트코인이나 이더리움을 사용하여 만들어지는 네트워크에서 사용할 수 있는 화폐, 지급결제수단, 이용권, 또는 게임아이템이나 새로 만든 디지털 세상의 물건이나 부동산을 주겠다는 정도의 약속만 백서에 기재하였다. 지금까지 발간된 블록체인 프로젝트의 백서에는 블록체인 프로젝트가 진행 중 무산되거나 프로젝트의 성격이 바뀌는 경우에 대한 아무런 기재도 없는 것이 대부분이다.

블록체인 프로젝트의 자금조달과정에서 노드들이 송금하는 비트코인이나 이더리움은, 국제무역에서 통용되는 달러나 유로와 같은 통화가 아니기에 외환거래의 규제를 받지 않고 자유롭게 이동할 수 있었다. 블록체인 네트워크에 대하여 잘 알고 있는 전문가들이 비트코인이나 이더리움을 이용해 블록체인 프로젝트에 투자하고 자본조달이 이루어질 때는 큰 문제가 없었다. 거래소를 통해 블록체인 프로젝트에서 발행한 코인, 토큰을 일반인들이 법정화폐로 구매할 수 있게 되면서 문제가 커지기 시작했다.

정보기업이 가진 문제가 점점 불거지고, 개인이 생산하는 정보의 가치가 점점 커지게 됨을 알게 되자 전통적인 정보기업을 대신하여 컴퓨터 네트워크로 정보를 분산저장하려는 요구가 생겼다. 2008년에 처음 발표된 비트코인 네트워크는 이러한 요구를 실현시킬 수 있는 가능성을 알려주었다.

컴퓨터 네트워크의 설립을 위한 ICO를 금지하여야 한다면 그 이유는 무엇일까? ICO를 금지해야 한다는 사람들의 주된 논거는 블록체인 프로젝트에서 초기에 발행한 코인, 토큰은 일반 공모로 대중으로부터 자본조달을 하기에는 너무나 도박적이고 위험하다는 것일 것이다. 뿐만 아니라 블록체인 프로젝트가 제대로 진행될 것인지, 사기성을 띠고 있는지에 대해서도 검증할 수 있는 국제적 수준의 프로세스가 아직 갖추어지지 않았다는 것도 주된 이유이다.

위와 같은 이유가 모두 합당함에도 불구하고 ICO에 대한 제도를 잘 설계하여 ICO가 블록체인 프로젝트의 자본조달방식으로 기능할 수 있도록 노력해야 한다고 생각한다. 블록체인 프로젝트로 구현하려는 것이 주식회사가 아니라 디지털 네트워크이기 때문이다.

블록체인 프로젝트의 자본조달방식으로 여전히 초기의 벤처캐피탈이나 엔젤투자를 통해 수익을 발생시키고, 전통적인 상장조건을 갖춘 경우에만 대중으로부터 자본조달을 할 수 있도록 하는 것은 혁신적인 새로운 금융에 잘못된 옷을 입히는 것이다.

글로벌한 차원에서 생각하고, 주식회사가 아닌 디지털 네트워크라는 관점에서 생각하여야 하며 노동과 자본의 이분법에서 벗어나 생산자가 곧 소비자가 되고, 수익을 만드는 사람이 수익을 다양한 상품, 서비스를 추상화한 암호화폐, 암호자산으로 직접 전환할 수 있는 시대가 도래한다는 사실을 인식해야 한다.

2017년 한국에서 김치 프리미엄이라는 단어를 만들면서 암호자산에 대한 엄청난 붐이 일어났다. 수많은 사람들이 자신이 가진 돈을 비트코인이나 이더리움으로 바꾸었고, 그 바꾼 돈을 여러 블록체인 프로젝트의 백서도 잘 보지 않은 채 거래소에서 코인, 토큰으로 다시 바꾸었다.

이러한 것이 대중적으로 가능하게 된 것은 암호자산 거래소가 있었기 때문이었다. 암호자산 거래소 역시 자본시장법의 규정에 따라 만들어진 것이 아니라, 시장에서의 사람들의 요구에 대응하여 자연발생적으로 나타난 것이었다.

물론 이러한 거래소 역시 인터넷 환경에서 작동하도록 만들어져 국가의 경계가 모호한 상황이었다.

거래소에서 즉각적으로 사람들이 지금 살고 있는 곳에서 사용가능한 법정화폐로 블록체인 프로젝트가 발행한 코인, 토큰을 바꿀 수 있게 됨으로써 블록체인 프로젝트는 대중으로부터 직접 자본조달을 받을 수 있게 되었다.

지금까지 주식회사의 경우 일반대중으로부터 공개시장에서 자본을 조달받기 위해서는 엄격한 제한을 두어 왔다. 이러한 제한이 과연 일반대중을 위한 것인지, 기존의 금융기득권을 위한 것인지에 대한 논의는 차치하고 기존의 자본조달방식 시스템을 유지하는 기득권층이 암호화폐, 암호자산 공모와 같은 새로운 자본조달방식을 환영할 수는 없었을 것이다.

새로운 자본조달방식을 금융혁신으로 받아들이기 위해서는 암호자산 거래소의 혁신을 받아들여야 한다. 새로운 산업이 성숙해지기 전에 초창기에는 어쩔 수 없이 투기적인 목적이나 도박적인 경향이 있을 수밖에 없었음은 역사가 증명하고 있다.

초기에 발견되는 투기성과 도박성을 막기 위해 여러 제도나 기술적 조치를 고안하려는 노력 없이 새로운 혁신 자체를 금지하는 것이야말로 조선말에 쇄국정책을 취했던 것과 같다.

실용적인 관점에서 접근해야 한다. ICO는 빠르고, 국제적이며, 기존의 금융기득권의 중개 없이 컴퓨터 네트워크와 금융의 혁신에 투자할 수 있는 방법으로 진화할 수 있는 잠재력을 가지고 태어났다. 암호자산 거래소는 기존의 주식시장, 채권시장과는 질적으로 다른 모든 가치를 다른 모든 가치로, 최소한의 비용으로 바꿀 수 있는 플랫폼으로 진화할 것이다.

암호자산 거래소가 그러한 플랫폼이 될 수 있도록 제도를 디자인해야 한다. 규제라는 관점에서 볼 것이 아니라 제도디자인이라는 관점에서 보아야 한다.

미래에 다가올 네트워크정보사회와 네트워크정보사회에 필수적인 인프라로서의 암호자산 거래소에 대하여는 뒤에서 다시 살펴보기로 한다.

7장

네트워크정보사회
Network-Information Society

BLOCK
CHAINISM

'블록체이니즘'은 디지털 트랜스포메이션을 넘어
개인들이 수많은 디지털 네트워크에서
자신의 정보를 네트워크에 제공하고, 생산·소비하는 것을 뜻한다.

네트워크정보사회(Network-Information Society)

네트워크정보사회의 개념*

네트워크정보사회란 어떠한 사회인가. 정보사회라는 말은 예전부터 많이 이야기되어 왔다. 네트워크사회에 대하여도 사회학이나 경제학에서 많이 이야기되어 왔다. '블록체이니즘'은 이 둘의 융합을 말하고 있다. 하버드 대학 로스쿨 교수인 요하이 벤클러Yochai Benkler가 『네트워크의 부』라는 책에서 제시한 네트워크정보경제는 블록체인의 등장으로 인한 새로운 사회로의 진화를 충분히 설명하지 못한다. 그러나 요하이 벤클러는 의식하고 있었는지, 그렇지 않았는지 모르지만

---

* 미국 사회학자 마뉴엘 카스텔(Manuel Castelles)은 현대 정보 사회를 '네트워크 사회'라고 불렀다. 네트워크 사회는 자본과 노동, 사람과 지식과 정보가 컴퓨터 네트워크를 통해서 서로 연결된 사회를 말한다. 정보와 상품, 자본과 사람과 지식이 컴퓨터 네트워크를 통해 서로 연결됨과 동시에 이동한다. 카스텔의 네트워크 사회는 자본과 정보 지식, 노동이 흘러 다니는 '흐름 사회(flow society)'로, 현대 정보 사회를 설명하는 중요한 이론 가운데 하나로 등장했다([네이버 지식백과] 네트워크 사회(정보자본주의, 2013. 2. 25., 백욱인)).

네트워크와 정보를 결합하기 위한 개념을 만들어냈다고 할 수 있다.

'네트워크정보사회'라는 단어는 지금의 사회에서 질적으로 도약한 미래의 새로운 사회의 특징을 잘 나타내고 있다. 네트워크정보사회는 정보사회에 자본주의와 같은 경제적 개념을 더한 것이라고 할 수 있다. 인류가 새로운 가치를 창출하는 조직으로서 주식회사 등 수직적 구조에서 벗어나 업무단위로 구획되는 디지털 네트워크와 같은 수평적 조직을 채택한다는 것이다.

수평적 조직인 디지털 네트워크에서 생산하고 유통하는 가치 있는 것은 바로 정보이며 디지털 네트워크에서는 그 생산, 유통하는 정보의 질적 가치를 제대로 평가할 수 있는 금융혁신을 이룩해 낸다는 것이다.

미래사회는 지금까지의 전통적인 네트워크를 컴퓨터 네트워크 혹은 디지털 네트워크가 새로이 대체한다. 또한 지금까지 디지털화한 형식으로 정보를 가공하지 못해 그 가치를 인정받지 못하고 먼지처럼 날아가 버렸던 데이터, 정보를 포착해서 디지털로 고정하여 유통할 수 있는 디지털 네트워크가 무수히 생길 것이다.

개인들은 지금과 다른 무수한 컴퓨터 네트워크의 노드로 활동하게 될 것이고, 그 네트워크에서 가치의 생산자이자 소비자가 될 것이다.

지금까지 인류가 만들어낸 가장 우수한 가치창출조직인 주식회사는 20세기 초반의 테일러리즘을 조직원리로 삼았고, 표준화, 평균의 툴을 이용하여 사람들을 사회 전반의 필요한 부분에 공급하였다. 테일러리즘이 처음 적용되던 당시에는 개개인의 능력을 세세히 분석하여 관리할 수 있는 툴이 없었을 뿐 아니라 막 산업화의 단계에 진입하려 하고 있었기 때문에 평균이라는 새로운 툴tool을 가지고 사회를 구성해 가는 것이 최선이라고 볼 수도 있었다.

그러나 정보가 디지털화되어 쉽게 포착하고, 보관하고, 유통할 수 있게 되면서 개개인의 수많은 다양한 측면을 포착할 방법이 속속 개발되고 있다. 그로 인하여 평균적 인간보다 개개인의 잠재능력을 발견할 수 있도록 개개인의 능력 위주로 사람을 평가하는 방식은 새로운 혁신이 되고 있다.

구글, 애플, 페이스북에서는 이제 직원을 채용할 때 대학의 학위를 요구하지 않는다. 온라인에서의 MOOC●(온라인 대중공개 수업)는 대학 학사나 석사 학위를 주는 형식이 아니라 개별 능력에 대한 자격증(certificate)을 주는 형식으로 변화하고 있다. 사실 한 인간을 하나의 학위로 어떠한 직무에 대한 능력이 있다고 평가하는 것은 어쩔 수 없는 선택이었지만 지금은 개개인의 다양한 잠재능력을 각각 평가하여 다룰 수 있는 정보기술이 있다.

개인을 평균적 인간을 기준으로 보는 평균주의, 테일러리즘에 대하여 '블록체이니즘'은 개인의 정보에 대한 가치를 부여함으로써 개개인성을 존중할 수 있는 문화와 기술을 만들어낸다.

'블록체이니즘'의 관점에서 볼 때 개개인은 그 존재만으로 네트워크에 다양한 정보를 제공하고, 변형하고, 소비하는 존재이다. 그리고 자신에 관한 정보, 자신과 자신이 가입한 네트워크의 다른 노드들 상호작용에 따른 정보는 그 자신의 개개인성에 대한 다양한 해석이 가

● 온라인 공개수업(영어: Massive Open Online Course, MOOC)은 웹 서비스를 기반으로 이루어지는 상호참여적, 거대규모의 교육을 의미한다. 비디오나 유인물, 문제집이 보충 자료가 되는 기존의 수업들과는 달리, 온라인 공개수업은 인터넷 토론 게시판을 중심으로 학생과 교수, 그리고 조교들 사이의 커뮤니티를 만들어 수업을 진행하는 것이 특징이다. 온라인 공개수업은 원격교육이 진화한 형태이다.

능하게 함으로써 개개인성에 대한 존중을 가져온다.

네트워크정보사회는 어떻게 부를 생산, 유통, 소비, 재생산하는가

네트워크정보사회에서 개인들인 노드들은 다양한 네트워크에 가입하게 된다

대부분의 국가에서 태어난 국민들은 해당 국가의 국민으로서 출생부터 사망까지 다양한 행정정보를 가지게 된다. 학교에 입학하고, 친구를 사귀면서 다양한 네트워크에 편입된다. 학교를 졸업하고 직업을 가지게 되면 또 해당 네트워크의 일원이 되어 네트워크 내에서의 자신의 정보를 네트워크에 제공한다. 지금까지는 네트워크의 효율성을 위해 위와 같은 네트워크에 제공하는 정보를 디지털화하는 것이 주된 추세였고 이를 디지털 트랜스포메이션이라고 불렀다.

'블록체이니즘'은 디지털 트랜스포메이션을 넘어 개인들이 수많은 디지털 네트워크에서 자신의 정보를 네트워크에 제공하고, 생산·소비하는 것을 뜻한다. 미래의 네트워크정보사회에서는 지금의 개인들이 가입한 네트워크보다 훨씬 많은 디지털 네트워크가 생성된다. 오늘날 대부분의 사람들은 하나의 주식회사의 직원으로만 일할 수 있고 대부분의 경우 겸업이 금지된다. 투잡이나 쓰리잡의 경우에는 사업자등록을 하지 않은 채로 하는 프리랜서나 단기 아르바이트가 대부분이다.

고정된 직업이 있는 유튜버의 경우와 같이 디지털플랫폼에서 가외

소득을 얻는 경우가 서서히 증가하고 있는데 이는 정보가 가치를 얻게 되는 과정에서 나타나는 현상이다.

그러나 조만간 유튜브뿐만 아니라 가외소득을 얻을 수 있는 더 많은 네트워크 플랫폼이 만들어질 것이다. 새롭게 탄생하는 네트워크 플랫폼은 어떤 주주들의 수익을 위해 작동하는 것이 아니라 네트워크 플랫폼에서 활동하는 노드들이 정보생산과 소비를 통해 실제생활에서 사용할 수 있는 소득을 얻을 수 있도록 기능할 것이다. 한 개인이 아침에 일어나서 잠이 들 때까지의 모든 행위가 디지털 정보로 바뀔 수 있다. 언제 일어났는지, 일어나서 무엇을 먼저 하는지, 어떤 장을 보았는지, 입는 옷은 어디서 얼마에 구입했는지, 차를 타고 나가는지, 전철을 타는지, 누구를 만나는지 등 이 모든 것이 디지털 정보로 포착될 수 있다. 이러한 디지털 정보를 가치 있는 것으로 변환시키는 디지털 네트워크를 만드는 것, 이것이야말로 블록체인 프로젝트가 꿈꾸는 것이다.

개인은 이러한 수많은 네트워크에 노드로 가입하게 되고, 가입된 네트워크에서 소액의 보상을 받는다. 이러한 소액의 보상은 이미 규정된 알고리즘에 기초한 것이고, 이 알고리즘의 제정, 변경은 블록체인 네트워크의 합의에 따른 것이다.

수많은 네트워크에서 받는 보상들은 네트워크의 노드로 활동하는 어떤 회사나 조직이 만든 인공지능 프로그램에 의해 필요한 통화로 원할 때마다 즉시 교환될 수 있다.

개인은 디지털 네트워크의 노드로서 정보의 생산자이지만 소유권자는 아니며 정보에 대한 감독권자라는 복합적 지위를 가진다

디지털 정보네트워크에서는 개인이 정보를 생산한다. 현대는 개인들은 실제 정보를 생산할 유인도 없이 정보기업이 만든 서비스를 이용하기 위해 정보를 제공할 뿐 제공한 정보의 관리자라고 할 수는 없다.

비트코인을 '디지털 금'에 자주 비유한다. 잘 모르는 것을 이해하기 위해서 처음에는 지금 익숙한 것에 비유하여 표현할 수밖에 없다. 비유적으로 말하면 지금은 디지털 금 외에도 디지털 우라늄, 디지털 텅스텐, 디지털 철, 디지털 구리 등 수많은 디지털 자산을 채굴할 수 있는 시대이다. 디지털 금이니 디지털 은, '디지털 구리'라는 표현은 인류의 금융혁신을 통해 정보가 화폐로 전환 가능한 자산으로 변신하는 것을 보여준다. 두 노드들 사이의 약속, 혹은 법적인 채권·채무를 추상화하여 표현한 디지털 정보는 그 정보가 복제되지 않고, 네트워크 내에서 인정된 재산권장부에 의해 신뢰가 보장된다면 네트워크에서 그 가치를 보장받는다. 이는 인류가 새로이 혁신한 금융혁신이고, 디지털 네트워크에서 가치를 보장받기 위하여 반드시 눈에 보이는 실물이 필요한 것은 아니다.

비트코인이야말로 이러한 금융혁신의 증거이다. 누군가는 비트코인이 아무런 가치가 없는 프로그램에 불과하다고 주장했었는데 이는 디지털 네트워크에서의 금융혁신에 대한 이해가 부족한 주장이다. 이러한 주장에 의하면 사실 인류가 개발한 환어음이나 화폐도 아무런 가치가 없는 것이다.

디지털 자산은 해당 디지털 자산을 사용가능한 기술을 가진 사회,

네트워크의 요구에 의해 만들어진다. 지금 인류는 서로 간의 신뢰, 신용을 디지털로 자산화할 수 있는 금융공학을 디지털로 구현하려고 하고 있는 중이다.

그런데 이러한 금융혁신은 단순한 컴퓨팅 기술이 아니라 법적인 권위를 가져야 하는 사회적 기술[*]이기 때문에 법률로 제정되는 방식을 통해 사회의 승인을 받거나, 디지털 네트워크에서 기본적으로 인정되는 합의 알고리즘을 준수하여야 한다.

지금 '블록체이니즘'은 2008년 막 탄생한 새로운 사회적 기술을 디지털로 구현하려 하고 있고, 이 사회적 기술은 주식회사 제도를 염두에 둔 것이 아니라 디지털 네트워크를 위한 것이다. 주식회사는 국가의 법률에 의지하지 않고는 사회적 기술을 구현할 수 없다. 국가의 법률에 의해 사회적 기술을 만들어야 한다면 사회적 기술을 지구적 차원에서 구현하기는 너무나도 어렵다.

지구상의 개인들은 어느 한 국가의 국민으로서 정보를 생산하는 것이 아니라 컴퓨터 네트워크로 연결된 노드로서 혹은 정보기업이 만든 디지털플랫폼의 유저로서 네트워크에 연결된 상태에서 정보를 생산[**]한다. 마치 숨을 쉬듯이 의식하지도 않고 정보를 생산하고 있고, 이러한 정보는 기술발전으로 디지털 정보로 포착된다.

『황금의 샘』[***]이라는 책에서는 석유가 어떻게 발견되어 그 잠재력을 발현시켰으며 석유의 가능성이 발현되는 과정에서 석유는 어떻

---

[*] 기술 자체가 사회를 떠나서는 존재할 수 없는 기술을 의미한다. 사회의 근본이 되는 인프라인 은행, 지급결제, 교육 등을 디지털로 전환하여 새로운 형식의 사회제도를 만드는 기술을 사회적 기술이라고 부를 수 있다.

[**] 정보는 관계이므로, 정보를 생산한다는 표현은 정확하지 않을 수 있다. 정보는 일종의 새로운 연결을 만드는 것으로 정보우주에 하나의 관계를 더하는 것이다.

[***] 대니얼 예긴, 『황금의 샘』, 김태유, 허은녕 역, 라의눈.

게 세계적인 자원이 되었고 그에 따라 석유가격은 어떻게 등락을 거듭하였는지 잘 설명되어 있다. 석유라는 자원은 석유화학이라는 산업을 태동시켰고, 석유화학은 다시 자동차, 항공기, 배 등 모빌리티 산업을 탄생시켰으며, 옷과 집 등 우리의 플라스틱 문명을 바꾸는 거대한 산업 생태계를 만들었다.

이제 정보가 새롭게 발견되고 있고, 그 잠재력에 대하여 계속해서 엄청난 연구가 이루어지고 있다. 데이터, 정보가 자원이 되고 무기도 될 수 있음을 알게 된 이후 각국에서 정보 보호와 관련하여 수많은 연구가 이루어지고 있지만, 정보의 생산자가 개인이라는 점에서 국가적 차원의 법률로 규제하는 것은 점점 정보산업의 발전을 저해하는 결과가 되고 있다. 페이스북이나 구글과 같은 거대한 정보기업이 없는 유럽에서 미국, 중국과 달리 개인정보 보호 및 잊힐 권리(Right to be forgotten) 등에 대한 연구가 두드러지는 것은 당연하다.

유럽연합 일반 데이터 보호 규칙(GDPR,* General Data Protection

---

* 유럽 의회에서 유럽 시민들의 개인정보 보호를 강화하기 위해 만든 통합 규정. 2016년 유럽 의회에서 공표되었으며[Regulation(EU) 2016/679], 약 2년 간의 유예 기간을 가진 후 2018년 5월 25일부터 EU 각 회원국에서 시행된다. 유럽 연합(EU)의 시민의 데이터를 활용하는 경우 GDPR을 준수해야 한다. GDPR의 주요 항목은, 사용자가 본인의 데이터 처리 관련 사항을 제공받을 권리(the right to be informed), 열람 요청 권리(the right of access), 정정 요청 권리(the right to rectification), 삭제 요청 권리(the right to erasure), 처리 제한 요청 권리(the right to restrict processing), 데이터 이동 권리(the right to data portability), 처리 거부 요청 권리(the right to object), 개인정보의 자동 프로파일링 및 활용에 대한 결정 권리(rights in relation to automated decision making and profiling) 등이다. 이 중, 삭제 요청 권리(the right to erasure)는 기존 GDPR 초안의 잊힐 권리(the right to forgotten)에서 명칭이 바뀌었다. 개인정보의 자동 프로파일링 및 활용에 대한 결정 권리(rights in relation to automated decision making and profiling)는 마케팅의 일환으로 개인의 직업, 취미, 위치 등이 자동 수집·처리되어 활용되는 경우에 대해 데이터 주체자인 사용자에게 고지, 활용 여부 결정 및 거부할 수 있는 권리 등에 대한 것이다([네이버 지식백과] 개인정보보호 규정[General Data Protection Regulation, 個人情報保護規程](IT용어사전, 한국정보통신기술협회)).

Regulation)은 정보의 생산자인 개인들의 정보를 보호하고자 만든 것으로 구글이나 페이스북과 같은 정보기업을 견제하기 위한 것이다. 그러나 유럽에 사는 개인들의 정보를 가공하여 새로운 정보와 지식을 만들어내지 않는다면 유럽의 사회는 네트워크정보사회로 진입할 수 없을 것이다. 미국이나 중국의 정보기업들이 정보를 가공하는 기술을 계속해서 발전시키고 확산시킬 수 있는 것은 정보산업의 원료인 정보 혹은 데이터가 많기 때문이다. 정보의 독점과 정당하지 않은 정보사용이 문제가 되는 것이지, 정보를 디지털화된 형태로 포착하여 네트워크 플랫폼에 올리는 것이 문제는 아니다.

개인이 자신의 판단에 따라 자신의 정보를 네트워크 플랫폼에 업로드함으로써 정보를 브로드캐스팅(broadcasting, 송신 호스트가 전송한 데이터가 네트워크에 연결된 모든 호스트에 전송되는 방식을 말한다)하는 경우 해당 정보는 프라이버시나 사생활의 비밀의 영역을 벗어났다고 보는 것이 합당하다.

다만 업로드된 정보를 가지고 영리목적 혹은 범죄목적으로 이용하는 경우의 규제만 별도로 필요할 뿐이다. 유럽과 같이 개인정보의 처분, 관리 등에 대한 최종 권한을 개인에게 부여하는 소유권기반의 법제도 아래에서는 네트워크정보사회로 쉽게 갈 수 없다.

다시 말하지만 정보는 관계이고, 선천적인 것이 아니기 때문이다. 한편 정보는 개인들의 작은 정보들을 모아 새롭게 해석하고, 가공함으로써 새로운 정보, 새로운 지식으로 탄생되고 이렇게 정보, 지식이 융합, 중첩되면서 가치가 증대되는 것이야말로 네트워크정보사회의 특성이다. 그렇다면 개인들에 대한 정보라고 하더라도 그 가공·관리·해석을 위한 새로운 조직이 필수불가결하고, 이러한 조직이 다양한 차원에서 많이 생겨 산업생태계를 이룰 수 있도록 디지털 네트워크가 다양하게 구축되어야 한다.

정보는 관계이다. 따라서 개인에 대한 정보라고 하더라도 항상 정보는 그 대상이 되는 다른 노드가 있거나 개인이 관찰하는 다른 물건, 물체가 존재한다. 이러한 관계에서 일어난 사건(이벤트)의 결과는 네트워크 내의 다른 개인들에게 도움이 된다. 가치 있는 정보가 된다.

양자역학과 복잡계를 다루는 과학의 관점을 빌리면 세계의 모든 것은 확률적이기 때문에 개인들에게 발생한 이벤트의 결과도 많이 축적되어 확률을 말할 수 있는 수준이 되면 도움이 되는 지식으로 정보의 질이 올라간다. 빅데이터가 이렇게 그 중요성을 획득하는 것이다.

개인에게 단순히 자신에 대한 정보라는 이유로 자신에 관한 정보의 소유권을 주거나 최종 처분권을 부여하는 형식은 그러한 전통적인 소유권 제도를 차용하지 않고 디지털 네트워크에서 새롭게 정보의 자산성을 인정하고 해당 자산에 대한 보상을 받는 형식으로 프로그래밍한 제도에 비해 유연성이 떨어진다. 자신에 대한 정보를 업로드한 개인에게 해당 정보에 대한 보상과 처분권을 주도록 법제화하는 것이 반드시 소유권제도에 기반할 필요는 없다.

개인에 관한 정보를 전통적인 소유권법리에 따라 해당 개인이 소유하는 것으로 해석해서는 다양하게 정보를 해석, 가공하는 조직을 많이 만들고 유지하는 생태계를 구축하기 어렵다. 그런 의미에서 우리 헌법재판소에서 개인정보자기결정권이 인격권에서 도출된다고 파악한 것은 아쉬움이 크다.

근대 법학은 소유권에 기반하여 사유재산제도를 확립하였고, 개인의 자유를 신성불가침한 것으로 전제하여 많은 것을 이루어냈다. 그러나 자원파괴, 기후변화의 문제 등 공동체 다수가 같이 해결해야 하는 문제에 관한 법률제도는 여러 가지 문제점을 드러내고 있고, 어떤 관점에서는 사유재산제로 인하여 기후변화나 자원파괴와 같은 문제가 생긴다고도 볼 수 있다.

아직 충분히 연구되지 않은 새로운 것을 설계하기 위해 기존의 제도를 차용하는 것은 좋지만 기존의 제도의 문제점을 그대로 가져올 수는 없다. 지금의 정보기술은 개개인을 그 자체로 존중하여 네트워크의 기여자로 상정할 수 있을 만큼 발전하였다. 전통적으로 자산을 소유권이라는 제도로 포섭하여 자본으로 성장시켰지만, 정보의 자산화는 반드시 소유권이라는 법률제도로 포섭할 필요는 없다. 이것이야말로 블록체인 프로젝트로서 디지털 네트워크를 만드는 것의 진정한 의의이다.

디지털 네트워크에서 가치 있는 정보를 자산화하면서 기존의 소유권제도를 가져오는 것이 아니라 기존의 소유권제도가 가진 여러 문제점을 제거하고, 네트워크와 개인의 이해관계를 잘 조절할 수 있도록 권리를 프로그래밍할 수 있다. 전통적인 소유권을 컴퓨터가 인식할 수 있는 방식으로 추상화하게 되면 자산을 자본으로 진화하도록 하는 성질은 그대로 유지하면서 전통적인 소유권에서 문제가 되는 부분을 제거할 수 있다.

정보의 관리, 유통, 처분 등에 대한 프로그램 관련한 네트워크의 합의는 소유권을 새롭게 추상화하면서 다양한 권리로 분화시킬 수 있다. 디지털 네트워크에서 노드들의 합의를 디지털로 구현하는 것과 관련하여 다시 인류의 오래된 문제인 합의의 정당성, 민주주의 등에 대한 논의가 촉발된다.

민주주의의 디지털화는 새로운 의미로 다가오게 된다. 인터넷과 sns가 아랍의 봄*을 이끌어내었다는 많은 분석이 있지만 이는 네트워크 자체의 내재된 프로그램이 민주주의를 구현하도록 디자인되었다는 것과 다르다.

민주주의의 정신을 디지털로 구현하는 것이 '블록체이니즘'에서 말하는 네트워크의 민주주의이다. 블록체인 프로젝트에 관심이 있는 사람들이 블록체인 네트워크의 합의알고리즘과 네트워크 거버넌스에 대하여 많이 논의하는 것도 블록체인 네트워크의 민주화가 노드들에게 중요하기 때문이다.

블록체인 네트워크의 정신인 '블록체이니즘'은 블록체인 네트워크에 참여하는 노드들에게 선택을 받기 위한 다양한 논의를 통해 발전되고 정교해진다.

---

* '아랍의 봄'은 전례가 없는 시위 운동 및 혁명의 물결로, 2010년 12월 이래 중동과 북아프리카에서 일어난 반정부 시위들이다. 알제리, 바레인, 이집트, 이란, 요르단, 리비아, 모로코, 튀니지, 예멘 등 중동과 북아프리카 일부 지역 모두 대규모 반정부 시위가 일어났으며, 이라크, 쿠웨이트, 모리타니, 오만, 사우디아라비아, 소말리아, 수단, 시리아에서도 규모가 작은 반정부 시위가 발생하였다. 이 반정부 시위에서는 파업 참여 운동의 지속, 데모, 행진과 대집회뿐만 아니라, 페이스북과 트위터와 같은 소셜 미디어를 이용한 조직, 의사소통, 인식 확대를 통해 광범위한 시민의 저항 운동이 일어났다. 여러 반정부 시위 가운데 튀니지, 이집트, 예멘에서의 반정부 시위는 정권 교체로 이어졌으며, 이는 혁명으로 불리게 되었다 (https://ko.wikipedia.org/wiki/아랍의 봄).

네트워크정보사회로의 진입경쟁과 산업에 대한 영향

전 세계는 디지털 트랜스포메이션의 기치 아래 모든 행정작용, 국가작용, 도시의 건설 및 유지, 회사의 생성 및 유지, 교육 등을 디지털 기반에서 소프트웨어를 이용해서 구동되도록 재구성하고 있다. 디지털 정보사회로 누가 더 빠르게 진입하는가에 국가의 부가 달려있다고 생각하고 있는 것이다.

일단 디지털화가 되어 소프트웨어를 운영하게 된다면 인간이 개입하여 인간의 언어와 수작업으로 하던 것이 오류 없이, 24시간 쉼 없이, 정당성에 대한 의문이 없이, 공간적 제약을 초월하여 이루어질 수 있다. 호미나 쟁기로 밭을 갈다가 자동화된 무인 농기계가 프로그래밍대로 쉬지 않고 밭을 간다고 생각해보라. 인류가 지금과 같이 식량걱정을 하지 않게 된 것은 다른 그 무엇 때문도 아닌 과학기술의 발전에 따른 생산성 향상 때문이다. 디지털 정보사회는 종전의 사회보다 훨씬 큰 생산성 향상을 가져온다.

그리고 디지털 정보사회가 끝이 아니다. 디지털 정보사회보다 더 나아간 개념이 네트워크정보사회이다. 디지털 정보사회는 효율증대를 위해 기존의 정보처리를 디지털화하는 개념이라고 한다면, 네트워크정보사회는 기존에는 가치가 없던 정보의 조각을 가치가 있게 만드는 기술이 사회의 기본적인 인프라가 되는 사회이다. 정보가 추상화되어 금이나 은, 혹은 부동산이나 미술품의 지분 형태로도 가능하고, 화폐나 지급결제수단으로도 가능하게 하는 기술이 네트워크정보사회를 구성하는 다양한 네트워크에 탑재되고 사회구성원은 본인이 의식하지 않더라도 그 네트워크에서 정보를 생산, 유통하고 그에 따른 보상을 받게 된다.

자본주의의 발달에서 살펴보면 최초의 자본의 원천이 된 토지에 대해서 엄청난 분쟁과 약탈이 발생하였다. 미국의 서부 개척은 인디언으로부터 토지를 뺏고, 뺏은 토지에 대하여 국가가 그 소유권을 인정하는 장부를 작성하면서 이루어졌다. 새로운 자산으로 등장한 석유자원이나 기타의 자원에 대해서도 엄청난 수탈과 착취가 이루어진 것은 역사가 증명하는 바이다.

그러나 네트워크정보사회 자본의 원천이 될 정보자원의 경우에는 정보가 가진 독특한 특성에 의해 자원수탈이 발생될 여지가 작다. 뿐만 아니라 정보를 포착, 가공, 유통하는 기술에 차이가 있을 뿐 정보 자체는 시간적·공간적 한계를 넘어 동시에 존재할 수 있다.

어떤 누구에게 중요한 정보는 그 정보가 다른 개인, 조직, 국가에 알려진다고 하더라도 그 자신이 가진 정보가 변화되지 않는다. 다만, 자신이 가진 독점적 정보의 경우 그 독점성이 깨어짐으로 인해 독점으로 인한 이득을 얻기 어려운 것은 있을 수 있지만 해당 정보가 사용되는 네트워크 전체의 차원에서 보면 그것은 바람직한 현상이 될 수 있다.

네트워크정보사회로의 진입이 지연된다는 것은 지금의 기준으로 보면 정보기업이 독점적으로 정보를 저장하는 상태가 지속된다는 것이다. 정보독점의 문제가 있기 때문에 정보를 생산하는 개인에 대해서는 과도한 보호를 요청하게 된다. 지금의 개인정보법이 정보의 이용을 요구하는 강력한 시대적 요청에도 정보의 독점을 막기 위해 많은 규제를 도입하는 것은 그 때문이다.

자원수탈의 문제가 없는 정보자원을 자본화하여 정보사회의 인프라를 구축하는 것은 거스를 수 없는 역사의 흐름이다. 네트워크정보사회로 진화하는 것이 꺼려진다는 것은 여전히 지금과 같은 네트워크형 정보기업의 독점을 받아들인다는 것이다. 구글의 모토인 'DON'T BE EVIL'과 같이 거대 정보독점기업이 개인의 정보를 잘 보관하고 공정하게 이용한다는 것을 신뢰한다면 별 문제가 없을 수도 있다. 하지만 거대 독점기업이 새로운 경쟁상대의 등장을 막고, 자신에게 유리한 방향으로 플랫폼의 알고리즘을 설계하는 경우 네트워크의 유저들이 이를 막을 수 없다. 거대 독점기업은 대주주의 지배하에 놓여 있으므로 아무리 네트워크 플랫폼에서 가치를 생산하고 유지하는 사람들이 해당 플랫폼을 다수에게 맞도록 진화시키려고 하더라도 주식회사의 구조 아래에서는 유저들의 의사를 반영할 수 있는 시스템적인 통로가 봉쇄되어 있다.

　'블록체이니즘' 시대에 정보기업은 기존의 주주자본주의에 따른 주식회사 형태로는 본질적인 한계를 가질 수밖에 없다.

　네트워크정보사회로의 진입이 지연되면 정보를 포착하여 생산하는 다양한 디지털 네트워크가 다른 사회보다 늦게 구성되거나 새로 만들어지지 않는다. 인터넷으로 연결된 노드들은 인터넷을 통한 글로벌 디지털 네트워크에 쉽게 가입할 수 있다. 지금 구글과 페이스북에 전 세계의 사람들이 가입하여 활동하는 것과도 같다. 네트워크효과는 독점을 장려한다. 수많은 검색엔진이 난립하는 것보다 대다수가 사용하는 단일한 검색엔진이 탐색비용을 낮추고, 검색의 질은 높여준다. 기존의 독점금지법이나 공정거래법으로는 네트워크형 기업을 규제하기 어려운 것도 이런 이유 때문이다.

기존의 정보를 재해석하여 포착하는 새로운 디지털 네트워크는 다양하게 출현하여 경쟁하면서 독점적 지위를 취득해갈 것이다. 그러나 그러한 독점적 지위에도 불구하고 계속해서 새로운 디지털 네트워크가 생성되는 유연성을 산업생태계가 가질 수 있도록 제도를 디자인해야 한다.

지금의 주식회사들 중 가장 혁신적인 회사들은 네트워크를 넓히고 강화시키기 위해 노력하고 있다. 상품 구매 네트워크, 뉴스 공유 네트워크, 사진 공유 네트워크 등은 처음의 주제를 벗어나 다른 네트워크의 역할까지도 대체하려고 한다.

핀터레스트나 인스타그램과 같은 사진 공유 네트워크는 그 사진에 등장하는 물건을 즉각적으로 쇼핑할 수 있는 네트워크의 역할까지도 하려고 영역 확장을 시도하고 있다.

문제는 이러한 네트워크의 노드들이 서로 교환하는 정보는 노드들이 생산하고, 축적하고 있는데 그 정보를 가공하여 한 단계 더 추상화된 정보나 지식으로 만드는 기회는 해당 네트워크 플랫폼을 유지·보수하는 회사에게만 있다는 것이다.

네트워크 플랫폼을 이용하는 개인들이 생산하는 정보가 많지 않을 때에는 그 정보의 가치는 크지 않다. 그러나 그 정보가 많이 모이게 되면 거대한 플랫폼을 이룰 정도의 가치가 만들어진다. 구글이나 페이스북은 연간 약 50조 내지 60조원의 영업이익을 내고 있다. 그 영업이익을 유저인 노드들에게 나누어주는 것은 답이 아니다.

왜냐하면 그 영업이익을 모아야 정보가 자본이 되는 것이고, 그 영업이익을 다시 나누어준다면 혹은 영업이익으로 모이지 않는다면 각각의 정보들은 정보인프라를 만들 자본의 역할을 하지 못하기 때문이다.

정보가 자본이 되었을 때 그 자본을 어떻게 사용하여야 하는가 하는 문제에 대한 답을 새롭게 찾는 과정에서 나타난 것이 블록체인 네트워크이다. 단순히 네트워크 유지·보수를 하는 기업에게 정보로 만든 자본을 사용할 수 있도록 하는 시스템에서 네트워크의 유지·보수를 회사가 아닌 디지털 네트워크의 참여자인 노드들이 자발적으로 할 수 있도록 하는 시스템으로 전환하려는 것이다.

자발적인 기부일 수도 있고, 해당 블록체인 네트워크가 필요한 업무를 제공하는 노드들에게 어떠한 보상을 할 수도 있다.

『자본의 미스터리』●에서 에르난도 데 소토는 서부의 토지와 광산의 소유권을 인정하는 불법적인 규약들이 합법적인 체제로 통합되면서, 미국인들의 재산이 기존의 경제 질서를 유지하는 수단에서 새로운 질서를 창출하는 강력한 도구로 전환되었고, 그 결과 폭발적인 경제성장의 원천이 되는 확장된 시장과 자본이 탄생했다고 보고 있다.

서부의 토지 및 광산과 관련하여 자생적으로 발생한 소유권에 대해 연방정부는 계속으로 불법으로 규정하였다. 불법적이었던 규약들을 합법화하면서 미국의 정치인들은 오직 사회적인 요구에 부응할 수 있을 때에만 합법적인 체제가 살아남을 수 있다는 혁신적인 견해를 밝혔다. 미국의 혁신은 이렇게 이루어졌다.

비트코인으로 시작된 혁명은 정보가 어떤 개인에게 재산권과 같은 형태로 부여할 수 있는 기술적 혁신을 가져왔다. 정보를 어떻게 재산

● 에르난도 데 소토, 『자본의 미스터리』, 윤영호 역, 세종서적.

권으로 보장할 것인가에 대하여는 아직 논의 중이다. 정보를 재산권의 대상으로 하지 말아야 한다는 주장도 역시 제기되고 있다. 하지만 가치가 있으나 재산권의 대상으로 하지 않으면 그 가치가 어느 정도인지 측정하기 어렵다. 인류가 지금까지 발전시켜온 역사에 의하면 어떠한 물건, 혹은 서비스는 어떤 형식으로든 재산의 대상이 된다고 할 때 그 가치를 제대로 발현할 수 있다.

저작권법은 특허법이 적용되지 않는 부분에 있어 권리주장을 위한 용도로 계속해서 확장되고 있다. 그러나 기존의 저작권 제도는 그 권리의 시적·공간적 범위가 지금의 현실과 맞지 않는 부분도 많아 네트워크에서의 정보전달을 방해하는 경우도 많이 생기고 있다.

기존 산업은 현재 디지털화하려고 엄청난 노력을 경주하고 있다. 공장은 자동화되고 있고, 개인은 손안의 디바이스를 통해 대부분의 상품과 서비스에 접근할 수 있게 되어 가고 있으며 현금을 사용하는 일도 점점 줄어들고 있다.

인류의 생산능력은 이미 인류가 필요로 하는 상품 및 서비스 양을 초과하였다. 개인들이 상품 및 서비스를 생산할 수 있는 생산능력에 쉽게 접근가능한 시대가 되어 가고 있기 때문에 종전과 달리 어떤 상품을 설계하고 기획한 정보 자체가 실제의 그 상품보다 더 가치 있게 되는 경우가 생기고 있다. 온라인에서의 쉬운 복제가 더 나아가 실제 세계에서의 복제도 쉽게 만들고 있다. 공장을 짓고, 공장을 가동하는 것이 예전에는 어려웠지만 지금은 설계도만 있으면 쉽게 공장을 짓고, 소프트웨어를 실행하여 숙련된 인간의 도움 없이도 공장을 가동할 수 있다.

즉 정보를 생산, 가공하는 생태계가 없이는 높은 수준의 가치창출을 할 수 없고, 결국 더 부강한 사회로 빠르게 진입할 수 없다.

계속적인 주가상승을 하고 있는 미국에서 주가상승을 견인하고 있는 회사는 애플, 아마존, 마이크로소프트, 페이스북, 넷플릭스, 구글 등은 모두 정보기업이고, 네트워크형 기업이다. 유저들이 공장에서 일하는 전통적인 산업에서 벗어나 각 개인들이 아침에 일어나서 밤에 잠들 때까지의 모든 행위를 정보로 바꾸어가면서 그 정보를 가공하여 새로운 정보를 다시 제공하는 서비스로 가장 큰 가치를 인정받고 있다.

우리가 일이라고 생각하지 않는 행위들도 정보기업의 입장에서는 '업무'라고 해석할 수도 있다.

특정한 시대, 특정한 공간에서 특정한 문화를 접하고 자라난 사람들로 구성된 네트워크는 다른 네트워크와 쉽게 섞이지 않는다. 그러므로 인터넷 네트워크로 세계가 연결되기 전에는 여러 민족이 하나의 국가로 통일되기도 어려웠다. 그러나 지금은 같은 집에 사는 가족보다 오히려 같은 나이 또래의 유럽, 미국, 아시아, 아프리카의 젊은 이들과 더 의사소통이 잘 될 수도 있다. 왜냐하면 유튜브나 페이스북 등 글로벌 네트워크에서 같은 문화를 접하고, 같이 소통한 경험이 있기 때문이다.

그러므로 디지털 네트워크의 시대에는 국경을 넘어선 네트워크가 가능하고, 한 국가나 민족적 차이에도 불구하고 다양한 네트워크가 아닌 독점적 네트워크가 생길 수 있다. 국가도 일종의 네트워크라고 볼 수 있다. 국가라는 네트워크는 경제, 국방, 정치, 문화, 행정 등 다양한 층위를 가지고 있는데 이러한 다양한 층위의 필요한 서비스 역시 정보를 바탕으로 한 소프트웨어로 운영이 불가능한 것은 아니다.

그렇다면 국가도 미래에는 다양한 소프트웨어를 기반으로 한 네트워크와 경쟁하여야 하는 시대가 올 수도 있다. 이러한 인식을 바탕으로 하면 지금 국가는 자신의 네트워크 안에서 다양한 디지털 네트워크를 구축하도록 하여야 한다. 새로이 나타난 디지털 네트워크와 국가의 네트워크와의 공통적인 부분이 작으면 작을수록 국가는 자신의 네트워크에 대한 통제력을 잃게 된다. 단일민족으로 구성된 우리나라와 달리 유럽의 경우에는 실질적인 근대국가가 성립된 것이 그리 오래되지도 않았다.

미국의 경우 1620년 영국이 북아메리카를 점령했을 때에는 정착민들이 약 5천 명에 불과했다. 그러나 200년이 채 지나기 전인 1800년에는 그 수가 3,000만 명을 넘어섰고, 다시 200년이 지나고 현재 미국인은 4억 명이 되었다. 이 기간 동안 미국민들은 스스로 자신의 국가의 헌법을 제정하고 새롭게 나타난 지역적인 재산권 규범을 불법적인 것으로만 규정하지 않으며, 통합적인 규범으로 포용하였다. 이러한 시대적 요구에 맞춘 새로운 규범들이 미국에서 자본주의가 꽃피게 된 제도적 기반이 되었다.

국가가 디지털 네트워크의 생태계를 발전시키는 제도를 만들지 않고, 오히려 기존의 제도를 공고히 한다면 결국 국민들은 국가 내에서 자생적으로 자라난 디지털 네트워크가 아닌 다른 글로벌 디지털 네트워크의 노드로 활동하게 될 수밖에 없다.

이는 결국 한 국가의 경제가 쇠락하게 됨을 의미한다.

네트워크정보사회로의 로드맵

정보전달을 더 효율적으로 하고, 새로운 정보를 생성할 수 있는 네트워크 인프라 구축을 위한 자본형성은 어떻게 가능할까?

네트워크형 정보기업인 구글, 페이스북, 아마존, 애플, 텐센트, 알리바바 등으로는 부족한가? 다른 네트워크형 정보기업이 필요한가? 아니면 기업이 아닌 정보를 분산하는 디지털 네트워크가 필요한가?

기업은 국가가 아니다. 기업은 아무리 좋게 보아도 고객보다 주주의 이익을 우선한다. 정보기업도 마찬가지이다. 국가는 다르다. 국민으로 이루어진 다층적 네트워크를 국가라고 할 수 있다. 이 다층적 네트워크의 일부를 디지털 네트워크로도 만들 수 있다. 개인들의 정보를 저장하는 디지털 정보저장소를 만들고 그 디지털 정보저장소를 관리하는 업무를 기업이 하도록 하고, 그 기업을 관리·감독하는 법규를 만들 수도 있다. 정보를 분산하여 정보 독점을 막는 네트워크를 만들 수도 있다.

개인에게 피해를 줄 뿐 사회에 가치 있는 정보라고 볼 수 없는 정보, 사생활 또는 프라이버시에 관한 정보를 보호하고, 개인의 정보를 가공하여 네트워크에서 가치 있는 정보, 지식을 만들어내도록 하는 네트워크의 요구 사이에 균형을 잡기 위해서는 어떻게 해야 할까?

네트워크형 정보기업에서 시작하여 법률로서 정보기업을 규제하여 원하는 결과를 얻고자 노력할 수도 있고, 아예 새로운 기술을 이용하여 중앙이 없는 네트워크를 만들어 정보기업의 역할을 대체하고자 할 수도 있다.

우버Uber는 주주가 아닌 소속차량운전자에게 주행거리, 주행습관, 고객의 평가 등을 종합한 점수 등으로 운전자를 평가하고 그 평가에 따른 보상으로 주주와 비슷하게 배당을 할 수 있는 계획을 승인하여 달라고 미국 SEC에 요청하였다.* 우버의 가치가 우버에 가입되어 차량을 운전하는 운전자들의 네트워크에 있는 이상 운전자들에게 우버의 수익을 일부 돌려주는 것이 공정하기 때문에 신청하였다고 볼 수도 있지만, 우버 운전자들의 운행정보를 획득하고, 전통적인 노동, 자본 이분법에 의한 규제를 피하기 위한 것일 수도 있다.

캘리포니아주의회는 2019. 9. 10. 우버·리프트의 라이더처럼 계약업자로 일하던 노동자들을 직원으로 처우하도록 하는 법안을 통과시켰다. 이 법안이 시행되면 플랫폼 노동자들도 최저임금·실업보험·유급 육아휴직·초과근무수당과 같은 법적 보호를 받게 된다. 전통적인 노동법에서는 직원에 대한 회사의 보호의무는 직원을 관리, 감독하여 직원의 시간을 지배할 수 있다는 점에서 도출된다. 공유경제의 정보기업에서 구축한 디지털 네트워크의 노드로 참여한 사람들을 직원으로 보는 것은 그 의도는 나쁘지 않더라도 전통적인 법률을 억지로 적용함으로써 디지털 네트워크의 발전에 방해가 된다.

디지털 네트워크의 구성과 발전에 대한 인식이 없기 때문에 새로운 법률을 만들려고 하지 않고 전통적 법률을 단순하게 적용한 것이다.

디지털 네트워크의 노드는 우선 참여와 탈퇴가 자유로운 것이 특

---

* 우버(Uber)는 SEC(미국 증권거래위원회)에 회사의 수익을 비즈니스 기여자에게 배분할 수 있도록 요청한 상태이다. 우버의 수익 모델을 이끌고 있는 드라이버에게 우버 주식을 제공하여 회사의 이익을 공유하려는 것이다. 즉, 우버 드라이버가 우버의 투자자이면서 이익을 공유받는 우버 생태계 참여자가 되는 것이다. 에어비앤비 또한 우버와 같은 취지이다. 호스트를 위한 보상안을 고민하고 있고 주식 배분을 통해 자신들의 비즈니스를 더욱 확장하고자 한다.

징이다. 탈퇴를 해고로 보거나 참여를 고용으로 보는 것은 두말할 필요도 없이 억지스럽다. 물론 그러한 해석이 필요하다고 보는 이유도 이해는 되지만 전통적인 법률을 억지로라도 디지털 네트워크에 적용한다면 디지털 네트워크는 결국 잠재력을 발휘하지 못하고 소멸할 수밖에 없다.

배는 항구에 있을 때 가장 안전하다. 그러나 배는 항해를 위해 만들어진 것이다. 네트워크정보사회로의 진화는 불확실하지만 가야만 하는 모험이다. 전통적인 법규로 구성된 지금의 사회는 안락하지만 냄비 안의 개구리처럼 서서히 죽음의 길로 가는 것이다. 모든 생명과 마찬가지로 기존의 사회는 소멸을 하여야 새로운 사회로 진화하게 된다.

8장

암호자산 거래소
Crypto-asset Exchange

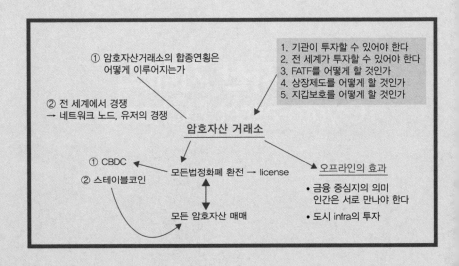

① 암호자산거래소의 합종연횡은
  어떻게 이루어지는가

1. 기관이 투자할 수 있어야 한다
2. 전 세계가 투자할 수 있어야 한다
3. FATF를 어떻게 할 것인가
4. 상장제도를 어떻게 할 것인가
5. 지갑보호를 어떻게 할 것인가

② 전 세계에서 경쟁
  → 네트워크 노드, 유저의 경쟁

암호자산 거래소

① CBDC
② 스테이블코인

모든법정화폐 환전 → license

오프라인의 효과

• 금융 중심지의 의미
  인간은 서로 만나야 한다
• 도시 infra의 투자

모든 암호자산 매매

암호자산 거래소는 블록체인 네트워크가
주식회사와 달리 가치 있는 정보생산, 가공, 유통, 소비 조직으로 설립되어
운영될 수 있도록 하는 데 반드시 필요한 사회적 기술이다.

암호자산 거래소(Crypto-asset Exchange)

암호자산 거래소의 필요성

거래소의 역사와 거래소의 의의

상품이나 서비스 거래소의 역사는 오래되었다. 거래소, 즉 시장은 인간이 인간으로서 사회를 이루게 하는 필수적인 사회적 기술이라고 할 수 있다. 시장은 모든 것을 판매하고, 모든 것의 가격을 결정하는 기능을 해 왔다. 가치가 객관적인 것이라고 생각하고 싶은 사람들의 바람과는 달리 가치는 주관적이다. 그렇다고 해서 주관적이라는 것이 완전히 해당 개인이 참여한 시장과 무관하다는 뜻도 아니다. 주관과 객관이라는 이분법적인 개념은 양자역학의 등장으로 많이 희석되었지만 아직도 많은 사람들이 그 개념의 틀 안에서 사고하고 있어 가격이나 가치에 대한 새로운 작용을 이해하기 어렵게 만들고 있다.

가격이 들쭉날쭉 변동을 함에 따라 가격을 예측할 개념이 필요해졌고, 그 결과 가치라는 개념이 들어오게 되었다. 주식투자의 경우에도 회사의 가치를 보고 투자하는 것을 가치투자라고 부르고 있다. 그때그때 시장에서 통용되는 가격은 투자의 기준으로 사용할 수 있는 지표는 되지 못하기 때문이다.

그렇다고 가치라는 개념이 실재하는가 하면 그렇지도 않다. 그럼에도 뭔가 확실한 투자가치가 있는 것을 찾기 위해 많은 경제학자들이 노력하였고, 상품이나 서비스에 들어간 노동과 자본의 양을 측정하여 가치라는 개념을 정의하기도 하였지만, 가치라는 것과 무관하게 가격이 등락하는 것을 설명할 수는 없었다. 결국 가격이나 가치 모두 인류가 만든 사회적 기술인 시장을 전제하지 않고는 이해되지 않는다. 시장은 이념과 무관한 사회적 기술이다. 사회주의를 도입한 구소비에트연방처럼 의식적으로 시장을 배제하는 것은 인류가 발전을 위해 채택한 사회적 기술을 배제하는 것으로 그 결과는 결국 소비에트연방의 몰락으로 이어졌다.

시장은 탄생 이후 다양한 방법으로 진화를 하였다. 특히 화폐를 구할 수 있는 시장을 고도화하기 위해 은행이 생기고, 은행제도를 보다 고도화하기 위해 다시 중앙은행이 생기게 되었다. 각각의 상품이나 서비스 중에서도 시장을 유지할 만한 거래가 이루어지는 특정 상품이나 특정 서비스에 대해서는 다시 독립한 거래소가 생겼고, 독립한 거래소는 해당 상품이나 서비스의 부침에 따라 운명을 같이하였다.

쌀이나 밀, 설탕이나 소금 거래소가 예전에는 정말 크고 거래액도 많았지만, 기술과 사회의 발전에 따라 석유나 커피 거래소가 쌀이나 밀시장을 추월하고 더 활성화되었다. 금이나 은 거래소는 오랜 세월에도 소멸하지 않고 자신의 지위를 공고히 한 거래소로 자리 잡았는데 그 이유는 금이나 은이 화폐를 대신하여 왔다는 점에서 찾을 수 있을 것이다.

가치 있는 생각을 재산권으로 포착하기 위하여 특허법, 저작권법이 만들어졌고, 미국이나 유럽은 자신들이 만든 법률을 무역을 하는 다른 세계에도 적용되도록 노력해왔다. 무형의 자산에 대해서도 거래소가 만들어지고 거래가 되고 있지만 진입장벽이 높아 기업들 위주로 거래가 이루어지고 있다.

컴퓨팅 기술의 발달은 각 개인들에게 기하급수적으로 강력한 정보처리능력과 공장이나 생산수단, 유통수단에 접속해서 가치를 창출할 수 있는 능력을 부여하고 있다. 이제 개인은 수십 년 전 수백 명의 사람들이 하던 일을 혼자서 할 수 있는 능력을 가지게 되었고, 이러한 추세는 더욱 강화될 것이다. 개인이 만드는 무형의 자산 역시 기하급수적으로 증가하고 그 자산의 가치도 종전에 기업이 생산한 것보다 작지 않을 것이다.

가치가 체화되어 있는 상품이나 자원에 대한 거래소에서 점차 가치를 생산하는 조직인 회사의 가치를 표상한 증권이나 누구인지 모르는 당사자 사이의 채권을 거래할 수 있는 거래소로 진화하였다. 이러한 거래소의 진화는 인류가 거대 자본을 필요로 하는 프로젝트가 많아지면서 자연스럽게 출현하였다.

그러나 새로운 자원이나 새로운 물건이 네트워크의 노드들에게 화폐와 비슷한 성질을 가질 정도로 충분히 가치를 인정받게 되면 그 네트워크에서는 각 노드들이 원할 때마다 해당 자원과 물건을 법정화폐로 바꿀 수 있는 거래소가 출현하였다.

거래소는 새로운 자원이나 물건이 자산이 되고 자본으로 추상화할 수 있는 제도이기 때문에 거래소 없이 해당 자원이나 물건이 자산이 되지는 않는다. 금이나 은이라고 하더라도 거래소 없이는 자본으로 추상화되는 길을 갈 수는 없다.

특허권, 저작권, 영업비밀이나 고객데이터베이스 같은 것들도 거래소를 통해 진정한 자산이 되고 자본으로 진화한다.

결국 어떠한 물건, 어떠한 권리를 자산으로 인정하기 위해서는 네트워크에서 인정하는 권리이동 장부가 필요한 것이고, 이러한 장부가 가능하기 위해서는 거래가 이루어지는 거래소(반드시 중앙화된 거래소일 필요는 없다)가 필요하다. 만일 거래소가 없다면 자산을 거래할 사람들을 찾는 탐색비용이 너무 커서 유의미한 거래가 발생하지 않거나, 거래가 표준화되지 않음으로써 역시 자산이 자본화되지 않는다.

주식회사가 생겼다고 하더라도 주식을 거래할 거래소가 생기지 않으면 주식회사가 대중으로부터 자본을 끌어올 수는 없을 것이다.

거래소는 단순히 어떠한 자산을 거래하는 공간만을 말하는 것은 아니다. 거래소의 경우 거래규칙을 공정하게 유지하여야 한다. 또한, 자산에 대한 거래가 법정화폐를 기준으로 이루어지기 때문에 자산을 거래한 이후 청산이 이루어져야 한다. 거래가 체결되었다는 것은 매매계약이 체결되었다는 것에 불과하고 그 이행은 또 다른 문제이다. 이행의 확실성이 담보되어야 자산시장이 유지될 수 있으므로 거래가 체결되기 전에 매도인이 매매대상자산을 가지고 있음을 보증하고, 매수인이 매매대상자산을 인수한 이후 매수자금을 매도인에게 지급하였다는 것을 보증할 수단이 필요하다.

주식시장의 경우에는 이러한 일을 담당하는 곳이 예탁결제원이다. 예탁결제원은 증권을 예탁*받아, 예탁 받은 증권의 권리자를 관리하고, 증권매매계약에 따른 결제**를 진행한다. 이 책에서 말하는 거래소는 이러한 예탁결제원이 수행하는 기능도 하는 자산거래와 관련된 모든 기관과 제도를 한꺼번에 지칭하는 것이다.

주식회사와 블록체인 네트워크의 차이

주식회사와 블록체인 네트워크 혹은 디지털 네트워크는 어떠한 차이가 있을까? 기존의 협동조합과는 또 어떻게 다를까?

주식회사의 본질적 특징은 유한한 책임을 지는 주주, 같은 액수로 균등한 주식과 주주총회에서 회사의 대표를 선출한다는 점을 들 수 있다. 이러한 기본적 특징을 가진 주식회사는 시간을 거치면서 여러 가지 문제를 발생시켰다. 그 문제를 해결하는 과정에서 여러 제도가 도입되었고 이사회가 실질적인 견제기관으로 등장하고 소액주주를 보호하는 여러 제도 역시 등장하였다. 그러나 주식회사의 근로자나 주식회사가 생산하는 가치를 소비하는 고객들에 대해서는 아무런 고

---

* 우리나라의 자본시장법에서 말하는 예탁은 투자자 및 증권회사, 연기금 등이 보유한 증권을 집중하여 혼합하여 보관하면서 증권이 표상하는 권리에 대한 관리 및 행사를 위임하는 것을 말한다.
** 결제란 증권의 인도와 대금의 지급을 완료하는 행위를 말한다.

려가 없었다. 주식회사 역시 다른 회사와 마찬가지로 기본적으로는 수직적인 구조를 가지고 있다. 근로자는 회사의 지배를 받으면서 자신의 시간, 자신의 노동을 제공하는 대가로 보수를 받는 대신 회사가 시장으로부터 획득한 부가가치에 대해서는 원칙적으로 배당을 받을 권리가 없다.

블록체인 네트워크 혹은 디지털 네트워크는 어떠한가? 회사를 분해하여 그 조직을 각각 수행하는 업무단위로 해체할 수 있다. 각각의 업무를 특정하고, 디지털 네트워크의 구성원이 행한 업무를 평가하는 알고리즘(네트워크의 구성원의 합의에 의한 알고리즘을 말한다)을 거쳐 보상액을 정하고 이를 디지털 네트워크의 구성원이 인정한다면 회사를 디지털 네트워크로 대체하지 못할 이유가 없다.

그러나 지금의 회사는 수직적 구조에 따라 업무를 지시함으로써 빠르고 정확하게 업무를 완수할 수 있는 반면 수평적 구조를 지닌 블록체인 네트워크의 경우에는 네트워크의 구성원이 정해진 시간 안에 어떠한 업무를 수행할 것인지 확신하기가 어렵다. 지금까지의 디지털 네트워크는 회사와 달리 어떠한 업무를 어떤 구성원에게 배당하는 것이 아니라 누구든지 어떠한 업무를 수행해도 좋다고 네트워크에 알릴 뿐이고, 네트워크의 구성원 중 누구나 그 업무를 수행할 수 있었기 때문이다. 아직은 네트워크의 모든 구성원에게 투명하게 가치를 생산하는 업무와 그 업무의 결과에 대한 평가방법 및 보상이 디지털화된 정보로 유통되는 디지털 네트워크, 블록체인 네트워크가 만들어지지는 못하고 있다.

마이크로소프트는 개발자들이 자발적으로 소스코드를 올리는 사이트인 깃허브*를 75억 달러에 인수하면서 개발자들의 네트워크가 엄청난 가치가 있음을 알려주었다. 개발자들의 네트워크에는 소속 개발자들에 대한 어떠한 지시, 감독도 없다. 다만 업무나 문제만 주어질 뿐이고, 이에 대해 거대한 네트워크 내에 관심을 가진 노드들이 답변을 한다.

소규모 그룹의 경우에는 회사의 효율성을 네트워크가 따라잡을 수 없다는 것은 분명하다. 그러나 네트워크는 어느 단계까지는 그 잠재력을 발휘하지 않다가 어느 임계점을 넘으면 회사가 따라올 수 없을 정도의 훌륭한 성과를 보인다. 백과사전을 편찬하는 브리태니커와 위키피디아의 대결은 그러한 내용을 잘 보여주는 하나의 예이다. 전통적인 방식에 따라 백과사전을 편찬하려는 회사조직은 처음에는 잘 진행되는 것 같지만, 백과사전을 자발적으로 편찬하려는 노드들이 점점 많아져 네트워크가 어느 크기를 넘게 되면 순식간에 회사조직의 생산성을 훌쩍 넘기게 된다.

주식회사는 결국 가장 많은 주식을 가진 사람이나 조직의 지배를 받게 되는데 블록체인 네트워크는 주식이란 것이 존재하지 않아서 어떻게 지배구조가 이루어지는지 아직 확립된 바가 없다. 개인들이 공동으로 출자하여 만든 협동조합**의 경우 네트워크와 비슷한 역할

---

* 깃허브(GitHub, 원래 이름: Logical Awesome LLC)는 분산 버전 관리 툴인 깃(Git)을 사용하는 프로젝트를 지원하는 웹호스팅 서비스이다. GitHub는 영리적인 서비스와 오픈소스를 위한 무상 서비스를 모두 제공한다. 2011년의 조사에서는 가장 인기 있는 오픈소스 코드 저장소로 꼽혔다. 2018년 6월 4일, 마이크로소프트는 7,500,000,000달러에 깃허브를 인수할 것이라 발표하였고 그 이후 인수가 확정되었다.
** 협동조합은 경제적으로 약한 지위에 있는 소생산자나 소비자가 서로 협력, 경제적 지위를 향상시켜 상호복리를 도모할 목적으로 공동출자에 의해 형성된 기업이다. 협동조합의 직접목적은 영리보다는 조합원의 경제활동에 있어서의 상호부조에 있다. 협동조합은 산업혁명에 의하여 비약적으로 발전된 대기업의 압력에 대항하기 위하여 19세기 초에 형성된 것

을 할 것을 염두에 두고 조직되는 경우가 많이 있지만 디지털 네트워크로 알고리즘에 의해 운영되는 것이 아닌 경우 역사적으로 주식회사의 역동성과 효율성을 능가하기는 어려웠다.

지금의 디지털 네트워크는 주식회사와도 다르고, 종전의 협동조합과도 다르다. 지금의 디지털 네트워크는 연결된 개인들 사이에 서로 지시, 감독을 하는 관계가 없는 수평적 관계를 추구한다. 그 뿐 아니라 지구 차원에서 항상 연결되어 있으며 노드와 노드 사이의 상호작용을 디지털 정보로 저장하고 축적한다. 디지털 네트워크의 개인들은 누구나 투명하게 네트워크 내의 거래관계나 상호작용을 알 수 있게 된다. 물론 이러한 투명성의 정도는 지금 네트워크를 관리하는 회사나 국가의 정책에 따라 달라질 수 있지만, 블록체인 네트워크의 경우에는 모든 노드들이 투명하게 거래관계를 알 수 있도록 하는 것을 목표로 한다.

어떠한 정보가 투명하다는 것은 무엇을 뜻하는 것이고, 투명성은 무엇을 얻기 위한 것일까.

'어떠한 정보를 익명으로 해야 하는가?'라는 질문에 답하는 것은 어렵다. 왜냐하면 각 개인마다 어떠한 정보를 익명으로 하고 싶은지에 대하여 이해관계가 다르기 때문이다. 범죄나 탈세를 하는 사람은 자신의 거래정보를 포함한 모든 정보가 익명으로 처리되길 바랄 것이고, 범죄나 탈세를 적발하려는 사람은 모든 정보가 투명하면 범죄나 탈세가 발생하지도 않을 뿐 아니라 적발도 쉬울 것이라고 생각할 것이다.

으로, 생산조합·영국의 소비조합·독일의 신용조합이 그 대표적인 예이다(https://ko.wikipedia.org/wiki/협동조합).

네트워크 전체로 볼 때 모든 정보는 네트워크의 어느 누군가에게는 가치가 있고, 원하는 정보이다. 따라서 우선 정보를 탐색하기 쉽도록 한 장소에 정리를 잘 해서 모아두고 절차에 따라 정보를 탐색할 수 있도록 하는 것이 합리적이다.

정보를 모아둔 디지털저장소에 정보의 단계별로 공개수준을 달리하도록 하는 것이 좋다. 개인정보 등 저장을 해서는 안 되는 정보에 대해서 처음부터 디지털 정보저장소에 저장을 하지 못하도록 하거나 아예 시일을 정해 사용한 정보를 삭제하는 것보다는 법원의 영장에 의해 정보탐색을 하도록 하는 등 정보열람권한을 법정해두고 열람한 사람을 네트워크에서 투명하게 알 수 있도록 하는 것이 오히려 프라이버시를 보호하면서 정보를 이용하는 것이라고 생각한다.

주식회사의 목적은 주주이익의 극대화이지만 네트워크의 목적은 네트워크의 노드들 전체 효용의 극대화이기 때문에 정보저장에 대해서도 주식회사와 블록체인 네트워크는 그 입장이 다르다.

블록체인 프로젝트는 정보를 암호자산으로 만드는 프로젝트

블록체인 프로젝트는 정보를 디지털로 포착하여 그 가치를 측정한 후 이를 추상화하여 정보를 암호자산으로 만드는 것이 핵심적인 목적이다.

블록체인 프로젝트라고 주장하는 수많은 프로젝트가 있고, 그 프로젝트마다 각자의 주장이 다르기 때문에 모든 블록체인 프로젝트에 대해 일률적으로 정보를 암호자산으로 만드는 프로젝트라고 말할 수는 없다고도 할 수 있다.

어떠한 정보를 네트워크의 참여자가 모두 알 수 있도록 하여 신뢰비용을 최소화하는 것이 블록체인 프로젝트라고 하는 사람들도 있다.

그러나 어떠한 정보를 네트워크의 참여자가 모두 알 수 있도록 하는 것이 모두에게 좋은 일이라고 하더라도 그 정보에 대한 가치가 네트워크의 참여자에게 모두 다를 수 있다. 해외 무역에서 이루어지는 물건의 이동을 투명하게 알 수 있는 네트워크가 있다면, 무역을 하는 당사자, 물건을 나르는 물류회사, 신용장 등을 담당하는 은행, 보험사 등 모두에게 좋을 것이다. 그러나 그러한 네트워크를 만들고 유지하는 비용을 충당하기 위한 자본을 투입하고자 할 때에는 각각의 이해관계가 다를 수 있다.

이러한 이해관계를 조율하기 위해서는 무역의 대상이 된 물건의 이동경로에 따른 정보의 가치가 측정되어 그 정보의 가치에 해당하는 자본을 투자하도록 하는 것이 가장 합리적이다. 블록체인 프로젝트의 핵심은 정보의 자산화이고, 그 전제가 되는 문제가 바로 정보의 가치측정이다.

정보의 가치란 객관적으로 고정된 것이 아니므로, 그 정보를 필요로 하는 네트워크와 그 정보를 필요로 하는 사람들의 거래가 이루어지도록 하는 거래소가 없다면 현재 인류의 사회적 기술 수준으로는 정보의 가치를 측정하지 못한다. 정보의 가치를 측정할 금융혁신은 아직 오지 않았다. 블록체인 프로젝트가 정보를 자산으로 만드는 것이라고 한다면 해당 정보를 필요로 하는 노드들로 이루어진 디지털 네트워크가 필요하고, 또한 디지털 네트워크에서 정보를 디지털로 포착할 수 있도록 하는 기술과 포착된 정보의 기본 단위를 표현할 수 있는 알고리즘이 필요하다.

정보를 생산하는 디지털 네트워크와 정보를 동일한 기준으로 표현할 수 있는 알고리즘이 충족되면 그 이후에는 거래소에서 해당 네트워크의 정보를 현재 시점의 가치로 가격을 매겨준다.

정보가 거래될 수 있는 거래소 역시 일종의 네트워크로서 정보를 자산으로 만들어주는 플랫폼이라고 할 것이다. 이러한 거래소의 경우 네트워크의 효과를 최대한으로 끌어내리려면 크면 클수록 좋다. 마치 구글이나 페이스북, 아마존 네트워크가 커져 독점의 정도가 심해질수록 해당 서비스의 질이 좋아지는 것과도 같다. 물론 독점이나 담합의 경우 사회 전체적으로는 해가 되기 때문에 독점규제법이 여러 가지 방법으로 독점을 방지하고 있지만 인터넷에서 어떠한 서비스에 대해서는 독점에 이를 정도로 지배적일수록 네트워크 전체의 효용이 커지기도 하는 점이 있어 쉽게 규제하기도 어렵다.

독점규제법은 주식회사를 전제로 만들어진 것이다. 주식회사는 그 목적이 주주이익의 극대화에 맞추어져 있기 때문에 주주의 이익과 네트워크 전체의 이익이 상충하는 경우 주식회사를 견제하기 위해 만들어진 것이 독점규제법, 공정거래법 등이다. 만일 어떠한 조직이 독점이라고 하더라도 그 독점으로 인한 이익이 지구 전체에 골고루 퍼지게 된다면 독점을 반드시 나쁘다고 할 수는 없다. 마치 인터넷이 하나뿐이더라도 독점이슈가 생기지 않는 것과도 같다.

블록체인 프로젝트는 정보를 자산으로 만드는 프로젝트임과 동시에 주주의 이익만을 추구하는 주식회사를 대체하여 네트워크 전체의 효용확대를 추구하는 새로운 가치창출조직을 만드는 프로젝트이다. 인류는 다양한 가치창출조직을 만들어왔고 발전시켜왔다. 이러한 발전은 과학의 발전 및 금융의 혁신과 함께 이루어졌다. 주식회사는 모험적인 무역을 위한 제도로 발명되어 수백 년 동안 발전을 거듭하여 지금의 문명을 만드는 기본적인 사회적 제도가 되었다. 모든 제도는 금융의 혁신으로 발명되어 그 잠재력을 충분히 발현한 이후에는 결국 새로운 제도로 대체된다.

주식회사는 영원한 제도가 아니고, 현재의 국가제도도 영원한 것은 아니다. 주식회사와 국가라는 제도가 가진 문제가 지구적 문제를 해결하기 어렵게 되는 경우 새로운 제도에 대한 다양한 실험이 이루어지고 실험의 결과 대중의 요구에 부합하는 제도는 사회의 기본 제도로 받아들여진다.

기후문제, 빈부의 격차문제, 에너지 문제, 테러문제 등 지금 논의되는 새로운 문제는 한 국가가 해결할 수 없는 지구적 문제이고, 이러한 문제를 해결하기 위한 주식회사는 만들어지기 어렵다. 주식회사나 국가는 이러한 문제에 잘 대응하지 못하고 있다.

블록체인 프로젝트는 태생부터 글로벌네트워크이고, 자본조달 역시 글로벌한 노드들로부터 이루어진다. 자본을 투입하는 노드들이 반드시 새로이 만들어지는 네트워크로부터 투자수익을 올리기 위해 자본을 투입하는 것은 아니다. 새로운 네트워크를 만들겠으니 비트코인이나 이더리움을 보내달라는 대부분의 블록체인 프로젝트의 백서에서는 투자수익을 보장하는 것이 아님을 명시하고 있다.

블록체인 프로젝트는 주식회사를 만드는 것이 아니라 컴퓨터를 이용한 디지털 네트워크를 만드는 것이다. 디지털 네트워크는 네트워크를 만드는 사람들을 위한 것이 아니라 네트워크를 구성하는 사람들의 이익을 위하여 만들어지는 것이고, 블록체인 네트워크는 네트워크 내의 정보, 즉 암호자산의 이동에 대한 투명한 신뢰를 보장한다. 그러나 블록체인 네트워크의 유지, 발전을 위한 알고리즘은 아직 실험 중이다.

네트워크형 정보기업인 구글이나 페이스북, 인스타그램은 자신이 운영하는 네트워크의 유지·발전을 위해 노력하고 있다. 네트워크가 활성화되어야 광고수익이 커지기 때문이다. 과연 네트워크 자체적으로 정보기업인 구글이나 페이스북이 네트워크의 유지·발전을 위해 하는 업무나 노력을 대체할 수 있을까? 네트워크 조직방법 중 인류가 알고 있는 가장 크고 발전된 형태는 아마 국가가 아닐까? 블록체인 프로젝트는 디지털 네이션Digital nation을 구축하는 것과 비슷하다고 생각한다. 블록체인 네트워크가 정보를 독점적으로 관리·유지하는 조직을 만들어 네트워크를 유지한다고 하더라도 그 조직의 관리, 감독, 지배를 네트워크의 노드들이 할 수 있다면 '블록체이니즘'은 어느 정도 구현된다고도 할 수 있다.

디지털 네트워크의 노드들의 시스템에 대한 요구를 반영할 수 있는 통로가 존재하는 것만으로도 지금의 네트워크형 정보기업보다는 훨씬 진일보한 조직이기 때문이다. 그러나 블록체이니즘이 추구하는 것처럼 정보 자체를 분산저장하고 투명하게 공개한다면 정보독점은 처음부터 문제가 되지 않을 수도 있지만 그러한 기술수준은 아직 오지 않은 것으로 보인다.

주식회사와 주식거래소의 관계 및 블록체인 네트워크와 암호자산 거래소의 관계

주식거래소가 없는 주식회사를 생각해보자. 주식회사는 대중으로부터 자본을 조달함으로써 큰 자본을 만들어 예전에는 시도하기 어려웠던 큰 프로젝트를 이룰 수 있게 해준다.

뉴욕의 마천루는 금융공학기법으로 향후 지어질 마천루를 담보로 하여 현재에 자금을 조달할 수 없었다면 지어지지 않았을 것이고, 수에즈 운하도 마찬가지였다.

주식회사가 생겨서 주식이 발행되었다고 하더라도 거래소가 없다면 대중으로부터 자본을 조달하기 어렵다. 증권거래소가 없다면 어떠한 주식이 거래되고 있는지 알 수 없을 뿐 아니라 거래로 인한 주식의 소유자가 누구인지에 대한 정보를 관리할 수도 없다. 주식거래소는 결국 주식을 매각하여 대중으로부터 자본을 조달하기 위한 목적으로 만들어진 사회적인 툴tool이다. 주식거래소가 없으면 주식 매매는 기업을 잘 아는 몇몇 사람들로만 이루어질 것이고 자본조달은 쉽지 않을 것이다. 주식회사는 필연적으로 주식거래소의 탄생을 요구하게 될 것이었다. 주식회사는 주식을 소유한 사람들이 지배하고 잉여가치를 배당받는 제도이다. 주식이 양도가 가능한 자산인 이상 사회는 주식이 누구의 소유인지를 알 수 있는 제도가 필요할 수밖에 없다. 주식의 소유가 누구인지 명확하게 알아야 거래의 신뢰가 생기게 된다. 발행된 주식이 위조된 것이 아니라 진정한 것인지 확인하기 위해서는 어쩔 수 없이 신뢰받는 제3자가 필요하고 이 신뢰받는 제3자는 주식거래장부를 관리하는 자이다.

블록체인 프로젝트는 정보를 자산으로 만드는 네트워크를 구성하는 것이고, 해당 네트워크에서 포섭하는 디지털 정보의 가치를 측정하는 측정수단의 일종으로 코인, 토큰을 발행하고자 한다. 이러한 코인, 토큰을 대중이 거래할 수 있는 거래소가 없다면 어떻게 될까? 전통적인 투자회사들이 정보를 자산으로 만드는 네트워크에 투자를 할 수 있을까? 전통적인 투자회사들은 계약에 기하여 투자자들이 투자한 투자금을 불려주기 위한 목적으로 만들어진 회사들이다. 물론 현재 블록체인 네트워크에서 코인, 토큰을 발행하는 것은 블록체인 네트워크를 개발하고 블록체인 네트워크를 확장하기 위함이다. 새로운 정보를 디지털 네트워크에 유통시킬 수 있는 정보형태로 만드는 블록체인 네트워크를 개발하고 블록체인 네트워크의 노드들에게 이를 알리기 위해서는 법정화폐인 돈이 든다. 이 돈이 없으면 블록체인 네트워크도 없다.

네트워크에서 만드는 정보, 혹은 보다 구체적으로 상품이나 서비스의 경우 네트워크가 커질수록 그 가치가 커진다고 볼 수는 없다. 그러나 블록체인 프로젝트에서 상품이나 서비스에 대응하는 코인이나 토큰의 발행량을 정해두었다면 네트워크가 커짐에 따라 네트워크에서 생산하는 상품과 서비스는 그 양이 커지고, 반면 그에 대응하는 코인이나 토큰은 양이 정해진 만큼 그 액면에 대응하는 상품이나 서비스의 양이 많아져야 할 것이다.

블록체인 프로젝트에서 가치 있는 정보를 지속적으로 생산한다면 그에 대응한 코인, 토큰을 미리 투자할 유인이 생긴다. 하지만 암호화폐, 암호자산 거래소가 없다면 전통적인 투자회사들이 투자한 돈을 법정화폐로 다시 회수하는 것은 거의 불가능하다.

암호자산 거래소 없이 블록체인 프로젝트가 많이 생성되기를 바라는 것은 잘못된 생각이다. 암호자산을 발행하지 않고 블록체인 프로젝트를 통해서 블록체인 네트워크를 만든다는 것은 사실 페이스북, 구글과 같이 주식회사가 네트워크형 플랫폼을 만드는 것과 다르지 않다. 그럼에도 향후 건설할 블록체인 네트워크를 지배할 수 없다면 자금을 투자하는 입장에서는 네트워크형 주식회사를 만들지 않고 블록체인 네트워크를 만들 아무런 이유가 없다.

네트워크형 주식회사는 무엇이 문제인지, 블록체인 네트워크는 왜 필요한지와 같은 의문이 생길 수 있다. 지금과 같은 방법으로 네트워크형 주식회사로 정보를 포착하여 가공하는 것이 문제인가? 문제가 없다면 지금의 제도에서 열심히 하는 수밖에 없다.

그러나 지금 현재의 정보자원은 미국의 네트워크형 정보대기업인 구글, 페이스북 등에 집중되고 있고 이러한 추세는 강화되어 가고 있는 것처럼 보인다. 이 정보자원의 이동은 국경을 넘어서 아무런 제약이나 장애 없이 이루어지고 있고, 국가는 아직 이러한 정보자원의 이동이 어떤 의미인지 잘 이해하지 못하고 있다.

지금의 기성세대가 아니라 2010년 이후에 태어난 어린아이들이 지금과 같은 환경에서 어른이 되었다고 생각해보자. 그 아이들이 아주 어렸을 때부터 구글이나 페이스북, 유튜브, 인스타그램을 수십 년 동안 사용해왔다고 가정해보자. 그렇다면 아이들은 자신도 기억하지 못하는 자신의 과거를 누군가가 디지털 정보로 가지고 있다는 것에 진저리를 칠 것이다. 자신이 가진 계정에 올린 자신의 사진이나 글,

음악은 자신에 대한 정보 중 극히 일부에 속할 뿐이다. 자신의 취향, 위치, 접촉한 사람들, 음악, 책, 행정정보 등 거의 모든 디지털 정보는 자신이 알 수 없는 곳에 저장되어 있다는 것을 알게 될 것이다. 앞서 본 것처럼 네트워크형 정보기업이 없는 유럽에서 잊힐 권리가 나온 것은 우연이 아니다.

이런 정보의 국경이동, 정보의 집중화, 집중된 정보의 사용에 관한 감시·감독이 부재한 상황에서 주식회사라는 시스템을 그대로 둔 채 정보를 포착해서 유통하는 디지털 네트워크를 유지한다는 것은 심히 어려운 일이다. 구글, 페이스북이 세계의 핵심 네트워크로 부상한 이후 이를 대체할 만한 네트워크형 정보기업이 출현하지 않은 것도 의미심장한 일이다.

전통적인 독점과 달리 네트워크형 정보기업을 혁신하는 것은 네트워크의 유저들이 스스로를 새롭게 혁신하는 것인데 유저들이 주식회사의 경영진에게 혁신을 요구할 수 있는 제도적 통로가 없다. 또한 디지털 네트워크에서 가치 있는 것은 이를 관리하는 주식회사가 부여하는 것이 아니라 네트워크의 다른 노드들이기 때문에 더더욱 네트워크형 주식회사를 유저들이 변화시키기가 어렵다.

수십 년간 페이스북에서 활동해온 사람이 다른 디지털 네트워크로 자신의 정보를 이전하는 것이 가능할까? 설령 데이터이전이 가능하다고 하더라도 그 정보가 다른 디지털 네트워크로 이전된 경우 그 정보는 정보로서의 가치를 상당부분 잃게 된다. 왜냐하면 정보는 생성된 디지털 네트워크 관계의 집합이라고 볼 수 있기 때문이다.

미국 내 정보기업의 독점의 문제에 대해 대선주자인 민주당 엘리

자베스 워렌 상원의원은 정보기업이 국민의 디지털생활을 전에 없이 통제하고 있다고 말하면서 예전에 마이크로소프트를 분할한 것과 같이 페이스북, 구글을 분할하여 독점을 해소하자고 주장하고 있다[*]. 그러나 네트워크형 정보기업은 전통적인 제조업과는 다르다. 석유재벌이었던 록펠러의 스탠더드오일을 해체한 것처럼, 혹은 윈도우 OS를 독점적으로 공급한 마이크로소프트를 분할한 것과 같이 해체나 분할을 한다고 하여 네트워크형 정보기업의 독점으로 인한 폐해를 줄일 수 있는지는 아직 불확실하다.

네트워크 정보기업의 자원이 되는 정보를 공급하는 사람들은 기업의 직원이 아니라 네트워크 정보기업이 제공하는 플랫폼에서 활동하는 개인들이다. 그 뿐 아니라 아직 개인들이 네트워크 정보기업에 제공하는 정보의 주인이 누구인지에 대하여, 자신이 생산한 정보에 대한 권리의 범위와 행사방법에 대하여 세계적으로 충분히 연구되어 있지 않다. 페이스북은 고객의 정보를 고객의 동의 없이 영리목적으로 판매하였다는 이유로 거액의 벌금을 부과받을 처지에 놓여있다.[**]

주식회사 제도와 디지털 네트워크에서의 개인들의 정보저장 및 사용 문제의 충돌을 해결하기 위한 목적으로 개인정보 보호법이 만들어졌다. 디지털 네트워크의 정보에 대한 사용을 위해 해당 정보의 대

---

[*] https://www.nytimes.com/2019/03/08/us/politics/elizabeth-warren-amazon.html? action=click&module=RelatedLinks&pgtype=Article, 2020. 2. 5. 접근.

[**] 페이스북이 개인정보 유출 등 사용자 프라이버시 침해를 이유로 미국 연방거래위원회(FTC)가 부과한 50억 달러(약 5조 9,000억 원)의 벌금을 내기로 했다. 50억 달러는 페이스북의 지난해 매출의 약 9%에 해당한다. FTC는 이날 개인정보 유출 등과 관련해 페이스북에 이런 벌금을 부과하면서 최고경영자(CEO) 마크 저커버그가 사생활 보호 준수 여부를 보고하도록 하는 방안에 합의했다고 CNBC와 월스트리트저널(WSJ) 등이 24일(현지 시각) 보도했다(http://news.chosun.com/site/data/html_dir/2019/07/25/2019072500828.html).

상이 된 개인의 동의를 받도록 하는 등의 규제를 계속해서 만들어내고 있다. 그러나 역설적이게도 이러한 규제들은 새로운 혁신적 정보기업의 등장을 막는 장애물로도 작용하게 된다. 규제를 준수하는 비용이 계속해서 증가하기 때문이다.

디지털 정보가 가치 있음을 알게 되면서 디지털 정보를 생산하는 개인들은 네트워크 정보기업이 제공하는 플랫폼을 이용하는 대가로 자신의 정보를 제공한다는 것에 만족하지 않게 되었다. 정보를 업로드하는 모든 개인들은 자신의 정보를 자신의 통제 아래 두기를 원하고 있다.

이러한 요구는 특정한 개인들의 요구에 불과한 것이 아니라 시대적인 요구이다.

이러한 시대적 요구에 부응하여 나온 것이 블록체인기술이다. 정보를 제3자의 관리 아래 두되 그 제3자를 법률이나 제도로 관리·감독하고자 하는 것만으로는 정보의 사용으로 인한 이익을 공정하게 사용할 수 없다. 개인들이 스스로 정보를 가치 있게 만들어주는 디지털 네트워크에 정보를 제공하도록 하는 시스템이 필요하다.

'정보가 가치 있다'는 말은 달리 표현하면 네트워크에 가치가 내재해 있다는 것이다. 주식회사를 위해 정보를 제공하는 것이 아니라 디지털 네트워크를 위해 정보를 제공한다면 인간은 어떤 보상 없이도 네트워크를 잘 만들어갈 수 있다. 위키피디아 프로젝트나 많은 오픈소스 프로젝트는 보상 없이도 네트워크가 잘 유지되고 있다. 하지만 개인은 먹고, 입고, 자야 한다. 즉, 참여한 노드들에게 네트워크가 보상을 해주는 것이 원칙적으로는 공정한 것이다. 보상은 금전적일 수도 있고, 명성이나 평판 등일 수도 있다.

정보기업의 대안이 디지털 네트워크가 될 수 있는지 확실하지는 않다. 인류는 새로운 가치창출조직을 다양하게 실험하고 있다. 이러한 실험 없이는 새롭고 혁신적인 가치창출조직이 나타날 수는 없다.

지금까지 우리 사회가 했던 것처럼 이러한 실험 없이 새로운 가치창출조직을 패스트 팔로워fast follower 전략으로 따라하는 것은 좋은 전략이 될 수 없다. 왜냐하면 새로운 가치창출조직은 회사가 아닌 네트워크이므로 이미 글로벌한 차원에서 어떠한 네트워크가 형성되어 네트워크 효과가 발생할 정도로 커지게 되면, 다른 새로운 네트워크를 만들더라도 노드들이 쉽게 새로운 네트워크에 참여하지 않아 새로운 네트워크가 살아남기가 어렵기 때문이다.

지금 우리 사회는 새로운 디지털 네트워크를 만들어 네트워크형 주식회사를 대체하는 실험, 가치 있는 정보를 포착하고 가공·유통하는 기술을 개발할 수 있는 디지털 네트워크를 만드는 실험을 지속하여 네트워크 정보사회로 진입하기 위해 노력하는 것이 필요하다.

20세기 초 산업혁명과 서양의 정치, 경제제도가 피할 수 없는 흐름이라고 인정하면서도 기존의 제도를 바꾸지 않은 여러 나라들은 어떻게 되었는지 역사가 가르쳐 주고 있다.

외부의 압력에 의해 강압적으로 기성세대가 유지하려고 노력한 기존의 제도가 파괴되었다. 새로운 혁신은 파괴적이고 고통을 수반한다. 산업혁명은 생산성 증가 외에 자원수탈, 제국주의, 노동착취와 환경파괴도 가져왔다. 하지만 산업혁명으로 인한 사회의 변혁은 여러 가지 문제점에도 불구하고 계속되었다.

블록체인혁명 역시 여러 가지 많은 문제점을 수반할 것이다. 그렇기에 본질을 보고 문제점을 잘 제어하면서도 기존의 제도 혁신이 필요할 때에는 고통을 감수할 수 있어야 한다.

네트워크정보사회가 미래의 사회일 것이라고 인식한다면 디지털 네트워크 건설에 있어 여러 가지 사기와 부정이 난무한다고 하더라도 디지털 네트워크 건설 자체를 법으로 금지할 것은 아니다.

블록체인 네트워크는 주식회사가 아니다. 노드들의 합의에 따라 네트워크에 적용된 알고리즘으로 정보를 생산하고, 유통하고, 소비한다. 블록체인 네트워크는 알고리즘에 따라 네트워크에 기여를 한 경우에는 보상을 네트워크에 대하여 피해를 끼친 경우에는 처벌을 하는 디지털 네트워크이다.

블록체인 네트워크에도 네트워크의 크기와 노드의 숫자에 비추어 지방자치단체나 국가처럼 네트워크를 운영하고, 진화시킬 대리인이 필요하다. 지금의 현실과는 달리 가능하면 빠르고 효율적인 운영을 위해 소프트웨어를 이용하기는 하지만 블록체인 네트워크의 중요한 결정에 있어서는 노드들 사이의 합의가 필요하다.

인류의 오래된 문제인 민주주의의 문제와 대리인 문제는 블록체인 네트워크에서도 여전하다. 또한 블록체인 네트워크의 구성원들이 국경을 초월하여 있으므로 지금 각국의 법률과 제도로는 이 문제를 해결하기도 쉽지 않다.

인류가 지구상에 흩어져 있는 개인들로 구성되어 있는 블록체인 네트워크에서 분쟁이 생기는 경우 어떻게 이를 해결해야 하는지에 대해 국제적인 수준의 규범을 만들고 이를 소프트웨어처럼 블록체인 네트워크에 적용 가능하도록 하여야 하는 시대가 되었다.

이를 사법주권의 약화로도 볼 수 있을 것이다. 페이스북의 리브라 프로젝트를 두고 통화주권의 약화를 이야기하는 사람들이 많은데 통화주권을 떠나 전통적인 국가의 사법주권도 마찬가지로 약화될 수밖에 없다. 그 뜻은 법치주의가 잘 적용되지 않는다는 것이 아니라 한 국가의 고유한 법과 제도의 지배는 점점 줄어들고 국제수준의 규범이 법률로서 강제성을 가지고 작동하게 된다는 의미이다.

벌써 비트코인을 비롯한 암호자산이 기존의 은행체계에 따라 국가에서 파악이 되지 않는 점을 이용하여 탈세나 범죄수익 은닉 등에 사용되자 FATF*에서는 암호화폐와 암호화폐 거래소에 대한 규제를 다룬 권고안을 제정하였는데 이는 사실상 회원국에 대하여 법률과 같은 사실상의 구속력을 발휘하고 있다.

• 국제자금세탁방지기구. 자금세탁방지 분야의 국제기구. 1989년 파리에서 열린 G7 정상회의 이후 자금세탁방지를 위한 국제협력 및 각국의 관련 제도 이행상황평가 등을 목적으로 설립되었다. 자금세탁방지에 필요한 법적·금융적 조치사항 및 국제 협력 방안 등을 담은 'FATF 40개 권고사항'은 자금세탁방지 분야의 국제적 기준으로서 1990년 마약 자금 억제를 목적으로 처음 제정되었으나 1996년부터 마약 자금뿐 아니라 중요범죄로 그 범위가 확대되어 현재 약 130여 개 국가에서 자금세탁방지의 기준으로 법적 구속력은 없으나, FATF 회원국의 이행 약속, 자금세탁방지 비협조국가 지정 등을 통하여 사실상의 구속력을 발휘하고 있다. FATF에 가입하기 위해서는 40개 권고사항을 3년 내에 이행하고 그 이행상황에 대하여 상호평가를 약속해야 한다. 한국은 2006년 8월 FATF 준회원(Observer) 자격을 얻은 이후, 다각적인 노력을 기울인 결과 2009년 10월 정회원 가입이 확정되었다([네이버 지식백과] 국제자금세탁방지기구(매일경제, 매경닷컴)).

현재의 암호자산 거래소의 문제점과 세계 각국의 대응

기존 증권거래소의 혁신

증권거래소는 통상 다음에서 보는 것처럼 5가지의 구체적인 기능을 가지고 있다고 한다.[*] 시장조직자로서 증권 매매를 위한 거래장소를 제공한다. 정보배포자로서 가격발견 프로세스를 작동시킨다. 시장감독자로서 거래의 안정성을 담보하기 위한 규칙과 시장감시업무를 수행한다. 기업지배구조의 기준설정자로서 상장규칙을 정한다. 마지막으로 기업체로서 위 기능을 잘 수행하기 위한 조직을 구축하여야 한다.

이러한 증권거래소의 역할은 처음부터 규정된 것은 아니었고, 시장감독기능 역시 수많은 부정거래에 따른 문제점을 해결하기 위한 방법으로 천천히 거래소에 도입된 것이다.

세계 거래소산업의 역사로 볼 때 거래소의 전통적 수입원은 상장수수료와 거래수수료이었다. 거래수수료는 기술의 발달로 인하여 수수료를 받지 않는 거래소가 출현하면서 지속적으로 감소하고 있고, 거래소의 수익 중 상장수수료와 거래수수료의 비중은 줄고 데이터 전송비, 기술 관련 서비스비, 정보 사업비 등의 매출비중은 증가하고 있다.

또한 세계 거래소산업은 거래소가 계속해서 국가 간 합병을 하는 글로벌화의 변화를 추구하고 있고, 또한 거래에서부터 청산·결제까지를 단일한 주체가 일관되게 처리하는 수직적 통합을 하는 방향으

---

[*] 남길남, 『세계 거래소 산업의 변화와 특징: 증권거래소를 중심으로』, 자본시장연구원.

로 변화하고 있다. 또한 앞서 말한 바와 같이 수수료 의존도를 낮추고 장내 증권과 파생상품을 넘어 장외상품으로 사업범위를 넓히는 등 종합가격정보 비즈니스를 구축하기 위해 노력 중이다.

이러한 세계의 거래소의 변화의 핵심은 거래를 하는 당사자들의 다양한 요구에 부응할 수 있는 거래서비스를 제공하려고 하는 데 있다. 거래 주문의 익명성을 보장한 다크 풀Dark pool방식의 서비스도 미국에서는 1986년에 이미 등장하였다.

거래당사자들이 암호자산을 거래하겠다는 요청이 많아진다면 아무리 정책당국이 반대를 하고 규제를 하더라도 암호자산 거래소는 당연히 생길 수밖에 없다. 미국 뉴욕증권거래소(NYSE)는 자회사로 암호화폐 거래플랫폼인 백트Bakkt를 론칭했고, 뉴욕증권거래소와 경쟁하고 있는 나스닥 역시 독자적인 암호화폐 거래플랫폼을 론칭할 예정이다. 시대가 새로운 형태의 증권, 새로운 형태의 자산을 거래하고자 하는 요청을 하는 것을 예민하게 받아들이고 있는 것이다.

이러한 암호자산 거래소는 태생부터 인터넷을 기반으로 하고 있고 모든 자산이 디지털 정보로 되어 있는 것이 특징이다. 그 의미는 무엇일까? 지금까지 국가의 장벽으로 막혀 있었던 거래소가 지구적 차원으로 열린다는 의미이다. 페이스북이나 구글의 서비스를 사용하는데 우리가 별 거부감을 느끼지 못하는 것처럼 새로운 암호자산 거래소들 역시 태생부터 전 세계의 개인을 고객으로 정하고 경쟁하게 될 것이다.

암호자산 거래소도 검색엔진처럼 많이 존재할 필요는 없다. 그래서 세계 거래소의 핵심 플레이어들이 금융당국의 우려와 규제 속에서도 암호자산 거래소를 론칭하고 있는 것이다.

지금 자산으로 인정되는 부동산, 주식, 채권, 귀금속, 특허권 등이라고 하더라도 거래에 따라 소유권을 확정하는 절차와 방법에 있어서 새로운 기술을 적용하면 자산은 새로운 차원으로 추상화되어 새로운 잠재력을 발휘할 수 있다.

역사적으로 살펴보면, 자산의 소유권을 명확히 하는 장부와 장부기재에 따라 공적 권력을 집행할 수 있는 법과 제도가 정비되었기에 자산이 자본으로 추상화될 수 있었다. 그러나 자산의 거래와 소유권 검색 및 소유권확인절차를 컴퓨터 네트워크를 통해서 혁신한다면 자산이 자본으로의 추상화는 새로운 단계로 진입하게 된다.

부동산의 예를 들어보면 각각의 나라마다 부동산의 소유권이동 및 권리관계를 기재한 장부를 가지고 있다. 어떤 나라는 아직 국민들 모두가 인정하는 부동산 권리관계를 기재한 장부가 없다. 다양한 국가마다 각기 다른 소유권 장부를 가지고 있기 때문에 아직까지 부동산 거래의 경우에는 글로벌 거래 플랫폼도 생기지 않았다.

소유권을 확인하는 국제적으로 통용되는 장부의 부재 때문이다.

디지털 네트워크를 통해 부동산을 거래하려고 한다면 먼저 그 부동산의 위치, 크기, 법적 제한 등에 대하여 충분한 정보가 부동산을 매수하려는 자에게 알려져야 하고, 디지털 네트워크에 실제의 부동산에 대한 정보가 사실 그대로 반영이 되어야 한다. 또한 각국의 소유권 제한과 관련된 법규도 역시 반영이 되어야 한다. 거래에 필요한 정보가 모두 사실 그대로 반영되어 거래된다고 한다면 지구적 차원에서 단일한 부동산 거래 플랫폼이 생길 수 있고, 지구 차원에서 소유권의 대상이 되지 아니하는 공유지로서의 자연을 더 보호할 수 있는 기술적 수단도 가질 수 있게 된다.

이러한 지구적 차원에서의 단일한 부동산 거래 플랫폼은 국제적인 차원의 새로운 소유권이론을 요구한다. 왜냐하면 이러한 단계가 되면 부동산은 이를 배타적으로 점유하면서 사용하기 위한 목적으로 사용되는 것이 아니라 자본소득을 올리기 위한 수단으로 이용하는 것이 주가 되기 때문이다. 현실의 부동산의 잠재력을 다양한 금융공학을 이용하여 디지털 언어로 바꾸어 실현하는 것, 이것이 블록체인 네트워크의 잠재력 중의 하나이다. 비트코인이 나오기 전에는 자산을 국가나 은행과 같은 소유권 장부를 관리하는 신뢰할 수 있는 제3자가 없이는 디지털 네트워크에서 유통하기가 어려웠다. 디지털 정보는 아무런 비용 없이 복제가능하였기 때문이다.

그러나 블록체인 네트워크는 정보의 처분권자를 네트워크에서 특정할 수 있는 기술적 수단을 가지고 있어서 자산을 정보화하더라도 복제나 이중지불의 문제가 생기지 않는다.

기존의 거래소에서 거래되는 자산과 다른 새로운 자산을 만들어 이를 거래할 수 있는 거래소가 생길 수 있는 토대를 만든 것이 비트코인 혁명이라고 할 수 있다. 그 뿐 아니라 기존의 주식이나 채권 등의 거래소 역시 제3자가 필요 없는 블록체인 네트워크를 이용할 수도 있게 되었다.

현재의 암호자산 거래소의 문제점

2020. 1. 현재 전 세계의 암호자산 거래소는 정확하게 집계는 되지

않지만, 의미 있는 거래량을 보이는 거래소 수는 400개 정도로 파악된다.[*] 여러 거래소에서 동시에 같은 주식이 거래되는 경우가 없지는 않았지만 지금의 암호자산 거래소와 같이 전 세계 수많은 거래소에서 동일한 암호자산을 거래하는 경우는 없었다.

예를 들어 삼성전자의 주식은 우리나라의 거래소에 상장되어 있으므로 외국인 투자자들은 우리나라의 거래소에 와서 삼성전자에 투자할 수밖에 없다. 그러나 지금 암호자산은 전 세계 수많은 거래소에서 동시에 거래되고 있다. 암호자산 거래소 간 자금 이동이 쉽다고 가정하면 일부의 사람들이 투기의 목적으로 암호자산을 인위적으로 시세조종하는 것을 어렵게 하는 좋은 점이 있다. 일부 거래소가 입출금을 제한하는 경우 다른 거래소의 시세보다 두세 배 차이가 나기도 하는데 이는 인위적인 시세조작의 결과물이라고 할 수 있다.

현재 암호자산 거래소의 문제는 무엇일까? 첫 번째는 대중으로부터 자금조달을 받을 수준이 되지 않는 블록체인 프로젝트가 발행한 코인, 토큰에 대해 상장수수료를 받고 상장하는 것이다. 두 번째는 암호자산 거래소에서 거래되는 암호자산에 대해 충분한 정보가 제공되지 않고, 암호자산에 투자하는 것이 어떠한 가치가 있는지에 대한 정보제공이 없는 상태를 방치하고 있다. 세 번째는 암호자산 거래소에서 이루어지는 시세조작, 내부자거래, 부당거래, 통정매매 등 불공정한 거래행위에 대한 감시·감독이 전혀 이루어지지 못하고 있다. 네 번째는 24시간, 휴일도 없이 거래가 이루어지고 있어 도박적 성격이 매우 크다는 것이다. 다섯 번째는 개인이 가지고 있는 암호자산을

---

[*] 코인힐스(https://www.coinhills.com/ko/market/exchange) 참조.

거래소에서 자유롭게 매매하지 못하고, 거래소가 그때그때 입출금 여부를 자의적으로 결정하고 있다는 것이다. 이러한 문제의 근본 원인은 아직 암호자산 거래소가 법률에 따른 제도화가 되지 않은 상태에서 자연발생적으로 등장했기 때문이다.

자연스럽고 풍요로운 정원을 가꾸고자 하더라도 그대로 방치하면 가장 많이 흥하는 것은 잡초이고, 좋은 꽃은 나오지 않는다. 초기에 잡초와 육성할 좋은 꽃을 구분하고 잡초를 많이 솎아내 주어야 좋은 정원을 만들 수 있는 것처럼 암호자산 거래소 역시 여러 가지 기준을 충족하고 발전시켜야만 암호자산 생태계가 발전할 수 있다.

블록체인 프로젝트가 자본을 조달하는 방법은 자신의 프로젝트에서 사용될 코인, 토큰을 매각하는 것이다. 상장되기 전에 프리세일로 코인, 토큰을 판매하는 경우도 있고, 상장하고 나서 네트워크 개발팀이 유보해 둔 코인, 토큰을 거래소에서 법정화폐로 바꾸어 개발비를 충당한다.

블록체인 프로젝트가 제대로 네트워크를 구성한 이후 가치를 생산하기 전에 이미 많은 자금이 조달된다면 그리고 그 자금이 수많은 사람들로부터 조달된 것으로 감독기구가 불분명하다면 블록체인 네트워크를 건설하려는 사람들의 동력은 많이 약화된다.

핵심은 이렇다. 거래소가 없으면 새로운 블록체인 네트워크의 건설을 위한 생태계는 만들어지지 않는다. 새로운 주식회사를 만들고 성장시키는 생태계도 주식거래소가 없으면 번성하기 어렵다. 블록체인 네트워크가 아닌 네트워크형 주식회사를 만드는 생태계는 여전히 기존의 자본조달 제도로 가능할 수도 있다. 마치 구글과 페이스북이 기존의 자본조달 제도에서 만들어진 것과 같다. 그럼에도 왜 구글과 페이스북에 대항할 만한 새로운 네트워크형 정보기업은 쉽게 나타나지 않는 것일까? 이미 네트워크가 구축되었기 때문에 네트워크의 효과에 따라 아직 네트워크가 충분히 형성되지 않은 네트워크로 이전할 유인이 부족하기 때문일 것이다.

중앙이 없는 디지털 네트워크로 연결되지 않더라도 의미 있는 서비스를 제공할 수 있다면 굳이 정보가 중앙에 집중되지 않는 디지털 네트워크를 건설할 필요가 없다. 결국 네트워크의 유저들과의 연결이 가치를 만들어내는 것이라고 한다면 자신이 활동하면서 정보를 축적한 디지털 네트워크를 떠나 아직 유저가 충분하지 않아 네트워크 효과를 보기 힘든 다른 디지털 네트워크에 가입할 이유는 없다. 아주 특별한 이유가 있어야 하는데 과연 네트워크형 주식회사의 네트워크를 떠나 블록체인 네트워크로 이전할 특별한 이유는 무엇이 될까?

기존의 자본조달방식에서는 구글, 페이스북을 넘는 검색기업, sns 기업을 만들기가 매우 어렵다.

새로운 블록체인 네트워크의 생태계를 번성시키기 위해 암호자산 거래소는 반드시 필요하다. 다만, 이러한 암호자산 거래소는 위에서 본 문제를 미연에 방지하거나 최소화할 수 있는 제도 안에서 운영되어야 한다. 이 부분은 암호자산 거래소가 스스로 변화하는 것을 기다리는 것이 아니라 지금의 사회가 제도를 만드는 것이 필요하다.

암호자산 거래소가 위와 같은 문제가 있다는 이유로 지금의 증권 거래소와 같은 기존의 거래소를 그대로 이용하자는 주장도 있을 수 있다. 블록체인 프로젝트라고 하더라도 코인, 토큰이 아닌 주식을 발행하여 자본조달을 하면 안 되는가 하는 의문도 있을 수 있다. 주식시장의 경우 오랜 기간 동안 문제점을 해결하면서 거래소를 발전시켜왔기에 신생 암호자산 거래소와 같은 문제는 생기지 않을 수도 있기 때문이다.

그러나 블록체인 프로젝트는 회사를 만드는 것이 아니라 디지털 네트워크를 구성하는 것이고, 이는 기존의 네트워크형 정보기업이 가진 문제인 정보의 독점, 개인이 스스로 자신의 데이터를 관리하기 어려운 문제 등을 해결하기 위한 것이기도 하다. 이러한 문제해결이 아니라면 굳이 개인의 입장에서 잘 사용하고 있는 구글이나 페이스북 서비스를 떠나 동일한 구조를 가진 비슷한 서비스를 하는 새로운 네트워크형 기업에 자본을 투자할 이유는 없다.

서비스 이용의 대가로 오랜 기간 자신의 정보가 정보대기업에 축적되었지만 해당 정보에 대한 최종 처분권이 개인에게 주어지지 않고, 네트워크의 정보이용에 대한 유저들의 요청이 네트워크 플랫폼 서비스 알고리즘에 영향을 미칠 수 없다면 해당 유저들은 새로운 네트워크를 설계할 수밖에 없고, 이것이 현재 나타나는 블록체인 프로젝트의 이상이다.

암호자산 거래소가 필수불가결함에도 아직 제도적으로 여러 가지 문제점을 방지할 제도가 미비하다면 지금의 암호자산 거래소를 존속시키면서 문제를 해결할 원포인트 규제를 계속 실험하는 것이 중요하다.

암호자산 거래소의 필요성

암호자산 거래소는 꼭 필요한가? 그렇다.

기존의 증권거래소로는 부족한가? 부족하다. 페이스북과 같은 네트워크형 정보기업이 가진 정보의 독점을 막고 유저들 자신이 생산한 정보를 스스로 관리, 통제할 수 있는 블록체인 네트워크를 만들려면 기존의 증권거래소 제도로는 부족하다.

페이스북의 서비스는 예전 기준으로 보면 혁신적이다. 그래서 지구상의 20억 명이 넘는 사람들이 가입하여 정보를 교류하고 있다. 그러나 페이스북이 가진 정보독점의 문제를 해결하기 위해 전통적인 주식회사를 다시 만들 수는 없다. 주식회사의 경우는 그 본질상 네트워크의 이익을 위하는 것이 아니라 주주의 이익을 위할 수밖에 없고, 따라서 경제적 가치를 가진 자산인 정보의 독점을 포기할 수 없을 것이다.

그러므로 네트워크형 정보기업의 문제를 해결하기 위해서는 정보를 분산저장하여 독점을 막고, 정보를 생산하고, 유통·소비하는 알고리즘을 유저들이 스스로 결정할 수 있도록 해야 한다.

이것이 가능하여야 블록체인 프로젝트라고 부를 수 있을 것이다. 이러한 블록체인 프로젝트는 주식회사보다 더 많은 가치를 생산할 것이다. 물론 마치 우버Uber가 실험하려는 것과 같이 페이스북과 같은 네트워크정보기업이 거꾸로 유저들이 생산하는 정보 상당의 가치를 보상하고, 그 가치를 가진 만큼의 네트워크의 운영에 대한 결정권을 부여하는 방식으로 네트워크 운영에 대한 거버넌스 문제를 해결하려고 할 수도 있을 것이지만 이 경우 정보독점 문제는 여전히 남는다.

결국 어떻게 생각해보더라도 정보를 생산하는 조직으로서 블록체인 네트워크는 필요하다.

　미래의 시대가 네트워크정보사회라고 믿고 있고, 블록체인 네트워크가 주식회사보다 더 가치를 생산한다고 믿고 있지만 확실한 것은 아니다. 미래이기 때문이다.

　그러나 위와 같은 전제를 믿는다고 할 때 다양한 층위에서 블록체인 네트워크가 중첩적으로 구축되어 있는 시대가 미래의 네트워크정보사회이다.

　이러한 다층의 블록체인 네트워크는 네트워크가 창출한 정보의 가치의 합으로 그 가치가 정해지고, 네트워크가 창출한 정보의 가치는 거래소에서 결정된다. 아직까지 거래소, 즉 시장 네트워크 외에 조직의 가치를 결정할 수 있는 툴은 발명되지 않았다.

　따라서 네트워크의 가치를 판단하기 위해서는 그 명칭이 코인이든, 토큰이든 아니면 리브라이든 무엇이든 블록체인 네트워크가 창출한 정보를 추상화한 단위가 필요하고 그 단위가 거래되는 거래소가 필요하다. 가치의 단위가 되는 코인이나 토큰은 그 성질이 주식과 다르므로 암호자산 거래소는 주식거래소의 툴을 그대로 가져올 수 없다.

　블록체인 네트워크를 만들기 위해 필요한 자본조달은 주식의 발행을 통해서는 이루어질 수 없다. 주식을 발행한다는 것은 대주주가 블록체인 네트워크를 지배할 수 있도록 한다는 것이고, 이는 그 자체로 주식회사이지 수평적인 블록체인 네트워크라고 할 수 없다. 블록체인 네트워크를 만들려고 한 주식회사가 존재하지 않았던 것은 이로써 설명이 된다.

수많은 블록체인 프로젝트가 시작된 것은 ICO라는 혁신적인 자본조달 툴이 나왔기 때문에 가능했고, 그러한 수많은 블록체인 네트워크는 주식이나 금전적 보상을 약속하지 않았으며, 또 새로 만들어질 네트워크는 주식이나 금전적 보상을 줄 수 없었다. 블록체인 프로젝트에서 ICO에 참여한 사람들에게 줄 수 있는 것이라고는 네트워크의 확산으로 임계점을 넘는 경우 가치를 가지게 될 '정보단위'를 표현하는 코인, 토큰뿐이었다.

코인, 토큰을 자산형, 화폐형, 페이먼트형*으로 분류한 것을 보더라도 주식이나 채권이라고 볼 만한 것은 없다.

위키피디아 프로젝트나 오픈소스 프로젝트를 수행하기 위한 네트워크 구성은 어떠한 대가를 바라지 않는 많은 유저들의 참여로 이루어졌다. 위키피디아 네트워크나 오픈소스 프로젝트 네트워크 역시 유저들에 대하여 어떠한 대가를 지불하지는 않지만 네트워크의 운영 및 업그레이드를 위한 최소한의 자본조달은 필요하다. 다만, 네트워크를 구축하기 위해 자본을 투입한 사람들이라고 하여 네트워크를 지배할 수는 없다.

---

* 지불형 토큰(Payment tokens): 지불형 토큰(가상화폐와 동일)은 재화나 서비스에 대한 지불 또는 송금수단으로 현재 혹은 미래에 사용될 토큰이다. 발행인은 가상화폐에 대한 권리를 가지고 있지 않다.
기능형 토큰(Utility tokens): 블록체인 기반의 인프라 수단으로 앱이나 서비스로의 디지털 접근권을 부여한다.
자산형 토큰(Asset tokens): 자산형 토큰은 부채나 자본과 같은 자산에 대한 발행인의 권리를 의미한다. 예를 들면, 자산토큰은 회사의 미래영업이익 또는 미래자본흐름상에서 수익을 약속한다. 따라서 경제적 측면에서, 이 토큰은 주식, 채권, 파생상품과 같다. 실물적 자산을 블록체인에서 거래될 수 있게 하는 토큰 또한 이런 범주에 해당한다.
https://steemit.com/finma/@nacong/finma-ICO, 2020. 2. 20. 접근.

블록체인 네트워크를 많이 만들어내기 위해서는 자본조달이 필요하고, 그러한 자본조달은 네트워크에 공감하는 대중들이 소액을 기부하여 이루어지는 것이 가장 바람직하다. 자신이 만들고 싶은 네트워크를 스스로 만드는 것이다.

그러나 정보를 가치로 만드는 네트워크조직의 자본조달 제도나 프로세스는 인간의 욕구에 기반하여야 한다. 네트워크의 성장과 더불어 초기에 네트워크의 구축에 참여한 자들에게 보상을 하는 합리적인 제도가 있어야 한다.

가치를 생산하는 새로운 조직으로서, 주식회사를 대신하는 새로운 조직으로서 블록체인 네트워크 조직을 융성하게 하려면 암호자산 거래소가 반드시 필요하다.

이러한 암호자산 거래소는 디지털 네트워크 조직으로서 국경을 초월하여 존재하게 될 것이기 때문에 세계적으로 몇 개만 살아남을 것이다. 마치 구글, 애플, 페이스북과 경쟁하는 네트워크 기업이 몇 개 없는 것처럼.

세계 각국의 암호자산과 암호자산 거래소에 대한 대응

마약이나, 총기, 불법 포르노물 등 법규로 거래할 수 없도록 규제한 것을 제외하고는 어떠한 물건이나 소프트웨어, 전자적 정보를 개인들의 자유의사에 의해 거래하는 것은 자유이다.

따라서 암호자산에 대하여 아무런 법률적 제한이 없다면 이를 거래하는 것은 자유이고, 이러한 거래를 활성화하기 위하여 거래소를 만드는 것 역시 자유이다.

그러한 이유로 암호자산 거래소는 많은 나라에 설립되어 영업을 하고 있다. 그러나 암호자산은 그 성질에 따라 투자성이 있는 것도 있고, 성질상 투자성이 없는 것이라고 하더라도, 암호자산이 생성되는 네트워크의 확장에 따라 자산가치가 상승할 것으로 판단한 수많은 사람들의 수요에 의해 가격이 폭등하기도 하였다.

암호자산 거래소에서 가격이 심하게 등락한다는 것 하나만으로도 투기적인 수요가 많이 발생하였고, 거래소에서 차익을 얻기 위한 목적으로 시세조작, 미공개정보이용 등 불공정거래가 많이 발생하였다. 이러한 거래소를 규제하기 위하여 최소한의 원칙을 준수하도록 거래소 등록제, 거래소 허가제, 거래소 인가제 등을 법률로 제정한 국가도 있고, 암호자산에 대한 거래소를 인정하지 않은 상태로 아무런 제도화를 하지 않은 나라도 있다.

그러나 2019년 국제 자금세탁방지기구(FATF)에서 암호자산과 암호자산 취급업자에 대한 권고사항을 제정하였고, 암호자산 거래소 역시 암호자산 취급업자로서 자금세탁 방지의무를 지는 등 암호자산 거래소에 대한 국제적인 기준이 설정되고 있다.

암호자산 거래소는 앞에서 본 증권거래소와 같이 어떤 상품에 대한 거래소가 가져야 할 기능을 유지하여야 한다. 그 기능을 갖추지 못한 거래소는 등록을 거절하거나 라이센스를 부여하지 말아야 한다. 그에 따라 미국 뉴욕주, 일본, 싱가포르, 홍콩, 호주, 프랑스, 영국 등이 라이센스 제도를 이용하여 암호자산 거래소를 육성하고 투자자를 보호하려고 하는 반면, 우리나라의 경우 아무런 법적 제도가 없는 상태에서 거래소가 설립되고 거래소에서 자신의 기준에 따라 암호자산을 상장하여 유저들이 거래할 수 있도록 하고 있어 투자자 보호를 위한 기본적인 물적, 인적설비가 미비한 거래소도 많이 존재하고 있다.

암호자산 거래소를 최소한의 비용으로 가치 있는 정보를 다른 가치 있는 정보로 바꿀 수 있는 플랫폼으로의 전환을 위한 로드맵

암호자산 거래소는 블록체인 네트워크가 주식회사와 달리 가치 있는 정보생산, 가공, 유통, 소비 조직으로 설립되어 운영될 수 있도록 하는 데 반드시 필요한 사회적 기술이다

암호자산이 진정한 자산이 되기 위해서는 암호자산의 처분권자가 블록체인 네트워크 내에서 투명하고 신뢰성 있는 장부에 의해 권리가 보장되어야 한다. 이는 비트코인이 이미 달성한 바 있다.

암호자산은 그 속성이 디지털 정보로 이루어져 있으므로 비트코인 혁신이 이루어지기 이전에 암호자산은 개인들이 서비스로 이용할 수 있었을 뿐 노드와 노드, 네트워크의 유저들 사이에서 거래의 대상이 되기가 어려웠다. 디지털 음원이나 디지털 영상을 법정통화로 구매하여 서비스를 이용할 수 있었을 뿐 디지털 음원이나 영상을 구매하였다고 하여 이를 대가를 받고 다른 개인에게 처분할 수 없는 것과 동일하다. 그 이유는 디지털 정보의 경우에는 복제해서 이전하더라도 여전히 정보를 양도한 사람도 디지털 정보를 그대로 이용할 수 있었기 때문에 디지털 정보를 거래의 대상으로 하기 위해서는 복제를 방지하는 기술이 별도로 필요하였기 때문이다. 디지털 정보는 복제비

용이 없고 전송비용도 미미하였기 때문에 노드와 노드 사이의 디지털 정보이동은 P2P기술의 발달과 함께 엄청나게 확장되었다. 냅스터, 소리바다, 토렌트 등은 저작권 규제에도 불구하고 전 세계 개인들 사이에서 엄청나게 유행하였다. 이제 인류는 어떠한 네트워크를 선택하느냐에 따라 대가 없이 정보를 공유하는 네트워크를 만들 수도 있고, 개인이 생산한 정보에 대해서 합당한 가격을 지불하고 그 정보에 대한 어떤 권리를 이전받을 수 있는 네트워크를 만들 수도 있다.

많은 자본이 투여된 영화와 같은 디지털 정보의 경우에도 엄청나게 많은 유저가 참여한 디지털 네트워크가 존재함으로써 충분히 낮은 가격으로 정보의 가격을 책정하더라도 수익을 낼 수 있게 되었다.

가치 있는 정보란 결국 네트워크에서 원하는 정보이다. 정보는 관계이고, 다양한 특징을 가지고 있기 때문에 복잡계인 사회가 원하는 정보는 한 개인에 대한 정보가 아니라 대부분 어느 시간, 어느 공간에서 패턴을 발견하여 사회의 시스템을 보다 효율적으로 만들 수 있는 정보의 꾸러미, 즉 '빅데이터'인 경우가 많다.

물론 개인 자체에 대한 정보(개인 식별을 위한 정보)도 중요하지만 그 개인에 대한 정보가 가장 중요한 사람은 그 개인 자신이고, 네트워크에서 그 개인에 대한 정보만을 원하는 경우는 범죄수사, 소송, 행정상의 이유 등 대부분 특수한 경우로서 법률을 통해 네트워크에 있는 모두에게 정보제공을 요청할 수 있는 경우들이 대부분이다.

법률로서 정보제공을 요청할 수 있는 정보의 경우 대부분의 네트워크 참여자들 개인에게는 정보의 가치가 없으므로 그 정보이용의 형태가 자산으로 발전하여 영리목적으로 이용되기는 어렵다. 많은 사람들의 행위나 선택에 대한 단순한 정보라 하더라도 그 정보의 숫자가 임계점을 넘을 정도로 많이 모이게 되면 그 속에서 사회의 자원을 최적화할 수 있는 가치 있는 정보가 생성되고 이러한 가치 있는 정보는 자산이 되고 자본으로 발전한다.

가치 있는 정보를 모으는 것은 다양한 방법으로 가능하고, 지금 많은 정보기업들이 네트워크 플랫폼을 만드는 것도 가치 있는 정보를 모으는 방법 중 하나이다. 그러나 앞에서 본 것처럼 주식회사가 운영하는 네트워크는 많은 문제점이 노정되어 새로운 형식으로 네트워크를 만드는 실험이 지속되고 있다.

이 실험이 곧 '블록체이니즘'이라고 할 수 있다. 이러한 '블록체이니즘'은 미래의 네트워크정보사회를 견인하는 이념이고, 네트워크정보사회로의 진화는 곧 새로운 부의 창출이라고 할 수 있다.

어떻게 새로운 네트워크정보사회로 다른 사회보다 빠르게 진입하는가에 따라 앞으로 수십 년 동안 한 사회의 부가 결정될 것이다. 이러한 사회로의 진입을 위한 사회적 기술이 정보를 암호자산으로 만드는 기술이고, 이러한 정보를 암호자산으로 만드는 조직이 블록체인 네트워크이다.

그렇다면, 블록체인 네트워크를 많이 만들고 사회의 구성원들이 다층적 블록체인 네트워크에 참여하여 디지털 정보를 생산하고 소비하도록 하려면 암호자산을 거래할 수 있는 거래소가 필요하다. 암호자산 거래소에서의 부의 이동을 공정한 룰을 통하여 할 수 있도록 하는 제도가 시급하다.

암호자산 거래소는 주식이나 채권거래소와는 성질이 다르므로 조금씩 다른 거래소와의 경쟁을 통해서 실험을 할 수 있는 사회적 기반을 만들어야 한다.

암호자산은 그 가치를 평가할 툴이 필요하고, 그 가치대로 거래될 수 있는 제도가 필요하다

암호자산이 어느 정도의 가치를 가지는지 알 수 있어야 암호자산이 그 잠재력을 충분히 발휘할 수 있게 된다. 지금 현재로서는 암호자산의 가치는 거래소에서 얼마의 법정화폐로 구매할 수 있는가로 정해지고 있다고 생각된다.

그러나 거래소의 가격은 암호자산이 생성되는 네트워크의 가치에만 비례하는 것이 아니라 주가 조작, 조작된 뉴스, 암호자산 광고 마케팅 등 다양한 요소에 따라 들쭉날쭉하게 변동하고 있다. 문제는 주식시장이나 채권시장 등과 달리 암호자산시장은 전문 투자자가 아닌 일반 대중이 투자함에도 주가조작이나 허위 뉴스 등을 걸러낼 시스템이 부재하는 것이다.

미래는 정해져 있지 않음은 분명하다. 그렇기에 미래에 어떤 디지털 네트워크가 부상할 것인지 알 수 없다. 다만, 시간이 흐르면서 확률이 변화할 뿐이다. 주식시장과 마찬가지로 어떤 암호화폐 혹은 암호자산이 집단적 흥분이나 광기에 의해 엄청난 투기의 대상이 되지 않도록 하는 브레이크 장치가 있어야 암호자산 시장이 죽지 않고 전체적인 생태계가 살아날 수 있다.

물론 누군가 네트워크의 가치를 평가할 방법을 고안해내고 그 평가방법을 네트워크가 인정하는 날이 오기는 올 것이다. 이 방법은 모두에게 동일하게 인정되는 수학적인 방법론이 아니라 여러 다양한 방법론 중의 하나로 사람들에게 채택될 것이다.

지금 주식시장에서 주식에 대한 가치평가방법이 투자자마다 다르지만 가치투자방법이 없다고는 볼 수 없는 것처럼 암호자산도 다양한 다른 가치 있는 물건, 서비스, 조직과의 비교를 통해 그 가치를 평가할 수 있고 그러한 평가 툴이 출현할 것이다.

네트워크는 그 노드의 숫자에 따라 네트워크 효과가 나타나기 때문에 노드의 수가 빠르게 늘어날 것인지, 쉽게 늘지 않을 것인지에 대한 판단이 네트워크의 가치평가에 중요하다. 그러나 아직 노드의 수가 많지 않은 어떠한 네트워크에 새로운 사람들이 얼마나 참여할 것인지는 쉽게 알 수 없다. 한 개인의 마음은 알 수 없지만 수많은 사람들의 마음은 오히려 알 수 있다. 여기서 다시 빅데이터와 인공지능 기술이 등장한다. 오바마 미국 전 대통령이 인공지능과 빅데이터 기술을 이용한 선거전략으로 대통령에 당선되었다는 이야기는 유명하다.* 한 명, 한 명의 마음은 알기 어렵지만 어느 숫자 이상 모인 사람들의 마음은 오히려 알 수 있는 것이다.

---

* 데이터 마이닝은 분명 정치학을 바꾸고 있었고 오바마는 이를 활용해 잠재적 지지자를 세밀하게 타깃팅하는 데 성공했다. 그들의 캠페인은 모든 개인의 모든 정보는 측정될 수 있으며, 모든 측정 된 정보는 예측 분석에 활용될 수 있다는 가정 아래에서 단순히 유권자를 찾아내는 것이 아닌 어떤 유권자가 어떤 형태와 내용의 메시지에 관심을 가지고 설득될 것인지를 예측하며 진행되었다. 오바마 캠프는 유권자들에 대한 정보를 일원화된 자원 봉사자 시스템으로 구성했고 설득 가능성에 기초해 그 목록을 신중하게 분석하고 정렬했다. 이 시스템에는 개인의 성별이나 나이, 주소, 투표 기록 등의 정보뿐 아니라 그들에 관련한 소비자 정보 역시 25% 포함되어 누가 온라인이나 우편으로 기부를 할 가능성이 있고 또 누가 자원 봉사에 참여할 의사가 있는지 등을 예측하는 데 활용될 수 있었다(http://www.ciokorea.com/news/14703, 2020. 2. 10. 접근).

비슷한 문제의 해결을 내건 많은 블록체인 프로젝트 중 어떤 프로젝트의 네트워크가 다른 경쟁 네트워크 대신 사람들의 선택을 받을 것인지 컴퓨팅 기술의 도움을 받아 수많은 다양한 요소를 종합적으로 검토하여 네트워크의 가치 비교를 할 가능성도 있다.

사람들의 가치평가가 군중심리에 휩싸여 투기로 흐르지 않도록 암호자산 거래소에서 가치평가 이외의 시세조작행위를 금지하는 것이 필요하다. 먼저 무엇을 연구해야 할까? 금융투기의 역사와 금융투기로 인한 위험과 가능성을 연구해야 한다. 주식시장은 다른 시장과 달리 매도인과 매수인이 누구인지 모르는 상태에서도 즉각적인 거래가 보장되도록 시스템을 만들었고, 그로 인하여 투기를 일으키기 더 쉽게 되어 수 없이 많은 투기가 이루어져 왔다. 투기는 새로운 산업을 흥하게 하기도 하고, 반면 집단적 흥분에 휩싸인 개인들의 부를 한순간에 날려버리기도 하였다.

주식시장에서 투기를 방지하고, 실물인 회사와 주식가격과의 상관관계를 밀접하게 하고자 하는 노력은 여러 가지 법과 제도를 만들어 내었다. 코인, 토큰은 분명 주식과는 다르지만 코인, 토큰이 사용되는 네트워크의 확장에 따라 그 가치가 증가하게 되는 것 역시 분명하다.

암호자산 거래소에서 어떤 코인이나 토큰이 새로운 기술적 진보를 통해 보다 확실하고, 빠르며, 안정적인 디지털 네트워크를 구축하였다는 소식에 따라 해당 네트워크의 암호자산 가격이 상승하는 것은 합리적이다. 그러나 그 소식이 객관적인 정보전달자를 통해 시장에 전달되는 것이 아니라 암호자산 가격 등락에 따라 이익과 손해를 보는 정보전달자가 의도를 가지고 시장에 정보를 전달하는 경우는 관리·감독의 대상이 되어야 할 것이다.

블록체인 네트워크라고 하더라도 국가의 사법부에 해당하는 독립적 기관이 필요한 것은 이러한 이유 때문이다. 네트워크의 비유로 많이 드는 국가가 입법, 사법, 행정의 3권을 분리하여 서로 견제하도록 하였고, 이러한 분리·견제의 원리 자체는 아직 문제가 있다고 여겨지지는 않는다.

오히려 삼권분립을 통한 견제와 균형이 제대로 작동되지 않는다는 비판이 많다.

암호자산 거래소가 거래소 운영에 대한 알고리즘을 계속해서 진화시켜 스스로 네트워크의 노드들이 납득할 수 있는 수준의 관리·감독 체계를 만들지 않는다고 한다면, 지금 오프라인 네트워크라고 할 수 있는 국가(혹은 국제기구에서의 암호화폐, 암호자산 거래소 운영 등 가이드라인이 실질적인 규제기준으로 작동할 수도 있을 것이다)에서 법률로 암호자산 거래소의 기준을 만들 수밖에 없다.

이러한 이유로 미국의 뉴욕 주, 일본, 홍콩, 싱가포르 같은 보다 암호자산에 친화적인 국가들이 암호자산 거래소의 인가제, 등록제, 신고제 등을 통해 기본적인 기준을 통과하여야 암호자산을 합법적으로 거래할 수 있도록 하고 있는 것이다.

암호자산 상장기준, 암호자산 거래소 기준을 국내 법률로 규율이 가능할 것인가, 암호자산의 허브는 어떤 조건하에서 탄생할 수 있을까
암호자산 상장기준을 어느 하나의 국가에서 법률로 규정한다고 하여 과연 효과가 있을까? 일반 대중들은 바쁘다. 주식시장처럼 일반 공모시장에 상장되어 있는 증권에 대해 그 실물이라고 할 수 있는 회사의 역사, 회사의 미래 등에 대해 자세히 살펴보고 투자하는 사람은 많지 않다. 주식을 상장할 때 증권거래소에서 규정한 기본적인 상장기준을 충족하였는지를 감독하고, 공모가 역시 합리적으로 결정되었을 것이라는 기대를 할 수 있도록 공모가 산정과 관련한 제도가 정비되어 있기 때문일 수도 있다.

투자자 보호에 강력한 암호자산 상장기준을 암호자산 거래소가 준수하도록 법률로 강제한다면 블록체인 네트워크는 어느 정도 네트워크가 구축되어 자립될 때까지 거래소에 상장하기가 매우 힘들 것이다.

또한 대부분의 블록체인 프로젝트팀은 쉽게 상장을 시켜 거래할 수 있도록 한 국외의 거래소에 상장을 하고 강력한 상장기준을 가진 거래소에는 상장을 하지 않으려고 할 것이다. 물론 투자자 보호에 강력한 상장기준을 가진 거래소가 기관투자자가 큰 자금을 가진 투자자들에게 신뢰를 얻을 수도 있을 것이지만 역사적으로 보면 투자자 보호에 강력할수록 맑은 물에는 고기가 모이지 않는다는 말처럼 투자자들은 모이지 않는다.

그러므로, 투자자 보호와 자금조달 기능을 적절히 달성할 수 있도록 암호자산 거래소에 대한 규제는 유연하게 만들어야 한다. 무엇보다 하루가 다르게 암호자산생태계가 새로이 변화하고 있으므로 규정이 유연해야 하는 것이 중요하다. 만들고 개정하는 것이 매우 힘든 법률보다 행정부의 시행령이 낫고, 행정부의 시행령보다 오히려 감독기관의 가이드라인이 더 나을 수 있다.

국제적으로 수많은 암호자산 거래소가 암호자산에서의 구글, 아마존, 페이스북, 이베이가 되기 위해 서로 경쟁하고 있다. 네이버의 자회사인 일본의 라인이 암호자산 거래소를 운영하고 있고, 카카오가 암호자산 거래소에 투자하는 것은 정보기업의 필연적인 발전 수순을 따라가는 것이다.

한 국가가 자국의 암호자산 거래소에 대해 높은 기준을 요구한다면, 해당 국가의 암호자산 거래소는 결국 소멸할 것이다.

암호자산 거래소에 대해서도 국제적인 가이드라인이 곧 만들어질 것이다. 국제적인 기준이 많이 생길 수밖에 없는 것 역시 '블록체이니즘'이 가져오는 하나의 현상이라고 볼 수 있다.

디지털 네트워크에서는 국적을 초월하여 다양한 노드가 새로이 거버넌스를 만들고 가치를 거래하는 시장을 만들고자 하기 때문에 전통적인 국제기구는 디지털 네트워크의 기준에 대해서 연구하고 그 설립, 운영에 대해 여러 가지 목소리를 내게 될 것이다.

암호자산 거래소가 인터넷 기반으로 국경을 쉽게 넘을 수 있게 되면서 한 국가의 법률로 암호자산 거래소를 세세하게 규정하는 것은 그 효과를 달성하기 어려울 것이다. 시장의 기대에 따라 유연하게 제도를 바꿀 수 있어야 하고 다른 나라에 소재한 암호자산 거래소와도 계속적으로 경쟁을 해야 하기 때문이다. 세계의 주식거래소 특히 유럽의 증권거래소의 경쟁의 역사를 살펴보면 시장의 요구에 부응하지 못한 거래소는 결국 뒤처질 수밖에 없었음을 잘 알 수 있다.

암호화폐, 암호자산의 허브가 되려면 다양한 조건이 충족되어야 하겠지만 순서상으로는 먼저 암호화폐, 암호자산이 사용되는 블록체인 네트워크가 많이 실험될 수 있어야 한다. 그러기 위해서는 먼저 네트워크를 만들기 위한 자본조달이 쉬워야 한다. 투자자 보호는 사실 그 다음 수순에 필요하다. 자본조달이 안 되어 네트워크를 설립할 자금마련이 어려우면 생태계 자체가 조성이 되기 어렵다. 혁신적 기술의 도입 초기에 투기가 발생하여 많은 투자자들이 투자금을 회수하지 못했던 것은 어떻게 보면 꼭 필요한 단계를 거치는 것이었을 수도 있다.

무엇보다 상장 이전 거래와 관련한 광고 기준, 거래소 상장 기준, 거래소에서의 규제 등이 투명하게 공표되어야 하고, 일부 참여자들의 암호자산 시세조작 등이 없다는 신뢰를 보장할 시스템이 있어야 한다.

이러한 기준은 암호자산 거래소에서 자발적으로 만들어 준수할 수도 있지만, 제3의 공정기관이 감사하여 기준 충족 여부를 공표하는 것도 시장참여자들에게 도움이 되는 일이다.

탈중앙화 암호자산 거래소(Decentralized Exchange, DEX)*의 가능성

지금 FATF에서 암호자산(FATF 규정상 가상자산, Vitual asset) 거래소에 대해 준수를 요청하는 자금세탁방지의무나 암호자산 거래소에

• 덱스(DEX, Decentralized Exchange) 또는 탈중앙화 거래소란 서버-클라이언트 방식의 중앙화된 거래소와 달리, 피투피(P2P) 방식으로 운영되는 탈중앙화된 분산형 암호화폐 거래소를 말한다. 탈중앙화 분산형 거래소 또는 간략히 분산 거래소라고도 한다. 탈중앙화 분산 거래소가 작동하기 위해서는 아토믹스왑(atomic swap) 기능을 구현해야 한다. 아토믹스왑이란 중앙화된 암호화폐 거래소를 거치지 않고, 서로 다른 코인을 직접 교환하는 것을 말한다(http://wiki.hash.kr/index.php/덱스, 2020. 3. 9. 접근).

암호자산을 소유하고 있는 채무자에 대한 채권자들의 강제집행은 모두 암호자산과 관련한 거래내역, 신원 등 정보가 거래소에 존재하는 것을 전제로 한다.

그런데 전통적인 은행과는 다르게, 거래정보를 중앙에서 관리하지 않고 블록체인 네트워크에 저장하는 방식의 탈중앙화 거래소(Decentralized Exchange, DEX)에 대한 논의도 대두되고 있다. 모든 거래가 블록체인에서 이루어져 투명하게 운영되고, 해당 암호자산 취득자 개인 외에는 암호자산을 이동할 수 없으므로 해킹의 위험이나 거래안전성 제고에 도움이 된다는 것이 탈중앙화 거래소의 장점으로 꼽히고 있다.

탈중앙화 거래소는 중앙이 없어 자금세탁방지를 위한 필수적인 신원확인절차를 강제할 조직이 없다. 따라서 법률에 따른 강제집행을 받아들일 주체도 없고, 자금세탁방지의무를 부담하는 주체도 이론상 해당 개인들 외에는 존재하지 않는다.

중앙집중식 암호자산 거래소는 블록체인기반이 아니라 거래소 서버의 데이터베이스에 의해 거래되므로 거래소가 자의적으로 입출금을 통제할 수 있다. 따라서 자금세탁문제나 강제집행문제는 중앙집중식 암호자산 거래소를 통해 문제를 해결할 수 있지만, 해킹이나 암호자산 거래소의 불공정행위를 막기 어려운 점이 있다.

탈중앙화 거래소의 경우 블록체인기반으로 이루어지므로 해킹에도 보다 안전하고, 익명성도 보장된다는 장점이 있지만 현재로서는 블록체인기술의 한계로 거래속도 등의 문제가 여전히 상존하고 있을 뿐 아니라 자금세탁 문제, 범죄자금 은닉 문제, 강제집행의 문제 등 네트워크가 노드의 신원정보를 필요로 할 경우의 해결책이 부재한다는 점이 문제가 된다.

사이버펑크의 경우 완전한 익명성을 꿈꾸기도 하지만 개인정보라는 것은 인간이 태어나면서부터 가지는 것이 아니라 네트워크에서 부여한 것으로 네트워크에서 필요한 경우에는 익명화된 정보를 처리하여 익명성을 제거할 필요가 있다.

자금세탁이 가능한 탈중앙화 거래소는 국제적으로 허용되지 않을 것이라고 개인적으로 전망한다. 탈세를 위하여 현금거래를 원하는 사람들이 있다고 하더라도 대부분의 경우에는 법을 지키면서 경제활동을 하는 것처럼 국제적으로 자금세탁이 가능한 거래소를 이용하지 못하도록 규제를 한다면 탈중앙화 거래소를 이용한다는 사실에 대한 익명성 보장이 가능하다고 하더라도 대다수가 탈중앙화 거래소를 이용하리라고 생각하기는 어렵다. 오히려 현재도 지하금융이 있지만 전체 경제에서 차지하는 정도가 크지 않은 것처럼 필요한 경우 자금세탁과 관련한 정보 취득이 가능한 거래소가 주류를 이룰 것으로 생각한다.

9장

인공지능과 블록체인
Artificial Intelligence & Blockchain

BLOCK
CHAINISM

인공지능이나 컴퓨팅기술이
총량에서 부의 확산을 가져오는 기술이라고 한다면
'블록체이니즘'은 부를 분산시키면서 확산시키는 제도를 만드는 이념이다.

블록체인 네트워크에서의 오라클 문제

블록체인 네트워크는 정보가 네트워크에 있는 참여자들에게 투명하게 공개되도록 하고, 정보의 위·변조를 방지하여 정보가 자산이 될 수 있도록 하는 사회적 기술이다.

그러므로 현재 자산이라고 할 수 있는 예금, 채권, 주식, 부동산, 동산, 특허권, 저작권, 영업비밀 등도 블록체인 네트워크에 대응되는 정보를 올림으로써 새로운 추상화작업을 통해 해당 자산의 잠재력을 최적화할 수 있다. 이는 마치 우버나 에어비앤비의 출현으로 인해 목적지로 이동하는 차량의 남는 공간, 현재 주거하고 있는 집의 남는 시간 및 공간을 최적화하여 새롭게 가치를 창출할 수 있는 것과 같다. 새로운 물건을 제조하지 않고도 기존에 존재하고 있는 물건이나 시스템을 새롭게 변형시킴으로써 그 물건이나 시스템의 잠재력을 극대화할 수 있다.

현재의 자산 역시 국가가 권위를 부여한 장부를 통해 자산으로서의 실질을 가진다. 그 장부의 작성은 법률에 의해 국가나 국가가 위임한 단체에서 해당 업무를 담당하고 있는 것이 현실이다. 블록체인기술은 제3자가 장부의 작성을 담당하면서 신뢰를 부여하지 않고도 디지털 네트워크의 참여자들이 네트워크의 기술적 속성으로 인해 장부의 위·변조가 없었음을 알 수 있는 기술이다. 따라서 이론적으로는 아직 법률에 의해 자산으로의 지위를 가지지 못한 자산도 디지털 네트워크에 참여한 노드들의 합의에 따른 알고리즘만으로도 자산으로서의 실질을 가지도록 할 수 있고, 소유권이나 다른 권리도 창안하여 이를 자산으로 기능하도록 할 수 있다.

그런데 문제는 우리가 눈으로 보고, 손으로 만지고, 들을 수 있는 실물에 대한 정보를 온전히 그대로 네트워크에 올릴 수는 없다는 것이다. 우리의 눈으로 오는 정보도 사실은 전체 시각 정보의 10%에 불과하다는 사실은 과학적으로 알려져 있다. 실물의 중요한 특징 역시 네트워크가 정해주는 것이어서 시간과 공간에 따라 그 특징도 변하기 마련이다. 실물의 어떤 특징을 뽑아 블록체인 네트워크에 등재할 때 누가, 어떤 형식으로 할 것인가가 블록체인을 이용한 자산이동에 있어 중요한 문제로 등장하게 된다. 이것이 소위 블록체인에서의 오라클* 문제이다. 블록체인에서의 오라클은 현실세계의 정보를 블

---

* 오라클 문제의 사례를 예시해 본다.
 A 후보가 당선되었기 때문에 A 후보는 C에게 코인을 지급했다. 그러나 해당 데이터를 입력하는 사람이 고의 또는 부주의로 B 후보가 승리했다고 잘못 입력하는 상황이 생길 수 있다. 그럼 스마트 계약 조건에 따라 엉뚱하게도 D에게 코인이 자동 지급되는 문제가 발생한다.

록체인 안(on chain)으로 가져오는 것을 의미한다. 네트워크에 참여하고 있는 개인들이 이익을 위해 정보를 왜곡하는 것을 방지하기 위한 확실한 방법은 아직 나타나지 않았다. 범죄를 완전히 없앨 수 있는 방법이 나오지 않은 것과도 같다.

오라클 문제를 해결하기 위해 제대로 된 정보인지를 네트워크의 소유자들이 투표하도록 하는 방법, 다양한 데이터 중 중윗값을 선택하는 방법, 현실세계와 블록체인 네트워크를 연결하면서 신뢰 있는 데이터를 제공하는 중간자를 두는 방법 등이 논의되고 있다. 현재로서는 블록체인에 올릴 때 인간의 개입을 최소화하는 방법으로 여러 가지를 생각할 수 있지만 인공지능 센서를 이용하여 인간의 개입 없이 정보를 블록체인 네트워크에 올리는 방법을 생각할 수 있다.

문제는 블록체인이 A 후보, B 후보 중 누가 당선되었는지 어떻게 알 수 있는가이다. A가 C에게, B가 D에게 코인을 주는 것은 이미 블록체인에 기록되어 있으니 의심할 여지가 없지만, A가 당선되었다는 사실은 누군가가 입력해주지 않는다면 블록체인만으로는 해결하기 어려운 이슈이다. 만약 사람이 해당 사실을 입력해야 한다면 자동화의 의미도 사라질 뿐만 아니라 미들맨이 등장하게 되어 기존 시스템과 차이가 없고 미들맨이 사기를 칠 수 있는 여지가 생긴다. 여기서 외부 정보값을 입력하는 오라클에 대한 의문이 발생하는 것이다. 바로 정보의 신뢰성에 대한 의문이다. 만일, 블록체인에 기록한 내용이 잘못된 정보였다면 '오라클 문제'가 발생한 것이다. 따라서 블록체인에 기록된 데이터는 위·변조가 불가능하지만, 현실 세계의 데이터를 블록체인에 기록하는 과정에서 위·변조가 발생할 수 있다. 만약 자동차 사고가 발생하면 자동으로 보험금을 지급하는 스마트 계약이 있다고 가정해 보자. 자동차 사고가 실제로 발생했는지, 만약 사고가 발생했다면 언제 어디에서 발생했고, 피해는 어느 정도인지, 누가 사고의 가해자이고 누가 피해자인지 등의 내용을 블록체인 안에 입력해야 스마트 계약에 의해 자동으로 보험금이 지급된다. 그렇다면 과연 누가 이런 데이터를 입력할 자격이 있을지, 또한 입력된 데이터의 신뢰성은 누구에 의해 보장될 수 있을지 하는 문제가 발생한다. 블록체인 시스템에서는 권위 있는 중앙이 존재하지 않고, 블록체인 네트워크에 참여하는 각 노드들이 평등하게 의사 결정 과정에 참여하기 때문에 이런 문제를 해결하려면 상당히 복잡한 의사 결정 구조가 필요하다. 만약 현실 세계에서 자동차 사고가 발생했고 보험회사가 있다면, 보험 가입자와 보험회사가 서로 협의하여 처리하면 된다. 하지만 블록체인은 탈중앙 분산화 시스템이기 때문에, 권위를 가진 신뢰할 수 있는 의사 결정 기구가 존재하지 않는다(http://wiki.hash.kr/index.php/오라클, 2020. 2. 10. 접근).

인공지능은 노드가 될 수 있는가

과연 인공지능이 인간이 노드로 참여하고 있는 블록체인 네트워크에서 노드가 될 수 있는가? 인공지능이 어떠한 정보를 네트워크에 올릴 수 있다는 것과 노드가 될 수 있는 것은 다른 문제이다. 인공지능은 마치 엑셀의 진화버전과 같다. 인간이 노드로 참여한 네트워크에 있어 네트워크의 운영에 대한 투표권을 인공지능에게 부여하는 것이 가능한지에 대해서는 더 고민해 보아야 할 문제이다.

블록체인은 체인에 올려진 정보에 대해서는 신뢰를 보장한다. 사물인터넷의 시대가 도래한다면 인간이 없는 블록체인 네트워크도 가능하다. 블록체인 네트워크란 신뢰 있는 정보를 블록에 올림으로써 정보의 투명함과 신뢰성을 갖추도록 하는 것이므로 기계 간 네트워크가 블록체인 네트워크인 경우 신뢰성 검증을 위하여 다른 작업을 할 필요 없이 빠르게 기계 간 소통과 거래를 할 수 있다.

그렇다면, 기계가 블록체인 네트워크에서 노드가 되지 못할 이유는 없고, 다만 인간이 노드로 참여한 블록체인 네트워크의 운영 거버넌스에서만 인간이 별도로 기계를 이용하여 권한을 확장하지 못하도록 제한을 두면 좋을 것이다.

인공지능은 블록체인과 어떻게 결합할 것인가

인공지능기술이나 블록체인기술 모두 인간이 세계를 인식하면서 받아들인 정보를 컴퓨터가 인식할 수 있는 정보로 바꿀 수 있게 되면서 새로이 각광을 받게 된 기술이다. 인공지능기술이 인간이 지능을 가지고 하던 정보를 생산·가공하는 업무를 컴퓨터를 이용하여 더 빠르고 정확하게 할 수 있도록 하는 기술이라고 한다면, 블록체인기술은 정보에 신뢰를 부여하여 정보를 자산으로 만들 수 있는 사회적 기술이다. 이 두 기술이 합쳐지게 되면 인류는 현재로서는 상상 못할 정도의 문명의 도약이 가능하게 될 것이다.

앞서 본 것처럼 블록체인은 그 본질이 네트워크이고, 네트워크의 노드들 사이의 관계를 정보라고 본다면 네트워크를 확장시켜 네트워크의 효과를 극대화하고, 네트워크에서 생산하는 가치를 더욱 크게 하려면 노드들 사이의 관계(transaction), 즉 정보가 엄청나게 많아져야 하고, 그 엄청나게 많아진 정보를 빠르게 정리, 가공할 수 있는 능력이 필요하다.

정보를 포착하여 유통하는 블록체인 네트워크가 만들어졌다고 하더라도 해당 네트워크에서의 노드가 정보처리능력이 없다면 정보가 더 나은 가치 있는 정보, 혹은 지식을 생산하는 데 기여할 수 없다. 결국 블록체인 네트워크에 가치 있는 정보가 생산되려면 각 노드의 정보처리능력이 제고되어야 한다. 그리고 네트워크 안에서 정보를 해체, 융합, 가공하는 업무를 수행하는 조직이 많이 등장하여 개인들을 도와주는 것이 필요하다. 이를 위해서 블록체인 네트워크의 노드가 가치 있는 정보를 네트워크에 공유했을 때 그 가치를 제대로 파악할 수 있는 알고리즘이 블록체인 네트워크에 탑재되어야 한다.

수많은 정보를 개인이 처리할 수 있으려면 인공지능의 도움이 필요하다. 이러한 인공지능기술의 발전은 블록체인 네트워크에 참여하고 있는 노드들의 정보처리 및 가공능력을 증대시키는 것은 분명하다. 네트워크의 노드가 증대된 정보처리능력을 이용하여 가치 있는 정보를 네트워크에 공유하도록 하기 위해서는 블록체인 네트워크의 지속적인 업그레이드와 어떠한 형식으로든 가치 있는 정보를 네트워크에 공유한 노드에 대한 보상 알고리즘의 지속적인 개선이 요구된다.

컴퓨팅 능력은 계속해서 발전하고 있다. 사회는 무엇을 위해 지속적인 컴퓨팅 능력의 진보를 요구하고 있을까? 인간은 항상 새로운 문제에 대한 의문을 가지고 있고 그 의문을 풀기 위해 노력한다. 예전에 풀기 어려웠던 문제들도 새로운 과학적 접근과 컴퓨팅 기술을 종합하여 해답을 찾고 있다. 문제해결을 위한 노력은 컴퓨팅기술과 인공지능기술을 지속적으로 발전시키는 동력이다. 컴퓨팅기술과 인공지능기술의 발전은 블록체인 네트워크의 네트워크 능력에도 영향을 미치게 된다.

인간의 오감으로 측정되는 정보 외에도 기술의 발전은 세계에 대한 다른 정보를 인류에게 알려준다. 어찌 보면 세계에 대한 정보는 곧 나와 세계와의 관계이므로 디지털 네트워크가 확산되고 중첩되면서 내가 생산하는 디지털 정보 역시 계속 증가하게 된다. 현대 이론물리학은 이를 정보우주라고 부르기도 한다. 정보우주는 계속 팽창하고 있다. 이러한 팽창하는 정보우주는 세계에서 동일하게 확장되는 것이 아니라 각 사회별로 불규칙하게 확장하고 있고, 그 확장하는 만큼 부는 사회에 축적된다.

어떤 제도를 사회가 채택하는가에 따라 정보우주의 확장으로 인한 부가 집중되기도 하고 분산되기도 할 것이다.

인공지능이나 컴퓨팅기술이 총량에서 부의 확산을 가져오는 기술이라고 한다면 '블록체이니즘'은 부를 분산시키면서 확산시키는 제도를 만드는 이념이다.

엄청난 컴퓨팅 능력을 가진 개인과 블록체인 네트워크의 발전

개인이 가지는 컴퓨팅 능력은 한계를 모르고 진보하고 있다. 미래에 개인이 어느 정도의 컴퓨팅 능력을 가지게 될 것인지 알 수 없다. 지금도 많은 컴퓨팅 파워가 필요한 인공지능을 구현할 수 있는 슈퍼컴퓨터도 원격으로 접근하여 사용할 수 있다. 현재 각광을 받고 있는 인공지능기술인 딥러닝Deep learning기술은 수많은 데이터, 소위 빅데이터에서 경험적으로 가장 좋은 효과를 가져오는 솔루션을 찾아낸다. 지금까지 인류가 분석하기 어려웠던 여러 복잡한 사회나 시장, 자연생태계도 이를 통해 지금까지보다 나은 분석을 해낼 수 있게 되었다. 사람이 필기체로 쓴 단어도 분석하여 사람보다 훨씬 빨리 우편물에 기재된 주소지를 분석하여 자동으로 우편물을 분류할수 있게 된 것도 인공지능기술의 발달로 인한 것이다. 이러한 장점으로 인공지능 컴퓨팅 인프라는 세계적으로 큰 수요가 있다. 현재로서는 이러한 인공지능 컴퓨팅을 위해서는 많은 컴퓨팅 파워를 필요로 한다. 하지만 곧 개인이 인공지능 컴퓨팅 인프라에 접속하여 인공지능에 필요할 정도의 컴퓨팅 파워를 사용할 수 있게 될 것이다.

개인의 능력은 지금까지 우리가 상상하는 것 이상으로 극대화될 것이다. 그렇다면 미래에 엄청난 컴퓨팅 능력을 소지하게 된 개인은 무엇을 위하여 자신의 컴퓨팅 능력을 사용하여 정보를 생산할 것인가 하는 의문이 생기게 된다. 개인이 어떤 블록체인 네트워크에 속해 있는지가 중요하다. 개인들은 자신이 속한 블록체인 네트워크의 의미망에서 중요한 가치가 있는 정보를 생산하기 위해 노력하게 될 것이다. 이러한 가치가 있는 정보에 대하여 네트워크는 돈이든, 명예이든 어떤 형식으로든 보상을 하기 때문이다.

블록체인 네트워크에서의 노드들이 자유롭고 창의적으로 많은 가치 있는 정보를 생산하도록 하기 위해서는 블록체인 네트워크의 운영 시스템도 계속해서 업그레이드되어야 하는 것은 분명하고 그 개선을 누가 담당하고 어떻게 실행하는가 하는 문제는 여전히 블록체인 네트워크의 숙제로 남는다. 어느 블록체인 네트워크에서 컴퓨팅 능력을 사용하여 정보를 생산할 것인가는 노드의 선택에 달려있고, 수많은 블록체인 네트워크들, 디지털 네트워크들이 선택을 받기 위해 경쟁하고 있다.

개인의 컴퓨팅 능력의 확장과 블록체인 네트워크의 진화는 나선형으로 서로가 서로를 자극하면서 이루어질 것이다.

10장

'블록체이니즘'과 법률, 제도의 관계
Blockchainism, Legal System & Social institution

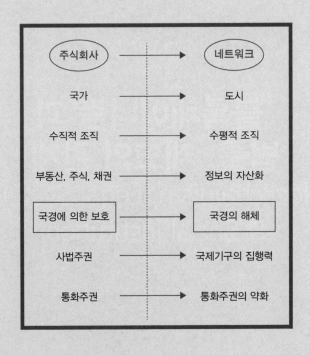

주식회사	→	네트워크
국가	→	도시
수직적 조직	→	수평적 조직
부동산, 주식, 채권	→	정보의 자산화
국경에 의한 보호	→	국경의 해체
사법주권	→	국제기구의 집행력
통화주권	→	통화주권의 약화

———

아무리 법률과 제도가 정비되어 있다고 하더라도,
인간의 가장 중요한 정보에 대해 스스로 관리, 통제할 수 없다고 한다면
인간은 근원적인 안정감을 느끼지 못할 것이다.

'블록체이니즘'과 법률, 제도의 관계
(Blockchainism, Legal System & Social institution)

'블록체이니즘'과 현행 법률 및 제도의 충돌

블록체인이라는 이름하에 등장한 여러 현상은 이미 지구상에 구축되어 있는 지금의 사회체계와 충돌하고 있다. 그리고 이 충돌은 어느 국가에 한정된 것이 아니라 전 세계적인 현상이다. 또한 기존의 법률이 블록체인과 관련한 여러 부분에 많은 규제를 하고 있음에도 쉽게 사그라들지 않고 있다.

블록체인 네트워크와 관련된 법률 및 기존의 제도를 살펴본다. 블록체인 네트워크는 투자자로부터 투자를 받고, 대신 투자자에게 향후 만들어질 회사의 주식을 주거나 투자금과 이자를 합한 돈을 주겠다는 채권을 교부하는 등의 전통적인 방법으로 자본조달을 하지 않는다. 블록체인 네트워크는 디지털 네트워크를 만들 뿐 그 네트워크를 주식회사와 같이 지배하려고 하지 않는다. 블록체인 네트워크는 근로자를 고용해서 가치 있는 상품이나 서비스를 생산하도록 지시하는 회사가 아니다. 그럼에도 블록체인 네트워크가 임계점을 넘으면 네트워크에 참여한 노드들이 스스로 가치 있는 정보를 주식회사보다 더 많이 생산한다.

블록체인 네트워크의 건설을 위해 발행한 코인, 토큰의 성질이 무엇인지 아직 법률적으로 확정이 되지 않았음에도 블록체인 프로젝트의 코인, 토큰은 암호자산이라는 이름으로 암호자산 거래소에서 거래되고 있다. 암호자산 거래소에서 어떤 사람은 거래로 인한 수익을 내고, 어떤 사람은 손실을 보고 있는데 거래되는 코인, 토큰이 실제로 이용되는 가치에 따른 것이 아니어서 인터넷 카지노와 다를 바 없다고 느껴질 때도 많다.

전 세계의 수많은 암호자산 거래소에서 동일한 '어떤 것'(암호자산, 네트워크에서 권리가 보장되는 것으로 프로그래밍된 정보상품)이 24시간, 휴일도 없이 거래가 이루어지고 있다. 이제 전 세계의 개인들은 어느 암호자산 거래소의 계정에서 다른 암호자산 거래소의 계정으로, 암호자산 거래소 계정이 아닌 인터넷에 존재하는 자신만의 계정으로 구매한 정보 상품을 옮길 수 있다. 이는 기존 은행의 화폐이동네트워크와는 본질적으로 다른 네트워크이다. 국가나 행정기관은 전통적인 방식으로는 정보 상품의 거래이력을 알기 어렵다.

이러한 암호자산과 블록체인 네트워크의 특징 때문에 현행 법률과 저촉되는 부분이 많다. 단순히 한두 개의 법률이 문제되는 것이 아니라 대부분의 현행 법률과 조금씩 저촉이 된다. 가치를 만들어내는 조직을 규율하는 회사법과 개인 사이의 거래와 결제를 규율하는 계약법, 상법, 자본조달과 투자자 보호를 규율하는 자본시장법, 외국환거래를 규율하는 외국환거래법, 개인정보와 관련된 법률 등이 모두 문제가 된다.

'블록체이니즘'과 관련하여 암호자산이나 블록체인 네트워크를 법제도적으로 어떻게 다루어야 하는가 하는 문제에 대해 아직 충분한 연구와 실험이 되지 않았기 때문에 어떤 결론을 내릴 수는 없다. 다만, 문제되는 법률의 규제목적이 기술적 발전으로 인하여 이미 필요가 없게 되는 경우도 있고, 외국환거래법과 같이 규제의 필요성은 있지만 미래 네트워크정보사회로의 진입에 방해되는 경우도 있다.

킥스타터(kickstarter.com), 인디고고(indiegogo.com), 펀딩포유(funding4u.co.kr), 텀블벅(tumblbug.com), 와디즈(wadiz.kr), 크라우디(ycrowdy.com) 등과 같은 크라우드펀딩 플랫폼은 대중투자의 새 지평을 열었지만 국가적 제약이 있어 전 세계를 대상으로 그 외연을 넓히려는 요구가 계속되고 있었다. 크라우드펀딩 플랫폼의 입장에서 ICO의 등장은 당연한 진화의 결과물이었다.

주식회사의 자금조달은 처음에는 몇몇 모험적인 투자자로부터 이루어졌다. 그러나 모험적인 투자자를 찾는 탐색비용이 크고, 실패했을 경우의 안전망이 없어 점차 은행을 통한 자본차입으로 바뀌게 되었다. 은행은 그 성격상 모험적인 투자를 꺼리게 되어 혁신적인 회사에 투자하고 그 과실을 취득하는 제도로서는 잘 기능하지 않았다. 모험적인 투자는 벤처캐피탈과 같은 펀드에서 담당하게 되었고, 이러한 벤처캐피탈 생태계가 잘 되어 있는 곳이 바로 실리콘밸리이다.

그러나 벤처캐피탈 제도 역시 대중이 원하는 가치창출조직을 만드는 제도로서는 한계가 있다. 페이스북이나 구글, 아마존에 초기 투자한 벤처캐피탈과 그 벤처캐피탈에 자금을 투자한 사람들은 큰돈을 벌었지만 그 기회가 대중에게 열려있는 것은 아니었다. 그리고 인터넷 세계의 대중들은 반드시 투자를 통해 투자수익을 올리려는 니즈만 있는 것이 아니라 자신이 원하는 제품과 서비스를 실현하고 싶은 욕구가 있다.

혼자서는 어려운 일도 인력과 자본이 결합되면 실현가능하다. 인터넷은 자신과 같은 욕구를 가지고 어느 정도의 금원도 투자할 만한 사람들, 그리고 자신과 같이 시간을 들여 원하는 상품이나 서비스를 구현해 줄 사람들을 탐색하고 연결해 줄 수 있다.

이러한 욕구를 반영한 것이 바로 크라우드펀딩 플랫폼이고, 이는 기존의 벤처캐피탈을 혁신한 것이라고 할 수 있다. 아직은 충분한 유저가 활동하는 네트워크로 성장하지 못해서 벤처캐피탈보다 더 나은 자본조달방식이라고 보기는 어려운 점이 있지만 시간이 지나면 크라우드펀딩 플랫폼 안에 벤처캐피탈과 같이 사업의 성공가능성과 투자가능성을 분석해주는 회사나 개인도 활동하게 될 것이라고 본다.

크라우드펀딩 플랫폼은 대부분 아직 만들어지지 않은 새로운 상품과 서비스를 제공하겠다고 하는 개인들이나 초기의 회사가 펀딩을 요청하고, 이에 동조하는 사람들이, 펀딩을 요청하는 사람들이 만들 예정인 상품과 서비스를 미리 조금 싼 가격에 구매하는 형식으로 이루어져 있다. 미래에 불확실한 상품과 서비스를 싼 가격에 제공받기로 하는 대신 수많은 대중으로부터 십시일반 작은 돈을 투자받는 것이다.

크라우드펀딩에 참여하기 위한 투자금을 납입하는 방법은 거의 대부분 카드를 이용하게 된다. 즉, 비자visa나 마스터master 카드의 결제 플랫폼을 이용하는 것이다. 투자금을 보냄으로써 초기의 조직의 주식이나 채권을 인수하는 형식의 증권형 크라우드펀딩은 아직 많이 이루어지고 있지 않은 것 같다.

이는 여러 가지 이유가 있겠지만 가장 중요한 것은 증권형 크라우드펀딩을 하는 회사들 대부분이 아직 실제로 매출을 발생시키고, 이익을 내는 회사가 아닐 뿐 아니라 실제 매출을 발생시키고 이익을 내고 있는 회사라고 한다면 굳이 크라우드펀딩을 이용하여 자본조달을 할 필요가 없기 때문이다.

크라우드펀딩 플랫폼에서 크라우드펀딩이 잘 이루어지려면 우선 펀딩대상에 대한 충분한 정보가 제공되어야 하고, 그 정보를 분석하여 투자가능성이 있는지에 대한 정보를 제공하는 회사나 조직이 플랫폼에서 활동을 하여야 한다. 또한 크라우드펀딩으로 조달한 돈이 제대로 사업을 위해 사용되고 있다는 신뢰도 필요하고 이러한 신뢰를 제공하는 조직이 크라우드펀딩 생태계에 존재해야 한다.

ICO는 크라우드펀딩의 진화된 형태로 등장하였다. ICO는 크라우드펀딩 제도를 포함할 수 있지만, 크라우드펀딩 제도를 넘어선다. 왜냐하면 크라우드펀딩 제도는 기존의 금융체제에서 혁신을 포용하기 위해 제도적으로 도입한 것이어서 그 한계가 법정되어 있고 각 나라마다 규정이 다를 수 있기 때문이다.

비트코인, 이더리움과 같은 암호화폐, 혹은 암호자산이 법정화폐로 교환가능해지면서 투자 수단의 기능도 할 수 있게 되었고, ICO는 비트코인, 이더리움을 이용하여 인터넷을 통해 전 세계를 대상으로 자본조달하는 방법으로 등장하였다.*

블록체인 네트워크에서 누구의 소유인지를 분명하게 알려주는 것만으로 블록체인 네트워크가 확장되면서 화폐성을 얻게 된다는 것을 비트코인의 역사가 알려주었다. 비트코인을 법정화폐와 교환할 수 있게 되면서 지구인은 어떠한 라이센스도 받을 필요 없이, 외환규제도 받지 않고, 자신이 원하는 곳에 비트코인을 보내어 블록체인 프로젝트의 건설에 도움을 줄 수 있게 되었다.

이러한 가능성이 열리게 되자 흥행에 성공한 ICO는 많은 돈을 조달하게 되었고, 많은 돈을 조달하게 된 만큼 그 돈으로 만들어낼 블록체인 프로젝트도 관심을 많이 받게 되었다.

전 세계로부터 ICO로 자금을 조달하기 위해 필요한 것이 잘 쓰여진 백서와 개발능력을 갖춘 팀 정도이었을 뿐 아니라 조달된 돈을 어떻게 사용하는지에 대한 감시·감독기구가 없고, 설령 블록체인 프로젝트가 무산되었더라도 다시 받은 비트코인을 돌려줄 법적 의무도 없었기 때문에 사기성 있는 블록체인 프로젝트가 기하급수적으로 증가하였다.

블록체인 프로젝트팀은 인터넷을 통해 비트코인과 이더리움을 받은 대신 나중에 건설할 블록체인 네트워크에서 화폐, 서비스권, 결제수단 등으로 사용될 코인이나 토큰을 미리 발행하여 교부하였다. 이

* 최초의 ICO를 진행한 암호화폐는 론 그로스(Ron Gross)와 제이 알 윌렛(J. R. Willett)이 진행한 마스터코인(Mastercoin, 이후 옴니레이어로 변경)이었다. 이후 몇 가지 ICO가 더 진행되었으나 규모가 크지 않아 별로 알려지지 않았다. ICO는 2014년 7월 이더리움 ICO를 계기로 널리 알려지게 되었다.

렇게 발행한 코인이나 토큰이 암호자산 거래소에 상장되면서 블록체인 네트워크의 가치와 무관하게 암호자산 거래소에서 익명의 사람들이 인위적인 시세조작으로 수많은 대중들을 현혹하기 시작하였다.

기술력 있고, 진정성 있는 블록체인 프로젝트도 마케팅을 통해 거래소에서 유통되는 자신의 코인·토큰의 가치를 유지하여야 할 필요성이 생겼고, 코인·토큰이 앞으로 만들어질 블록체인 네트워크의 가치와 유리되어 있었기 때문에 코인·토큰의 가치평가를 하기도 어렵게 되었다.

실물 네트워크와 괴리된 코인·토큰의 가격 등락은 코인·토큰을 구매하는 것을 도박과 다름없게 만들었다. 국가는 이를 규제하기 위해 암호자산 거래소를 폐쇄하거나 거래소와 은행과의 계좌연결을 못하도록 하는 등 다양한 방법으로 규제할 수밖에 없게 되었다.

핵심은 블록체인 네트워크가 실제 만들어지는 진행과정을 따라 법이 정한 기준을 넘을 때에야 대중으로부터 자본조달을 할 수 있도록 하지 않는다면 도박성을 제어할 수 없다는 사실이다. 법정화폐를 암호자산으로 바꾸는 것은 시간이 지나면 법정화폐보다 암호자산이 더 가치 있게 될 것이라는 생각 때문이다. 결국 법정화폐를 사용하는 네트워크, 즉 달러 네트워크나 원화 네트워크에서는 지속적인 화폐발행으로 화폐가 인플레이션을 해지할 수 없다. 반면 새로 만들어지는 블록체인 네트워크는 네트워크가 확장되면서 네트워크에서 사용될 통화나 네트워크에서 유틸리티를 사용할 권리는 그 가치가 오르게 된다.

대중들은 비이성적으로 상승하는 암호자산에 투자하지 않으면 자신만 손해를 보게 될 것이라는 단순한 군중심리 때문에 암호자산을 구매하기도 하고, 암호자산의 시세를 인위적으로 상승시키는 시세조작 세력의 유혹에 현혹되어 아무런 고민 없이 암호자산을 구매하는 대열에 동참한다.

그 과정에서 블록체인 네트워크를 건설할 생각 없이 ICO를 통해 돈을 벌 목적으로 많은 사기, 코인·토큰 다단계, 유사수신행위가 이루어졌다. 국내 블록체인 프로젝트에 투자하기 위하여 국외로부터의 비트코인 등 암호자산이 유입되기보다는 단순히 비트코인 가격의 차이를 이용하여 수익을 얻거나 적법한 방법이 아닌 방식으로 외환을 송금하기 위하여 국외에서 비트코인이 한국 거래소로 유입되었다.

중국에서 위안화로 비트코인을 구매한 후 국내로 전송하고, 국내에서는 거래소를 통하여 비트코인을 원화로 바꾼 뒤 그 대금을 불법 위안화 환전소를 통해 다시 중국으로 보내는 방법으로 환치기를 하는 것이 2017년 한국에서 비트코인이 폭등할 때 많이 발생하였다. 다만 국외에서 비트코인으로 국내의 거래당사자에게 실제 무역거래의 대금을 송금하고, 국내 거래당사자는 거래소를 통해서 이를 원화로 환전하여 사용하는 경우나 국내에서 국외로 비트코인을 보내는 경우 과연 외국환거래법 위반이라고 할 수 있는지 논란이 있다.

자본시장법, 외환거래법, 세법과 관련된 문제에 대해서는 뒤에서 조금 더 살펴보기로 한다.

국제적 규범의 요청

블록체인 프로젝트를 정보를 자산으로 만드는 잠재력을 가진 디지털 네트워크라고 할 때 디지털 네트워크는 국경을 초월한 개인들을 그 노드로 가지게 된다. 해당 노드들이 각자의 거주지에 따라 해당 국가의 법적 지배를 받고 있기 때문에 만일 디지털 네트워크상에서 어떤 문제가 발생한 경우 어떻게 분쟁을 해결하고 권리구제를 해야 하는지 문제가 된다.

해당 국가의 사법부에 소송을 제기하여 승소판결을 받는다고 하더라도 이 판결을 기초로 참여한 디지털 네트워크의 협조를 받거나 강제적인 집행이 가능한지 여부도 미지수이다. 더 나아가 블록체인 네트워크의 경우에는 네트워크를 지배하는 특정한 조직이 없다. 구글이나 페이스북이 유럽국가로부터 소송을 제기당한 것도 기업으로 디지털 플랫폼의 알고리즘을 설계·유지하고, 중앙 서버에서 정보를 관리하고 있기 때문이다. 그런데 중앙 서버도 없고, 해당 디지털 네트워크의 알고리즘을 독자적으로 변경할 권한이 없다면 어떻게 해야 할까?

이미 만들어진 블록체인 네트워크에 새로이 참여하는 사람은 당연히 해당 블록체인 네트워크에 내재된 알고리즘과 규칙을 따를 수밖에 없다. 노드들이 해당 블록체인 네트워크의 알고리즘을 변경하고자 하거나 블록체인 네트워크에 참여·탈퇴하는 과정에서 법적인 문제가 생겼을 때 이를 해결할 수 있는 제도가 소프트웨어로 네트워크에 탑재되어야 한다.

블록체인 네트워크는 자유롭게 만들 수 있다. 다만, 앞에서 본 것처럼 블록체인 네트워크의 노드 사이의 분쟁이 생겼을 때 혹은 네트워크의 운영방식을 바꾸어야 할 때 어떻게 하는지에 대해서는 미리 만들어진 규범을 따를 수 있도록 하여야 한다. 이는 마치 주식회사를 마음껏 만들 수 있지만 그 제도는 헌법과 회사법의 규정을 준수해야 하는 것과도 같다.

이러한 블록체인 네트워크가 준수할 규범은 국제적인 규범이 되어야 할 것이고, 그러한 이유로 시일이 많이 걸릴 수밖에 없다. 그 동안은 아직 어떠한 규범이 필요한지에 대한 다양한 실험을 하는 시기가 될 것이다. 블록체인 네트워크를 만드는 블록체인 프로젝트를 시행하는 데도 법적인 불확실성이 당분간 상존하게 되는 것은 어쩔 수 없다.

벌써 암호자산과 법정화폐가 교환되기 시작하면서 암호자산을 이용한 자금세탁, 범죄수익은닉, 탈세 등을 적발하기 어려워졌다. 이를 막기 위하여 FATF에서도 암호자산과 관련한 권고사항*을 2019. 6.에 제정하였다. FATF의 권고안은 그 명칭이 권고안임에도 불구하고 사실상 회원국으로 하여금 권고안을 반영한 법률을 제정하도록 함으로써 대부분의 주요 국가의 가상자산취급사업자 모두에 대한 규범으로 작동하게 되었다. 또한 권고안은 블록체인 프로젝트를 하는 개발자에게도 적용되는 것처럼 되어 있어 블록체인 네트워크의 운영체제에도 권고안을 반영하여 프로그래밍될 것으로 보인다.

---

* 가상자산취급업자는 사업장이 위치한 국가에서 등록 또는 면허를 받아야 하고, 관할국가의 감독기구로부터 감독 및 모니터링을 받아야 한다. 그리고 자금세탁 및 테러자금 조달을 저지할 적절한 제도를 유지하여야 한다.

기존의 다양한 국제기구에서 새로이 출현한 블록체인 네트워크, 암호자산과 관련된 문제에 대한 다양한 규범이나 가이드라인을 제정할 것이고, 블록체인 네트워크를 규율할 규범과 기준을 만들기 위한 다양한 국제기구도 발족될 것이다. 이런 규범이나 가이드라인이 새로운 기술의 발전을 적극적으로 수용하고 보다 공정하게, 그리고 부와 권력의 분산에 기여하도록 블록체인 연구자나 관련 사업자들도 노력해야 한다. 국가적 차원에서도 새로운 블록체인 네트워크 관련 국제기구의 창설에 관심을 기울여야 할 것이다. 블록체인법학회에서 당초 한국블록체인법학회로 이름을 지으려다가 한국을 빼기로 결정한 것도 블록체인법학회가 글로벌한 차원에서 블록체인 네트워크의 건설과 유지, 분쟁의 해결과 관련한 제반 법률과 제도를 연구하기 위한 기구로 발돋움하고자 하는 문제의식에서 이루어진 것이다.

개별 국가 차원의 통화주권과 사법주권의 약화

페이스북 리브라 프로젝트*는 다른 블록체인 프로젝트와는 다르

---

* 리브라는 월간 이용자 24억 명에 이르는 세계 최대 소셜 플랫폼 페이스북이 2020년 발행할 예정인 암호화폐이다. 페이스북은 2019년 6월 18일 암호화폐 리브라 출시를 공식적으로 발표하고 리브라 백서를 공개했다. 페이스북은 백서를 공개하면서 리브라를 비트코인을 대체하는 주류 암호화폐로 만들겠다는 야심찬 계획을 선언했다. 리브라가 출시되면 전 세계 20억 명 이상의 페이스북 사용자들이 마치 메신저를 보내듯이 돈을 송금할 수 있게 될 전망이다. 리브라는 스테이블코인으로서, 가치 변동폭이 작아 실생활에서 결제 수단으로 쓰일 수 있다. 리브라의 가치 변동폭은 일반 법정화폐와 비슷한 수준이다. 페이스북은 리브라의 안정성을 유지하기 위하여 Libra Reserve라고 불리는 예비금을 비축할 계획이다. 예비금은 실제 자산을 기반으로 하여 안정적이고 유동적이다. 이 실제 자산에는 중앙은행의 예치금과 정부 발행 유가 증권 등이 포함된다. 페이스북이 발행 화폐 가치만큼 예비금을 보유함으로써 안정성 있게 리브라를 거래할 수 있게 된다. 또한 페이스북은 자회사 칼리브라를 만들어

다. 페이스북 리브라 프로젝트는 네트워크가 만들어지지 않은 상태에서 백서만 있는 수많은 블록체인 프로젝트와는 질적으로 다르다. 페이스북 리브라 프로젝트는 이미 존재하는 페이스북 네트워크에 새로운 기능이 추가되는 형식으로 이루어지는 것이기 때문이다. 일종의 페이스북 네트워크의 고도화이다. 모두가 그것을 알고 있기 때문에 페이스북의 리브라 프로젝트에 미국 의원들이나 미국 증권거래위원회(Security and Exchange Commission, SEC)도 초미의 관심을 가지고 있다. 한국 금융위원회에서도 리브라의 이해 및 관련동향에 대해서 자료를 작성하였다. 미국에서는 리브라 프로젝트에 대해 이를 당장 중지하여야 한다는 법안까지 발의되었다.

무엇이 17억 명의 금융소외자들에게 금융서비스를 제공하겠다는 리브라의 목적에도 불구하고 리브라를 반대하게 하는 것일까? 블록체인법학회에서도 리브라 프로젝트가 실제로 구현되는 경우 다른 블록체인 프로젝트에 대해서도 큰 인식의 전환이 이루어지리라고 생각하고 3회에 걸쳐 리브라 토론회를 개최하였다. 많은 블록체인 프로젝트가 블록체인 네트워크에서의 가치전달 시장을 만들겠다고 하면

사회적 데이터와 금융 데이터를 분리하고자 한다. 칼리브라는 디지털 지갑 또는 써드파티 지갑 앱을 개발할 예정이며, 이를 통해 리브라의 결제 및 송금이 가능하다. 페이스북이 리브라를 개발한 목적은 전 세계적으로 사용할 수 있는 간편한 형태의 화폐와 금융 인프라를 제공하기 위함이다. 이를 통해 모든 사람들은 금융의 자유를 얻을 수 있게 된다는 게 페이스북의 설명이다. 리브라의 주 타깃은 은행 계좌를 보유하고 있지 않은 17억 명의 금융 소외계층이다. 심지어 그중 10억 명은 핸드폰을 가지고 있으며 5억 명은 인터넷에 접속도 할 수 있다고 한다. 즉, 리브라는 은행계좌는 없지만 핸드폰이나 인터넷을 사용할 수 있는 상태인 사람들을 1차적으로 공략할 예정이다. 페이스북은 경제력이 부족한 사람들은 금융서비스를 이용하기 위하여 힘들게 번 소득을 송금, 결제, ATM 등 금융서비스에 수수료로 지불하거나 단기 대출에 높은 이자를 갚는 방식으로 사용하고 있다고 설명했다. 리브라를 통해 복잡하고 고비용의 금융 서비스를 쉽고 저렴하게 이용할 수 있도록 금융 서비스에 블록체인을 접목할 계획이다(http://wiki.hash.kr/index.php/리브라).

서 그 시장을 블록체인 프로젝트가 만든 토큰으로 만드는 토큰이코노미라고 명명하였다. 하지만 제대로 된 토큰이코노미가 구현되는 네트워크는 아직 만들어지지 않았다. 리브라 프로젝트는 이러한 토큰이코노미 설계 및 실행에 있어 큰 인사이트를 주는 프로젝트이다. 무엇보다 프로젝트를 실현할 수 있는 자금과 인력이 확보되어 있다.

페이스북이 이러한 리브라를 발행할 권한을 가지고 페이스북 네트워크를 이용하여 거대한 시장을 지배하리라는 우려가 많다. 리브라 백서에서는 처음에는 새로운 글로벌 통화의 도입으로 은행 서비스를 이용하지 못하는 전 세계 17억 명에 달하는 금융 소외자(unbanked)들에게 금융 서비스를 제공하겠다고 하였으나 미국 금융당국의 집중적인 견제와 반대에 직면하고 리브라 프로젝트팀은 백서를 일부 수정하였다. 새로 바뀐 백서를 보면 "리브라 블록체인을 기반으로 전 세계 다국적 조직과 민간 영역, 규제 당국, 각종 커뮤니티와의 협업을 통해 좀 더 저렴하고 접근성이 좋은 결제 수단을 개발함으로써 전 세계 결제 시스템을 하나로 연결한다"*고 되어 있다.

미국 정가와 금융계는 왜 이리도 리브라 프로젝트를 격렬하게 반대하는 것일까? 시장은 냉혹하기 때문에 유저들에게 이익이 되는 서비스를 제공하지 못하는 프로젝트는 지속적으로 유지될 수 없다. 그런데 페이스북이 하는 리브라 프로젝트는 제대로 시작도 하기 전에 엄청난 비난을 받고 있다. 금융안정성을 해치고, 자금세탁을 쉽게 하며 네트워크의 이용자 보호도 미흡하기 때문이라고 한다. 자금세탁이 쉽다거나 네트워크의 이용자 보호에 미흡하다고 하는 것은 리브

---

* 코인데스크코리아(https://www.coindeskkorea.com/62408/).

라가 출시된 후 지속적인 개선으로 충분히 막을 수 있다. 기술의 발전은 그러한 것이다.

금융안정성을 해친다는 것은 누구를 중심으로 보는지에 따라 다르다. 리브라 프로젝트를 비난하는 사람들은 달러 네트워크에서 이익을 보는 사람들이다. 현재의 달러 네트워크로 이루어진 국제무역 및 은행 서비스를 이용하지 못하는 17억 명이 새로이 건설된 블록체인 네트워크에 들어오게 되어 새로운 시장을 형성한다면 달러 네트워크의 금융안정성을 해칠 수밖에 없다. 즉, 달러의 가치에 큰 변화가 온다는 뜻이고, 달러를 기반으로 한 자산 가치에도 큰 변화가 온다는 것이다.

디지털 네트워크에서의 자산으로 인식하는 대상에 대한 가치평가는 지금의 달러 네트워크의 자산에 대한 가치평가와 다르다. 따라서 지금의 주식, 채권, 부동산, 동산에 대한 달러화 표시 가치보다 디지털 네트워크에서 새로이 부상하는 자산에 대한 코인·토큰의 표시가치가 점점 커질 것이다.

디지털 네트워크에서의 게임 아이템, 디지털 음원이나 디지털 사진, 그림, 디지털 세상의 부동산의 가치는 그 가치가 점점 커지고 그에 비해 전통적인 자산의 가치는 줄어들 것이다. 결국 전통적인 자산을 추상화한 달러 표시액은 점점 줄어들 것이다.

리브라 프로젝트에 대하여 여러 방향에서 고민하고 블록체인법학회 회원들과 대화를 하였다. 아래에서 그 고민의 결과를 간략하게 정리해본다.

페이스북의 리브라 프로젝트에 대한 연구는 왜 필요한가?

자본주의는 그 속성상 새로운 신용수단과 유사통화를 끊임없이 만들어낸다. 그 뿐 아니라 자본을 확장할 수 있는 가치 있는 기술, 가치 있는 자원을 끊임없이 발굴하고 확산시킨다. 그 과정에서 버블이 생기고, 버블이 사그라지더라도 자본의 총량은 계속해서 증가해온 것이 역사적 사실이다.

양자역학의 발전으로 디지털 세상이 개화되었고, 그로 인한 정보사회는 이제 새로운 국면으로 접어들어 모든 실물이나 시스템을 디지털 정보로 전환시키고자 하는 디지털 트랜스포메이션이 유행이다.

더 나아가 세계 해석을 실물 vs 정보 이분법이 아닌 정보 자체를 세계 해석의 근본 단위로 생각하는 최신 이론 물리학에 따르면, 정보를 우리가 다룰 수 있도록 가공하고, 전달하는 기술은 세계를 근본적으로 바꿀 수 있다.

화폐를 '개별 인간들이 물건을 교환하는 과정에서 자연적으로 선택되어 나타난 어떤 것'이라는 관점에서 벗어나 화폐는 '가치를 계산하기 위한 목적으로 네트워크에서 발명한 사회적 기술'이라는 관점으로 전환해야 한다. 디지털 세상에서 네트워크를 형성하여 가치를 생산·유통하겠다는 블록체인 프로젝트는 그 해당 네트워크에서 가치를 측정할 계산단위가 필요하고, 이는 바로 암호화폐, 암호자산으로 표현된다. 따라서 블록체인 프로젝트에서 만들어내는 코인·토큰을 화폐, 유틸리티, 자산 등으로 나누는 분류법은 오히려 화폐와 블록체인 네트워크에 대한 이해가 깊어지면 사라지지 않을까 생각한다. 만일 블록체인 네트워크에서 사용되는 코인·토큰이 블록체인 네트워크에서 생성되는 정보에 대한 가치평가 수단으로는 사용되지 않고, 단순한 이용권 등으로만 사용된다면 블록체인 네트워크에서 생성하는 정보 혹은 서비스 이용의 가치는 현재 통용되는 법정화폐를 사용하여 측정할 수밖에 없고 그렇다면 블록체인 네트워크에서의 가치이동은 결국 전통적인 은행에 정보를 저장할 수밖에 없다.

페이스북이 리브라를 처음부터 디지털 네트워크 내에서의 지급결제수단으로 기능하도록 만들겠다는 것은 제대로 된 접근이다.

일단 블록체인 네트워크에서 통용되는 화폐를 만들겠다고 함으로써 증권법의 규제를 벗어나게 되었다. 네트워크에서 화폐로 사용되도록 프로그래밍함에 따라 법률로써 통화로 기능하도록 할 필요성도 없어졌다.

페이스북은 리브라 프로젝트를 통해서 그 자신의 네트워크를 질적으로 한 단계 도약시키고 외부에서의 법정화폐 유입 없이도 자생적으로 가치를 창출할 수 있는 기술적 수단을 만들었다고 할 수 있다.

페이스북은 20억 명의 유저를 가지고 있고, 은행계좌가 없는 사람들 중 많은 사람이 페이스북 계정을 가지고 있을 뿐 아니라 페이스북 계정을 가지는 데 신용 등 진입장벽이 없다. 페이스북 계정이 같은 동료나 지인들에 대한 뉴스나 간단한 정보교환의 창구를 넘어서 자신이 가진 자산이나 자신이 생산하는 물건, 서비스를 즉각적으로 교환할 수 있는 채널이 된다고 생각해보자. 페이스북 네트워크와 리브라 토큰을 이용하여 거래를 하게 되면 거래 결제와 관련하여 은행의 네트워크를 통하지 않게 되고 외환과 관련하여서도 정책당국이 외국과의 거래를 파악할 수 없는 등 수많은 문제가 발생하게 된다. 달러를 사용하지 않는 거래가 디지털 네트워크에서 수없이 일어나게 될 경우 세계 경제에 어떠한 영향을 미치는지를 미리 연구하는 것은 정말 중요한 문제이다.

현재도 구글이나 페이스북이 우리 국민에게 광고를 표출하면서도 그 광고수익에 대한 세금은 우리나라에 내고 있지 않은 것이 현실이다. 유럽에서는 구글, 페이스북 등 네트워크형 정보기업에게 이익이 아닌 매출 대비 세금을 부과하려는 소위 '구글세' 부과의 움직임도 있다.

페이스북 리브라는 페이스북 등 네트워크 정보기업으로서는 어떻게든 가고자 하는 방향이다. 모든 가치 있는 정보를 무차별적으로 획득하려고 하는 입장에서는 금융정보야말로 가장 가치 있는 정보 중 하나라고 생각될 것이다.

수많은 비슷한 시도가 이루어질 것이다. 예컨대 지금 다양하게 시도되고 있는 지역화폐의 경우와 같이 하나의 국가 내에서 어떤 네트워크에서 유사통화나 신용수단을 사용하는 것은 큰 문제가 아닐 수 있다. 그러나 네트워크가 국경을 걸쳐 있는 경우에는 그 가치이전과 관련하여서는 많은 연구가 필요하고 과연 해당 네트워크 바깥의 국가에 대하여 어떤 영향을 미치는가에 대하여도 연구가 필요하다.

리브라 프로젝트가 가져오는 혁신에 대하여

리브라 프로젝트는 정보통신기술의 발전이 전통적인 화폐의 혁신을 자극하는 것이라고 볼 수 있다. 모든 것은 정보이고, 정보는 곧 사물과 사물 사이, 노드와 노드 사이, 인간과 인간 사이, 인간과 사물 사이의 관계라는 관점에서 볼 때 은행과 같은 제3의 기관의 보증 없이 직접 인간과 인간, 인간과 사물, 사물과 사물 사이에 가치전달이 가능한 네트워크는 전통적인 네트워크보다 가치창출 및 이전 속도가 훨씬 빠르다.

리브라 프로젝트와 같은 블록체인 프로젝트는 결국 최초의 정보가 디지털로 바뀌어 블록체인 네트워크에 업로드되고, 정보의 가치를 측정할 단위(계산화폐)가 존재하여 정보가 실제 자산이 되도록 하는 기술적 토대를 제공한다.

페이스북 리브라 프로젝트는 결국 현재 법정화폐를 기준으로 할 때 특별한 가치를 인정받지 못하는 정보에 대하여 리브라 네트워크를 통해서 가치를 부여할 수 있다. 블록체인 네트워크에 참여하고 있는 노드들은 자신이 생산하기는 하였지만 오프라인에서 가치를 인정받지 못하고 있던 정보를 서로 교환하면서 소득을 창출할 수 있다. 마치 빈방, 정차되어 있는 차, 비어 있는 옆자리에 대한 정보를 가공함으로써 에어비앤비, 우버 등이 새로운 가치를 창출한 것과 같이 종전에 가치가 없었던 것을 가치가 있는 것으로 만들 수 있는 플랫폼을 제공함과 동시에 그 가치를 노드들이 충분히 향유할 수 있도록 할 수 있다.

리브라가 블록체인 네트워크에서 사용되는 경우 발생하는 여러 가지 문제

페이스북 네트워크에서 각 노드들 사이에 어떠한 거래가 이루어지는 경우 그 거래에 대한 지급결제를 각 노드들의 국적 혹은 생활근

거지에 따른 해당 국가의 통화 혹은 디지털 통화로 하는 것이 어려울까? 혹은 리브라와 같은 스테이블코인으로 지급결제가 이루어지는 것에 비해 과다한 비용이 들까?

국제 거래에서의 비용을 줄이기 위해서는 네트워크에서 단일한 통화를 사용하여야 한다. 또한 현재 법정통화를 사용하여 결제를 하는 경우 기존 은행의 결제네트워크를 사용하여야 하므로 기존 은행의 결제네트워크가 필요 없는 네트워크에 비해 비용이 과다하게 된다. 서로 다른 네트워크는 화폐나 자산에 대해 서로 다른 장부를 가지고 있으므로 어느 한 네트워크에서의 거래를 다른 네트워크에서 그 장부의 기재를 신뢰하여 자신의 네트워크에서 사용하는 장부에 반영하기 위해서는 비용이 지출된다.

새로운 디지털 네트워크에서 지금 현재의 화폐를 이용하여 거래를 한다면 역시 비용이 증가되는 것은 당연하다. 마치 무역거래를 하는 경우 외환을 교환하는 과정에서 비용이 증가하는 것과도 같다. 그래서 될 수 있으면 기축통화인 달러로 거래를 하려고 하는 것도 그러한 이유 때문이다.

비트코인 혁명이 대단한 것은 디지털 네트워크에서 거래를 함에 있어 기존의 은행이나 신뢰 있는 제3자로 하여금 자산의 이동을 장부로 기재하여 달라고 할 필요 없이 네트워크 자체에서 자산의 이동을 투명하고 신뢰성 있게 알려주기 때문이다.

지금까지는 국가나 은행 등 오랫동안 신뢰를 쌓아온 기관이 자산의 이동에 대한 정보를 관리해왔는데 이로 인하여 대마불사나 부의 집중 등 여러 가지 문제가 발생되었고 이 문제의 해결을 위해 블록체인 네트워크가 나타났다고도 할 수 있다.

리브라를 이용하여 페이스북 유저들이 많은 거래를 하고 달러나 원화 등 법정통화를 이용하지 않게 됨에 따라 해당 국가의 통화정책이 제약을 받는 등 통화주권이 약화될 우려가 있을까? 통화주권의 약화라는 주제는 암호화폐의 가치가 오를 때마다 이야기되는 주제이기도 하다.

리브라 리저브~Reserve~•로 일부 기축통화만 가능하고, 승인받은 리셀러가 사용자의 요청에 따라 법정화폐로 리브라 어소시에이션

---

* 리브라팀은 현재 세계가 안정성, 낮은 인플레이션, 글로벌 통용성과 교환성을 담보할 수 있는 글로벌 통화를 필요로 한다고 생각했다. 리브라는 충분한 실물자산이 담보될 수 있는 리브라 리저브(Libra Reserve), 즉 지급준비금 형태의 안정적인 암호화폐로 디자인되어 있으며 리브라를 거래할 수 있는 거래소 네트워크의 지원을 받는다. 리브라가 가치를 가지기 위해서는 많은 업체들이 결제 수단으로서의 리브라를 인정해줘야 할 뿐만 아니라, 많은 사용자들이 리브라를 결제 수단으로 활용해야 한다. 이를 위해서는 사용자에게 리브라의 가치가 안정적으로 유지될 것이라는 신뢰를 필수적으로 심어줘야 한다. 대부분의 다른 암호화폐와 달리 리브라는 실제 예비 자산인 리브라 리저브로 인해 가치가 뒷받침된다. 리브라 리저브에는 실제 가치를 가진 은행 예금과 단기 국채가 포함되며, 이를 통해 모든 리브라는 실질적인 가치를 지닐 수 있게 된다. 이러한 접근법은 과거 다른 통화들이 도입된 초기의 방식과 유사하다. 새로운 통화에 대한 신뢰를 심어주고 널리 통용되도록 하기 위해 한 국가의 지폐가 금과 같은 실물 자산과 교환되는 것을 보장한 적이 있다. 그러나 리브라의 경우 금에 의한 보장이 아닌, 안정성과 신뢰성 있는 중앙은행이 발행하는 통화로 은행 예금, 단기 정부 증권과 같은 저유동성 자산들의 집합에 의해 뒷받침될 것이다. 이때 1 Libra를 반드시 모든 지역 통화의 동일한 금액으로 교환할 수 있는 것은 아니다. 즉, 리브라는 단일 통화에 대한 페그(peg)가 아니다. 오히려 기초자산의 가치가 변동됨에 따라 어떤 지역 통화에서 1 Libra의 가치가 변동될 수 있다. 그러나 변동성을 최소화하기 위해 예비자산을 선택하고 있기 때문에, 리브라 보유자들은 안정성을 신뢰할 수 있다. 리브라를 뒷받침하고 있는 자산, 즉 리브라 리저브는 내재 가치가 결여되어 투기 목적으로 가격이 급등락하는 현존하는 많은 암호화폐와 주요한 차이점이다. 그러나 리브라는 분명 암호화된 화폐이며, 그 덕분에 새로운 디지털 통화의 매력적인 특성, 즉 즉시 송금, 암호화된 보안, 그리고 쉽게 국경을 넘어 자금을 이동할 수 있는 자유를 동시에 갖고 있다. 누가 어디에 있든지 휴대전화로 메시지를 보낼 수 있는 것처럼 리브라를 이용하면 즉각적이며 안전하게, 그리고 저렴한 비용으로 돈을 보낼 수 있게 된다. 리저브에 대한 이자는 시스템 비용을 충당하고, 낮은 거래 비용을 보장하며, 생태계 활성화를 위해 자본을 제공한 투자자에게 배당금을 지불하여 더 많은 성장과 채택을 지원하기 위해 사용될 것이다. 리저브에 대한 이자 배분에 대한 규칙은 사전에 설정되며, 리브라 협회가 운영을 감독하게 된다. 리브라 사용자는 리저브의 혜택을 받지 않는다 (http://wiki.hash.kr/index.php/리브라리저브, 2019. 1. 13. 접근).

association으로부터 코인을 구입하는 만큼 리브라 리저브가 증가하고, 리브라 코인을 리브라 협회에 매각할 때마다 코인을 소각하는 방식에 어떠한 문제점이 있을까?

한국의 경우 리브라가 많이 결제수단으로 사용되는 경우는 단순화하자면 결제수단으로 달러가 종전보다 많이 사용되는 것과도 같다. 수출 등으로 지급받은 달러를 원화로 교환하지 않고 거래 당사자들 사이의 계약에 따라 달러로 지급결제 등을 하고 조세를 납부할 경우에만 원화로 환전한다고 가정하여 보자.

이러한 현상은 우리나라에 어떠한 경제적 효과를 가져올 것인가? 조세를 납부할 때에만 원화가 필요하다고 한다면 국가 역시 조세납부를 원화로만 받을 필요가 없다. 왜냐하면 국가는 조세로 받은 원화를 다시 다양한 국가적 필요에 따라 지출해야 하므로 시장에서 원화의 수요가 줄어든다면 국가 역시 원화를 리브라로 바꿀 필요성이 생기기 때문이다. 중앙은행이 달러만 가지고 있는 것이 아니라 다양한 외환을 보유하는 것도 각기 다른 법정통화를 사용하는 나라와의 무역결제 등 해당 국가와의 거래의 안정 등 다양한 요청 때문이기도 하지만 결국 달러를 다른 통화와 교환하려고 할 경우에도 역시 추가적인 비용이 발생하기 때문이다. 기축통화인 달러만을 보유하면서 필요에 따라 다른 외환으로 교환하는 것보다 적절한 필요 수준으로 해당 통화를 보유하여 해당 국가와의 거래 안정을 확보하는 것이 보다 합리적이다.

기축통화가 아닌 원화의 경우 원화의 수요가 줄어든다면 원화를 발행하여 통화를 공급하는 경제적 효과는 줄어들기 때문에 통화정책을 하는 당국의 입장에서는 통화주권이 약화된다고 생각할 수 있다.

그렇다면, 경제적 관점에서 생각해 볼 때 '반드시 통화주권이라는 것이 필요한 것인가?'라는 의문이 생기게 된다. 현재 우리나라는 재정건전성 문제에 대한 시비를 제쳐두면 언제든지 원화를 발행하여 공동체의 유지·보수·개선을 위하여 사용할 수 있다. 리브라가 페이스북 유저들 사이에서 지급수단으로 많이 사용된다고 할 때 국가가 원화를 발행하더라도 원화와 리브라가 쉽게 교환이 된다면 국가 공동체의 유지·보수를 위한 유연한 재정정책은 어렵게 된다. 왜냐하면 원화의 추가적인 발행으로 인하여 리브라 가치는 상승하고 원화의 가치는 하락하는 결과를 초래하기 때문이다.

'세계화폐로서 한 두 개의 화폐만 통용되는 것이 지구인으로서 꼭 나쁜 것인가?'라는 의문도 생긴다. 현재 리브라의 경우에는 달러 등 법정화폐를 납입한 만큼만 발행되기 때문에 리브라의 사용은 달러 등의 수요를 불러일으킬 것이고, 시장에 추가적인 통화 공급은 없다고 생각할 수도 있다. 하지만 리브라 리저브만큼의 리브라 코인이 발행되었다고 하더라도 리브라 코인의 예치나 정산 등은 리브라 리저브보다 훨씬 큰 신용을 창조하게 될 것이다. 이러한 신용창조는 현물 달러가 민간은행에 예치된 이후 발생하는 신용창조보다 훨씬 클 것이라고 예상된다. 따라서 기초 자산이 달러라고 하더라도 그로 인한 신용창조가 현재의 은행체제보다 훨씬 커지는 경우 페이스북 혹은 칼리브라의 영향력이 국가의 통제를 받는 일반 은행보다 더욱 커지게 되므로 궁극적으로 달러가 약화되는 것이 아닌가 하는 의심을 할 수 있다.

지렛대 효과와 같이 전 세계 교역에서 달러가 사용되는 빈도 및 비중이 지금보다 훨씬 높아지리라고 예상할 수도 있다. 반면 금융제도가 미비하고, 자산에 대한 소유권도 불확실한 많은 나라의 국민들이 디지털 네트워크에서 새롭게 신용을 획득하고 이를 기초로 부를 창출할 수도 있게 된다. 은행과 같은 금융제도가 없는 나라에서 달러와 같은 현금은 실로 중요하기는 하지만 은행제도가 없는 상태에서의 현금은 신용을 창조하는 기능이 미비하여 진정한 부를 쌓기는 어렵다.

리브라의 발행에 전 세계의 합의와 같은 공정하고 민주적인 절차가 보장되어 있지 않은 이상 리브라는 마냥 찬성하기는 어렵다고 판단된다. 리브라 프로젝트에서 리브라 리저브로 달러뿐 아니라 유로, 엔, 위안 등 다양한 통화로 바스켓을 구성하려는 것도 이런 우려를 불식시키고 금융안정성을 제고하려는 목적도 있을 것이다.

외환관리의 문제

많은 국민이 은행을 통하지 않고 리브라를 구입하는 경우 국가로서는 외환관리가 어렵게 된다. 현재로서는 외국에 여행을 갈 경우 은행에서 환전을 하고 어느 금액 이상은 신고가 되도록 하고 있다. 해외 여행을 갈 때 환전을 하지 않고, 외국에서 페이스북에 입점되어 있는 여행사에 직접 리브라로 결제를 할 경우 국가로서는 전통적인 외환관리를 할 수 없고, 최초에 국민들이 원화로 리브라를 구입하는 경우에만 어떠한 규제를 할 수 있다. 그런데 국민들이 원화로 리브라를 구입하는 정보에 대하여 국가가 어떻게 취득할 수 있는가 하는 문제가 대두되고 리브라로 다른 상품과 서비스를 구매하는 등의 거래 정보는 또 어떻게 취득할 것인가 하는 문제가 발생된다.

또한 법정화폐로만 리브라를 구입하는 것이 아니라 페이스북 게시물이나 다른 여러 활동을 통하여 포인트를 축적하는 것과 유사하게 기존에 발행된 리브라 코인을 취득하는 경우, 상품과 서비스의 대가로 법정화폐가 아닌 리브라 코인을 수령하고 이를 원화 등 법정화폐로 바꾸지 않는 경우에는 더욱 추적 관리가 어렵다.

한국 기업인 네이버나 카카오에서 리브라와 유사한 프로젝트를 하는 것에 대한 산업적 의미

한국에서 리브라와 비슷한 프로젝트로서 리브라와 경쟁하여 승리할 수 있는 프로젝트가 가능할 것인가에 대하여도 생각해 볼 수 있다. 앞서 생각해 보았듯이 기축통화인 달러를 담보로 비슷한 프로젝트를 만들더라도 결국 승수효과에 의해 해당 코인에 대한 지배력을 가진 회사나 단체의 권력은 달러보다 더 커질 수 있으므로 해당 프로젝트를 시도해보는 것이 의미 없는 것은 아니다.

리브라의 출현은 우연이 아니다. 정보통신기술의 발달은 인류가 국가, 인종, 성별, 지역 차이를 넘어서 동일한 규칙의 지배를 받는 네트워크로 연결될 수 있도록 하였다. 페이스북, 에어비앤비, 우버, 위챗, 텔레그램, 테슬라, 아마존, 라인, 카카오 등의 기업은 글로벌 네트워크를 구축하였고, 이 기업들이 구축한 플랫폼에서 인류는 기업의 중개 아래 서로 서로 정보를 주고받을 수 있는 디지털 네트워크를 형성하였다.

　이러한 디지털 네트워크 기업은 눈에 보이는 새로운 물건을 만들어내는 기업이 아니다. 디지털 네트워크에 가입한 개인들에게 기업이 원하는 정보를 전달하고, 개인들이 서로 간의 정보전달을 통해 디지털 정체성을 확립해나가기 쉽도록 지속적으로 정보전달의 속도, 양, 형태를 혁신하는 기업이다. 그 과정에서 네트워크 참여 비용을 받고, 네트워크의 유지, 보수, 혁신 비용을 지출하고 있다.

　디지털 네트워크 기업이 생산하는 가치는 노드가 이미 가지고 있는 물건이나 상품의 디지털 정보로의 변환이나, 노드의 생각을 언어로 표현한 결과물이고, 그 소비자들 역시 디지털 네트워크 내의 노드들이다. 결국 누구나 알고 있듯이 디지털 네트워크 기업은 그 자체로 현실의 커뮤니티, 혹은 시장과도 비슷하다.

　기존의 인간의 연결방식에서 혁신이 일어나 네트워크에서 디지털 정보를 글로벌하게 주고받을 수 있게 되었고, 그에 따른 금융의 혁신은 필연적인 것이 되었다. 대출을 기록하기 위해 문자와 숫자가 발명되고, 가치를 계량하기 위해 수학이 출현하였으며, 재산을 보호하기 위해 법률이 시행되었다는 새로운 시각이 윌리엄 괴츠만의『금융의 역사』에 잘 나타나 있다. 문자, 수학, 법률이 먼저 존재하고 그에 따른 금융이 나온 것이 아니라 문자, 수학, 법률의 생성·발전의 동력이 금융에서의 요청이라는 것이다.

　이러한 시각에서 볼 때 글로벌한 네트워크의 존재는 해당 네트워크에서 단순한 생각의 교류뿐 아니라 가치 있는 상품, 서비스, 재산의 교환을 가능한 네트워크로서 진화하도록 하는 요청을 받게 된다.

비트코인은 최초로 디지털 세상에서 점유하지 않고도 재산적 가치 있는 상품, 서비스의 이전을 가능하도록 한 금융의 혁신이다. 이러한 비트코인 금융혁신이 네트워크 정보 기업과 만나는 지점에서 리브라는 당연한 것이 된다.

금융을 사회적 기술, 소셜 테크놀로지라고 보는 입장에서 현재의 자본주의에서 우리가 개인의 필요를 넘어 가치 있는 물건을 소유하는 것은 자본축적을 위한 것이고, 결국 화폐의 구매력을 유지하기 위한 행위이다. 새로운 금융 혁신은 네트워크 내에서의 자본이동을 가능하게 해야 하고, 네트워크 내에서의 자본축적을 가능하게 해야 한다.

이러한 금융혁신은 네트워크 내에서 가치이전 단위가 되는 '그것'에 화폐라는 이름을 붙이자마자 국가, 전통적인 은행의 기존 네트워크의 반발을 사게 되지만, 기술발전으로 인한 변화에 영원한 것은 없다.

비용이 많이 드는 현재의 국제결제기구는 조만간 사라질 것이고, 기존의 신용체계로 편입할 수 없었던 사람들에게 신용을 부여할 수 있는 기술이 나타난 이상 이 사람들을 위한 새로운 형태의 은행의 도래는 필연적이다.

'블록체이니즘'은 디지털 네트워크, 정보통신기술, 국가 및 은행 등 다양한 지점에서 새로운 혁신을 요청하는 시대적 요구이다. 자본주의의 발전에 따라 국제적인 자본은 이러한 디지털 네트워크를 구축하는 기업에 큰 자본을 투자하기 시작하였고, 이렇게 투자된 자본은 디지털 네트워크가 확장되면서 그 가치가 커지고 있다. 디지털 네트워크 기업의 가치평가가 커졌지만 해당 기업은 실제로 물건이나 서비스를 만든 것도 아니고, 각 노드들로부터 참여비를 받는 것도 아니다. 다만 네트워크 유지비용으로 네트워크 내의 거래마다 비용을 징수하거나 고객에 대하여 광고를 하려는 기업으로부터 광고비를 받을 뿐이다.

구축된 네트워크의 노드가 된 사람들이 서로 공유하는 단순한 뉴스, 관심사에 대한 정보도 가공을 통해 큰 가치를 부여받고 있고, 이제 각 노드들은 실물을 추상화한 정보를 교환하려 하고 있다.

전국적인 단위의 소유권제도의 확립이 가치 있는 자산들이 자본의 길을 갈 수 있도록 한 것처럼 디지털 네트워크 조직의 노드들은 가치 있는 정보들이 지구적 차원에서 자산으로서 자본의 길을 갈 수 있도록 하기를 요구하고 있다. 뿐만 아니라 전통적인 소유권의 이전에 대하여 디지털 네트워크의 구성원 사이에서 새로운 합의방식을 시도하고 있다. 이러한 합의는 사전에 자산의 정의와 자산의 이동 및 사용에 대하여 합의된 내용을 프로그래밍하여 자동으로 실현되도록 하는 것을 주된 골자로 하고 있고 스마트 컨트랙트라는 말로 불리기도 한다.

리브라 프로젝트와 비슷한 금융혁신 프로젝트는 도도한 시대의 흐름이다

모든 것은 정보가 새로운 지위를 차지하면서 시작되었다.

눈으로 보고, 손으로 만질 수 있는 물체는 그 존재에 대해 직관적으로 이해가 된다. 인류는 그 물체를 구성하고 있는 가장 기본이 되는 입자에 대해 연구를 지속해 왔다. 양자역학은 직관적으로 이해되는 원자론이 가진 세계에 대한 해석상의 난점을 밝혀냈고, 관찰자와 관찰대상의 관계에 대하여 새로운 시각을 주었다. 양자역학의 발전은 정보라는 것에 대하여 새로운 지위를 가지게 하였고, 그로 인하여 최신 이론물리학은 존재에서 정보로 세계해석의 틀을 바꾸어가고 있다.

데모크리토스 이래로 수백 년 동안 물리학자들은 객관적인 실재를 주관적인 지각으로부터 분리했고, 데모크리토스의 원자론은 수백 년 동안 세상을 지배하는 지배적인 원리처럼 이해되고 있었지만 이제 존재를 지각하는 감각을 존재와 분리할 수 없게 된다는 점이 양자역학에서 밝혀지자 정보는 새로운 지위를 얻고 있다.

푸앵카레는 '사물자체가 아니라 사물들 사이의 관계가 과학의 목표'라고 했고, 비트켄슈타인은 '어떤 대상에 대해 다른 대상들과의 연결가능성을 떠나서는 아무것도 생각할 수 없다'고 결론 내렸다.

사물들 사이의 관계, 대상들 사이의 연결은 네트워크를 구성한다. 인간들 사이의 연결도 네트워크를 형성한다. 이러한 네트워크는 국가, 시장으로도 불리곤 했다. 사물들을 새롭게 해석하는 것도 사물들 사이, 인간과 사물 사이, 인간과 인간 사이의 네트워크에 대한 이해가 진척되어야 가능할 것이다. 정보통신기술의 발달은 이러한 네트워크에 대하여 새로운 인식을 하게 된 계기가 되었고, 디지털 네트워크를 구축함으로써 네트워크의 새로운 도약을 이루어내게 되었다. 네트워크에 관련된 연구가 통신기술의 발전과 궤를 같이 한 것도 그와 같은 맥락에서 이해가 된다.

컴퓨터와 정보통신의 발달은 연결된 정보통신망에 연결된 개인들의 능력을 엄청나게 확장시켰다. 이제 1인 방송국, 1인 신문사는 클릭 몇 번이면 가능하게 되었다. 수많은 상품과 서비스를 검색하여 쉽게 필요한 물건 및 서비스를 조달할 수 있게 되었다. 디지털 네트워크에서 활동하는 개인들 사이의 거래는 국가의 장벽과 외환거래의 제약, 원거리의 거래상대방에 대한 신뢰의 부족으로 인해 쉽지 않았었다. 하지만 개인의 신용을 측정할 수 있는 수단이 도입되고 다양한 금융기법이 도입되면서 개인 간 물류는 향후 폭발적으로 성장하게 되리라고 생각한다.

이러한 개인과 개인 사이의 물류, 혹은 개인과 개인 사이의 무역의 폭발적 성장은 그러한 물류를 쉽고 빠르게 할 수 있도록 하는 지급결제수단을 필요로 할 것이며, 새롭게 탄생하는 지급결제수단은 국가적 제약이나 외환거래의 제약도 개인들이 받아들일 수 있을 정도의 낮은 비용만으로 가능하도록 설계될 것이다.

화폐는 시장에서 자연적으로 발생되는 것이 아니라 필요에 의해 인류가 만들어낸 고도의 추상화된 사회적 기술이라는 점을 인정한다면 디지털 네트워크에서 가치이전을 위해 필요한 화폐는 이론적으로 각 해당 디지털 네트워크마다 고유하게 요청된다.

제프리 잉햄Geoffrey Ingham●은 『돈의 본성』에서 다음과 같이 기술하고 있다.

'자본주의 금융시스템은 끊임없이 새로운 형태의 신용수단을 발

● 케임브리지대학 사회학과 교수이다. 레스터대학에서 석사학위를, 케임브리지대학에서 박사학위를 받았다. 사회학과 정치경제학을 아우르는 분석을 통해 자본주의와 화폐 문제를 연구해 왔다. 지은 책으로 『Capitalism Divided? The City and Industry in British Social Development』(1984), 『Money: Interdisciplinary Perspectives from Economics, Sociology and Political Science』(2005), 『Capitalism』(2008) 등이 있다(http://www.yes24.com/Product/Goods/3050885, 2020. 2. 4. 접근).

명해 내게 되어 있고, 통화당국이 특정한 형태의 신용수단이나 유사통화를 규제하고 통제하려 들면 민간의 자본주의 금융체제는 규제에 걸려들지 않는 새로운 신용수단을 만들어낸다.'

코인·토큰은 자본주의의 발달에 의해 새로이 나타나는 신용수단, 유사통화라고도 할 수 있다. 리브라 역시 신종의 통화로서 법정통화가 아니더라도 시장에서 지급결제수단으로 사용할 목적으로 만들어지고 있고, 지역화폐나 게임머니 등도 해당 네트워크 내에서는 이미 리브라와 동일한 기능을 하고 있다.

블록체인과 인공지능의 확산과 다양한 국제기구의 출현

인터넷을 포함한 정보통신기술의 발전, 세계화, 국제무역의 증가는 세계를 좀 더 긴밀하게 연결하였다. 지구라는 큰 네트워크가 좀 더 쉽게 연결되고, 정확하고 빠른 연결이 가능하도록 진화되었다. 디지털 트랜스포메이션이 전 세계 기업과 국가를 휩쓸고 있고, 소프트웨어가 실물세계를 집어삼키고 있다. 이러한 추세는 일시적인 것이 아니라 시대적 흐름이라고 말할 수 있다. 이러한 실물의 디지털화는 지금의 국제사회에 어떠한 영향을 미치게 되는가?

디지털 기술의 발달은 인간의 시공간적 능력을 확장시키고 있다. 우리는 예전에는 상상할 수 없었던 방법으로 멀리 떨어진 사람과 영상으로 통화를 하고, 과거의 나의 행위도 상상할 수 없었던 방법으로 그 정보를 저장하여 보관할 수 있게 되었다. 앞으로 연결될 사람의 수는 원한다면 지난 10년에 비해 어마어마하게 많아질 수 있다.

이러한 모든 것은 정보기술의 발달로 인한 것이고, 개인이 저장하고 처리할 수 있는 정보의 양도 컴퓨터기술의 발달로 엄청나게 커졌다. 앞으로도 커질 것이다. 엄청나게 쏟아지는 정보를 가공하여 인류가 어떠한 선택을 해야 하는지 알려주는 기술이 필요함은 두말할 나위도 없다. 아무리 많은 정보를 취득할 수 있다고 하더라도 이를 이용하여 원하는 결정을 할 수 있도록 할 수 없다면 정보의 과잉은 오히려 독이 될 뿐이다.

인공지능기술은 블록체인기술과 마찬가지로 시대가 요구하는 기술이다. 인류는 인류와 세계를 새롭게 해석하는 많은 정보를 만들고 즉시 컴퓨터 네트워크가 인식할 수 있는 디지털 정보로 포착할 것이다. 다른 말로 하면 정보우주는 계속해서 팽창할 것이다. 이러한 정보는 생물학적 인간의 두뇌만으로 처리할 수 있는 양을 초과한다. 사회나 시장(market)은 기후와 마찬가지로 복잡계 네트워크에 속하기 때문에 이러한 복잡계 네트워크에서의 가치 있는 정보처리를 위해서는 많은 정보(이 경우는 빅데이터라고 부르는 것이 더 합당하기는 할 것이다)와 엄청난 컴퓨팅 능력, 그리고 인간이 가진 생물학적 지능만으로는 처리하기 어려운 정보처리를 담당하여 인간이 원하는 수준의 정보로 바꾸어 주는 인공지능기술이 필요하다. 그리고 그러한 정보를 요구하는 네트워크가 필요할 것인데 이 네트워크는 아직 인류가 만들어 보지 못한 디지털 네트워크이고, 새로운 디지털 네트워크를 건설함에 있어 지금과는 달리 부의 집중, 권력의 집중을 막고 보다 공정하고 자유로운 네트워크로 만들기 위해 필요한 정신이 바로 '블록체이니즘'이다.

정부가 타국의 기업 또는 개인에게도 법적인 책임을 지는 시대가 되었다.*

ISD**(Investor State Dispute Settlement, 투자자 국가분쟁해결)가 처음 도입되었을 때 '과연 실효성이 있을까?'라는 의문과 함께 거의 사용되지 않을 것이라고 생각했었지만 의외로 사건이 증가하고 있다. 국경을 넘어선 연결이 많아지고 있기 때문이다. 블록체인 네트워크가 다양하게 건설된다면 점점 더 많은 연결이 국경을 초월하여 이루어질 것이기 때문이고, 이런 흐름에서는 ISD와 같은 국제적 분쟁해결 요청도 더 많아질 수밖에 없다.

블록체인기술이 나오기 전에도 국제규범은 많이 늘어서 국제규범 간의 충돌에 대하여 많은 이야기가 있었다. 특히 기후변화 대응이나 환경보호 관련한 국제규범은 기존의 무역질서와 많이 충돌되었다. 디지털 네트워크가 국경을 초월하여 형성되었고, 블록체인 네트워크는 네트워크 안에서 만나 신뢰를 쌓지 않은 노드들 사이에서도 가치 전달, 즉 화폐와 디지털화된 상품 및 서비스를 전달할 수 있다. 디지

---

* 이란의 다야니 가문은 2010년 대우일렉트로닉스 인수를 시도했다. 그러나 같은 해 미국의 이란 제재 시행 등의 영향으로 다야니 측이 총 인수액을 낮추려 하자 한국 채권단은 이를 근거로 계약을 파기하고 계약금(578억 원)도 돌려주지 않았다. 이에 다야니 가문은 한국 정부를 상대로 ISD 소송을 제기, 중재 재판을 거쳐 지난달 한국의 패소가 최종적으로 확정됐다. 그간 지연이자 200억 원이 붙어 한국이 돌려줘야 할 돈은 750억 원에 육박하게 됐다(https://n.news.naver.com/article/025/0002965567 중앙일보 기사, 2020. 1. 13. 접근).

** 투자자 국가분쟁해결(Investor State Dispute Settlement, ISDS) 조항 또는 투자자 국가 소송 제도는 국제 무역 조약에서 외국의 투자자가 상대방 국가의 법령이나 정책 등으로 인하여 이익을 침해당했을 때, 투자자에게 국제법에 따라 해당 국가를 상대로 국제중재기관에 중재를 신청할 수 있는 권리를 부여하는 규정이다(https://ko.wikipedia.org/wiki/isd 위키백과, 2020. 1. 13. 접근).

털 네트워크에서의 노드 사이의 거래로 인한 모든 분쟁의 발생 및 해결을 모두 프로그래밍할 수는 없다. 스마트컨트랙트가 모든 것을 자동화할 수 있을 것처럼 여겨지고 있지만 계약을 모두 미리 프로그래밍할 수는 없다. 왜냐하면 계약은 계약 당시 계약 당사자 사이의 이익 및 권력관계의 균형을 맞추는 것이므로 시간이 지나면 상황의 변화로 거래당사자의 이익 및 권력관계가 달라져서 새로운 형태의 분쟁이 생길 수밖에 없기 때문이다.* 하지만 그 분쟁을 미리 알기는 어렵다.

디지털 네트워크 역시 노드들 사이의 분쟁이 생길 수밖에 없지만 분쟁의 발생을 미리 예견하여 예방하거나 그 해결을 자동화할 수는 없다. 대신 분쟁이 생긴 이후 디지털 네트워크 안에서의 분쟁해결방법에 대한 절차를 네트워크의 노드들이 합의하여 규범으로 프로그래밍해 둘 수 있다면 좋을 것이다.

블록체인 네트워크의 분쟁해결에 관한 규범은 노드들이 국가를 초월해서 존재하기 때문에 본질적으로 국제적인 규범의 성질을 가진다. 또한 아직 디지털 네트워크가 충분히 활성화되기 전에 노드들의 수가 충분히 크지 않은 상태에서 개발자들이 분쟁해결에 대한 규범을 만들게 되기 때문에 규범의 정당성의 근거를 네트워크의 노드들의 합의에 두기보다는 블록체인 네트워크의 설립, 운영과 관련한 국제적인 조직이 미리 정해둔 규범이나 가이드라인에 두는 것이 현실적이다.

디지털 네트워크라고 하더라도 그 설립, 유지와 관련하여서는 상

---

* 올리버하트, 『기업, 계약 그리고 금융구조』, 오철 역, 한국경제신문사.

당한 기간 동안 지금 활동하는 국제기구와 같은 형태의 국제기구의 연구와 도움이 필요하다. 또한 블록체인 네트워크의 설립, 운영에 관한 국제적인 조직의 정당성 근거를 확보하는 것이 중요하다. 블록체인법학회는 앞으로 국제적인 블록체인전문연구자들의 모임으로 발돋움할 예정이다.

블록체인 네트워크 건설에 대한 투자와 자본시장법, 증권법과의 충돌

블록체인 네트워크는 지금까지는 아무런 의미를 가지지 못했던 수많은 정보를 가치 있는 정보로 바꾸는 기술혁신이자 사회혁신이다. 이 문장이 이 책에서 말하고자 하는 모든 것이다. 따라서 다층적인 각 개인의 생활 속 정보를 가치 있게 만들기 위해서는, 다양한 블록체인 네트워크의 건설이 필수적이다.

이러한 블록체인 네트워크는 그 존재의 방식이나 작동방식이 다르기 때문에 전통적인 주식회사에 투자하는 것과는 다른 방식으로 자본조달이 이루어질 수밖에 없다. 종교단체나 비영리조직의 설립과 같은 방식의 자금조달이 더 비슷할 수도 있다. 주식회사와 비영리조직의 중간에 위치한 어떤 새로운 조직의 창설을 위한 새로운 자금조달방식이 요청된다.

블록체인 프로젝트로 만들어지는 가치생산 조직의 가장 본질적인 특징은 계층으로 이루어진 수직적 조직(hierarchy)이 아니라 수평적 조직이며 디지털로 연결된 네트워크라는 것이다. 따라서 전통적인 수직적 구조를 채택하고 있는 주식회사와 블록체인 네트워크의 창설은 자본조달에서부터 달라진다. 앞서 수차례 기술한 것처럼 전통적인 주식회사의 자본조달은 향후 큰 가치를 형성할 주식회사의 주식을 인수하는 방식으로 이루어지고, 이 주식은 회사의 의사결정을 하는 기본단위이자 동시에 배당을 받는 기준이 된다. 따라서 주식회사의 설립을 위하여 주식을 인수하는 목적은 결국 향후 건설될 주식회사를 지배하고, 이익이 나면 이를 배당 등으로 회수하며, 또한 향후 인수한 주식이 일반 공모시장에 상장되면 주식거래소를 통해 쉽게 주식을 매각할 수 있는 기회가 있기 때문이다.

블록체인 네트워크에는 의결권과 배당권의 단위가 되는 주식이라는 것이 존재하지 않는다. 각 노드는 자유롭게 네트워크에 참여하여 활동하고, 또 자유롭게 탈퇴할 수 있다.

현재 세계 여러 곳에서 진행되고 있는 대부분의 블록체인 프로젝트는 디지털 네트워크에 참여해서 활동한 만큼 코인, 토큰 등으로 보상하는 알고리즘을 채택하고 있을 뿐 네트워크를 지배하고 디지털 네트워크에서 생긴 가치를 주식으로 전환하는 기제가 없다. 디지털 네트워크에서 생긴 가치를 주식으로 전환한다면 그것은 페이스북 등 네트워크형 주식회사일 뿐 블록체인 프로젝트라고 부르기는 어렵다.

의결권이나 배당에 대한 권리가 없지만 블록체인 프로젝트에서 보상의 대가로 주어지는 코인·토큰 역시 일반이 투자할 수 있는 거래소를 통하여 매각을 할 수 있는 기회가 보장되어 있는데 이것이 전통적인 자본시장법과 증권법에 저촉될 우려가 있다.

주식의 경우 유명한 주인과 개의 비유*와 같이 아무리 가격이 널뛰기 하더라도 실제 세계의 회사의 가치에 수렴한다. 결국 주식회사는 매출이 증가하고, 순이익이 증가하면 회사의 가치를 평가하는 주식 가격은 결국 오른다는 것이다.

그런데 블록체인 네트워크는 매출이니 순이익이라고 할 것이 없다. 네트워크가 창출하는 가치에 대한 평가, 그리고 그에 따른 네트워크 자체의 가치산정 툴은 아직 나타나지 않았다.

그런데 아직 가치산정도 제대로 되지 아니한 블록체인 네트워크에서 사용할 서비스나 상품, 결제수단, 혹은 화폐에 대한 추상물인 코인·토큰을 일반 대중들이 사고 팔 수 있는 거래소가 전 세계에 수천 개 존재하고 있다. 이러한 암호자산 거래소는 자본조달의 수단으로 기능할 수도 있지만 암호자산 거래소에서 코인·토큰을 투자 목적으로 사는 투자자 보호 기능이 통상의 주식거래소에 비해 현저히 약한 것이 현실이다. 물론 암호자산 거래소에서 거래되는 코인·토큰은 증권이 아니라고 해당 코인을 발행한 조직에서는 주장하지만 암호자산 거래소에서 거래하는 일반 대중들은 모두 어떤 이유에서라도 상장된 코인·토큰은 상당히 그 가치가 오를 것이라고 생각하고 구매하는 것이다. 여기서 자본시장법과 증권법이 개입할 여지가 생긴다.

비트코인과 같이 발행자가 없는 경우에는 거래소에 상장이 되더라도 시세조작의 우려가 적다. 하지만 블록체인 네트워크를 만들기 위

---

* 전설적인 투자자 코스톨라니는 '경제와 주식의 관계를 산책을 나온 주인과 애완견과 같다.'라는 명언을 남겼다. 주인과 산책을 나가 신이 난 개는 이리저리 뛰어다니면서 주인보다 앞서기도 하고 나란히 가기도 하며, 뒤처지기도 하지만 개는 주인과 완전히 떨어지지 않으며, 개가 이리저리 뛰어다녀도 주인만 오락가락하지 않는다면 길을 잃어버리지는 않는다고 한다. 결국 주식은 회사의 가치에 수렴한다는 말을 비유적으로 한 것이다.

한 자본조달 목적으로 코인·토큰을 발행하고 상장 전에 미리 프리세일을 하고 일부는 발행자가 예치해 두는 대부분의 경우 암호자산 거래소에 상장하여 시세를 조작할 유인이 커지게 된다.

원래 거래소에서 거래되는 물건에 대한 가격은 여러 정보를 취합하여 거래소를 포함한 시장에서 집단지성으로 결정되어 일부 사람들의 인위적인 조작이 없어야 가격으로서의 역할을 하게 된다. 그러나 아직은 현재 암호자산 거래소에서 거래되는 코인·토큰에 대한 정보도 불확실할 뿐 아니라 시세조작을 막는 기능이 암호자산 거래소에 제대로 구현되지 않고 있어서 문제이다. 투기적 수요를 모두 차단하는 경우 많은 거래가 이루어지지 않을 수도 있어서 거래소로서도 쉽게 시세조작 방지 시스템을 구축하기 어려운 것 같다. 세계의 수많은 거래소와 경쟁을 하고 있기 때문에 결국 거래량을 유지하는 것이 거래소로서는 중요하다는 것도 고려할 필요가 있다.

한편, 어떠한 코인·토큰이 한 국가의 거래소에서만 거래되는 것이 아니라 세계의 수천 개의 거래소에서 동일한 코인·토큰이 거래되고 있고, 암호자산이동에 대한 기술의 발전으로 쉽게 한 거래소에서 다른 거래소로 코인·토큰을 옮길 수 있다는 것은 어느 하나의 암호자산 거래소에서의 시세조작을 어렵게 하는 좋은 점이 있다. 아직 모든 거래소로 자유롭게 코인·토큰 입출금이 되지 않고 거래소에서 임의로 코인·토큰 입출금을 막거나 허용하는 경우가 많은데 이는 큰 문제라고 생각한다.

상장기준의 확립, 시세조작의 금지, 내부자거래 및 미공개정보이용 금지 등 자본시장법에서 주식에 대해 적용하는 규제를 도입할 필요성은 상당히 크다.

그럼에도 쉽게 암호자산 거래소에 위와 같은 규정을 바로 적용하지 못하는 것은 어떤 이유가 있을까? 어느 한 국가에서 강한 자본시장법 규정을 암호자산 거래소에 적용한다면 새로운 블록체인 프로젝트를 건설하기 위해 자본조달을 하여야 하는 팀의 입장에서는 자신이 발행하는 코인, 토큰에 대한 규제가 없고 자본조달이 쉬운 거래소에 상장하려고 할 것이다. 따라서 규제가 많은 암호자산 거래소의 경우 상장을 할 코인·토큰이 많지 않을 가능성이 크다. 반면, 규제를 통과한 경우 블록체인 네트워크 프로젝트가 신뢰할 만하다고 보고 더 큰 자본을 조달할 가능성도 있다. 모두 실험을 해 보아야 알 수 있는 것이다.

암호자산 거래소에 대한 여러 기준이 국제적으로 통일될 필요성이 여기에 있다.

지금 블록체인생태계의 경우에는 어떤 형식으로든지 자본조달과 투자자 보호를 같이 할 수 있는 암호자산 거래소 제도가 필요하다. 주식과 코인, 토큰의 차이, 주식회사와 블록체인 네트워크의 차이를 염두에 두고 지금 자본시장법이 발전시켜온 투자자 보호기능을 새롭게 해석하여 암호자산 거래소에도 적용하여야 한다.

투명한 상장기준, 네트워크의 가치평가, 인위적인 시세조작 및 내부자거래 등 부당거래 금지, 감시·감독기구의 신설 등은 지금 단계에서도 도입할 만하다. 물론 암호자산 거래소에 대한 국제표준에 대한 연구는 많이 이루어질 것이고, 국제표준이 세워지게 되면 국제표준에 맞지 않는 많은 암호자산 거래소는 퇴출될 것이다.

암호자산 거래소에 대한 국제표준 연구에 있어 한국의 연구자들이 많은 활동을 해야 하고 이러한 활동이 한국에 소재한 암호자산 거래소의 신뢰성을 높이는 데 도움이 될 것이다.

국경을 초월한 Peer to Peer(P2P) 거래와 외환통제의 가능성

지금까지 인류의 역사는 한 개인이 오롯이 중심이 된 적이 없었다. 1990년대 인터넷 혁명이라고 할 만한 기술발전으로 개인의 연결능력과 업무처리능력이 비약적으로 증가하였다. 인터넷을 이용한 1인 창업이 폭증하면서 개인의 시대가 온다는 책이 많이 나왔다. 아이폰의 등장과 함께 스마트폰혁명이라고 부를 수 있는 새로운 사회적 기술이 전 세계를 강타하였고, 유튜브와 같은 1인 미디어 채널이 새로운 단계로 진입하였다. 개인들의 능력은 확장되었지만 아직 기존의 국가시스템, 산업시스템을 넘어 폭발적인 개인 상호 간 연결은 아직 나타나지 않았다.

블록체인 네트워크는 국경을 초월하여 '화폐기능을 하는 그 무엇'을 은행망을 통하지 않고서도, 즉시 다른 거래상대방에게 보낼 수 있도록 한다.

한국의 외국환거래법은 1998년 외환위기를 거치면서 기존 법률이 폐지되고 새로 제정되었다. 법률 제정이유를 살펴보면, '경제에 필요한 외자를 원활히 유치할 수 있도록 외국인의 국내투자환경을 개선하고 금융기관과 기업의 국내외 외환거래를 단계적으로 전면 자유화함으로써 국가경쟁력을 강화하는 한편, 이에 따른 부작용을 최소화하기 위하여 외자를 취급하는 금융기관에 대한 건전성 감독을 강화하고, 평상시 외자유출입 상황의 지속적인 동향점검과 국내외 경제상황의 급격한 변동시에 효과적으로 대처할 수 있는 각종 안전장치를 강화하려는 것'이라고 기재하고 있고, 현행 외국환거래법의 목적으로는 '이 법은 외국환거래와 그 밖의 대외거래의 자유를 보장하고 시장기능을 활성화하여 대외거래의 원활화 및 국제수지의 균형과 통화가치의 안정을 도모함으로써 국민경제의 건전한 발전에 이바지함을 목적으로 한다'고 규정하고 있다.

외국환거래법의 목적이 대외거래의 자유, 국제수지의 균형, 통화가치의 안정을 통한 국민경제의 발전에 있는 만큼 새로운 기술의 발전으로 인한 암호자산의 유출입에 대한 규제디자인 역시 이 목적에 부합하는지를 따져보는 것도 의미 있을 것이다.

페이스북 리브라 프로젝트가 성공적으로 론칭되어 페이스북 유저들인 한국인과 미국인 사이에서 계약이 이루어지고 그 계약에 따른 대금지급이 리브라로 이루어지는 경우에 어떤 문제가 발생할까? 한국인이 미국인, 유럽인, 동남아인, 중국인, 일본인, 아프리카인 등 페이스북에 있는 모든 사람들과 계약하는 것은 계약자유의 원칙상 자유이다. 그 계약의 이행을 합의된 결제수단으로 하는 것 역시 자유롭다.

외국환거래법에서도 대외거래는 자유롭게 할 수 있다고 규정하고 있다. 다만 국제수지의 균형과 통화가치의 안정을 위하여 부득이한 경우 정부가 개입할 수 있고, 허가받지 않고 자본거래를 한 경우 처벌을 하기도 한다(외국환거래법 제27조 제5항, 제6조 제2항).

정부는 은행 등을 통해 외환거래정보를 모두 모아 관리하면서 국제수지가 균형을 잡고 원화가치가 안정되도록 여러 가지 노력을 한다. 정부의 외환개입에 대해서는 말이 많지만 원화가치의 안정은 국민의 생활에 큰 영향을 미치므로 그 목적은 수긍할 만하다.

원화네트워크라고 할 수 있는 한국인 상당수가 페이스북 유저로서 페이스북 네트워크라고 할 수 있는 칼리브라* 네트워크를 이용해서 해당 네트워크의 지급결제수단인 리브라로 해외의 유저와 거래를 한다면 기존의 은행네트워크를 사용하지 않기 때문에 정부는 그 거래정보를 은행을 통해서 알 수는 없다. 다만, 칼리브라 네트워크가 블록체인기술을 사용한다면 그 거래정보에 대해서는 투명하게 알 수 있다. 또한 칼리브라에서는 자금세탁방지의무를 준수하겠다고 선언하였으므로 자금세탁문제나 신원인증도 큰 문제가 되지 않을 것이다.

리브라를 외국환거래법이 말하는 외국환으로 볼 수 있는지가 문제된다. 외국환거래법에서 규정하고 있는 외국환은 '대외지급수단, 외화증권, 외화파생상품 및 외화채권'을 말한다(외국환거래법 제3조 제1항 제13호). 위 법상의 "대외지급수단"이란 외국통화, 외국통화로 표

• 칼리브라(Calibra)는 결제용 암호화폐인 리브라(Libra) 관련 개발을 진행하는 미국 페이스북(Facebook)의 자회사이다. 칼리브라는 2019년에 모두를 위한 돈을 벌기 위해 설립되어 새로운 암호화폐 리브라를 위해 설계되었다. 칼리브라는 페이스북과 독립적으로 운영하며, 본사는 멘로 파크(Menlo Park)에 있다. 페이스북 암호화폐 사업 총괄이자 부사장인 데이비드 마커스(David Marcus)가 칼리브라의 CEO이다. 사용자들이 스마트폰으로 리브라를 주고받고 저장할 수 있는 암호화폐 지갑을 개발하고 있으며, 해당 지갑에서 발생하는 거래를 관리한다. 모건크릭디지털자산의 공동 설립자인 앤소니 폼플리아노(Anthony Pompliano)는 칼리브라 회사가 개발하고 있는 칼리브라 지갑이 리브라 코인보다 더 중요하다고 말했다(http://wiki.hash.kr/index.php/칼리브라, 2020. 1. 20. 접근).

시된 지급수단, 그 밖에 표시통화에 관계없이 외국에서 사용할 수 있는 지급수단을 말한다(외국환거래법 제3조 제1항 제4호). 리브라는 외국통화가 아님이 분명하고, 외국통화로 표시된 지급수단도 아니므로 결국 그 밖에 표시통화에 관계없이 외국에서 사용할 수 있는 지급수단인지 여부가 문제가 된다.

위 법 제3조 제1항 제3호에서는 지급수단을 다음 각 목의 어느 하나에 해당하는 것을 말한다고 규정하고 있다.

가. 정부지폐·은행권·주화·수표·우편환·신용장●
나. 대통령령으로 정하는 환어음, 약속어음, 그 밖의 지급지시
다. 증표, 플라스틱카드 또는 그 밖의 물건에 전자 또는 자기적 방법으로 재산적 가치가 입력되어 불특정 다수인 간에 지급을 위하여 통화를 갈음하여 사용할 수 있는 것으로서 대통령령으로 정하는 것

해당 대통령령●●을 살펴보더라도 리브라가 외국환 규정의 어느 부

● 신용장(letter of credit, L/C)이란 판매자가, 기저가 되는 계약(예컨대, 물품판매계약)에 의해 특정된 의무를 이행하였고, 물품·용역이 계약된 대로 제공되었다는 것을 입증하는 서류이다. 수혜자는 이 문서를 반환함으로써, 신용장을 발행한 금융기관으로부터 지급을 받는다. 신용장은 구매자가 궁극적으로 지급을 하지 못하게 되더라도 판매자는 지급을 받을 것이라는 보증으로서의 역할을 한다. 이런 식으로 구매자가 지급하지 아니하는 위험은 구매자로부터 신용장의 발행자에게로 이전된다. 즉, 신용장은 은행이 거래처의 요청으로 신용을 보증하기 위해 발행하는 증서로, 원활한 무역거래 대금결제를 위하여 수입업자의 요청과 지시에 따라 수출업자(수혜자) 또는 그의 지시인으로 하여금 일정기간 및 일정조건 아래 운송서류를 담보로 하여 발행은행 또는 동 발행은행이 지정하는 환거래은행을 지급인(Drawee)으로 하는 화환어음을 발행하도록 하고, 수출자가 신용장에 명시된 조건에 일치하는 서류를 매입은행을 통해 제시하면 이와 상환으로 발행은행이 물품대금의 지급·인수 또는 매입을 보장한다는 조건부 지급 확약 증서이다(https://ko.wikipedia.org/wiki/신용장, 2020. 1. 20. 접근).
●● 외국환거래법 시행령 [시행 2020. 3. 3.] [대통령령 제30509호, 2020. 3. 3., 타법개정] 제3조(지급수단) ① 법 제3조 제1항 제3호 나목에서 "대통령령으로 정하는 환어음, 약속어

분에 해당되는지 불분명한데 이는 외국환거래법이 블록체인기술이나 스테이블코인[*] 등의 등장을 염두에 두고 만들어진 것이 아니기 때문에 어떻게 보면 당연한 일이다.

리브라는 외국환거래법의 규정에 부합하도록 만들어진 것이 아니라 오히려 리브라를 외국환거래법이 포섭할 수 있도록 법률규정이 필요한 상태이다. 스테이블코인으로 발행되는 리브라는 은행에 예금을 해두고 그 한도 내에서 지급수단으로 사용하는 수표와 비슷하다. 하지만 해당 수표 상당의 예금이 존재하는지 진정한 수표인지를 확인해야 하는 수표지급체계와 그러한 확인이 필요 없는 스테이블코인은 분명하게 차이가 있다. 리브라는 그 가치를 담보하는 리브라 리저브가 충분히 존재한다는 믿음에 근거하여 리브라 네트워크에서 작동할 것이다. 이는 달러가 달러 네트워크에서 화폐로서 신뢰를 획득하고 있기 때문에 그 신뢰에 기대어 리브라의 신뢰를 구축하는 방법이다. 화폐는 최종적인 신용, 신뢰의 다른 이름이다.

리브라의 보유는 그 만큼의 리브라 리저브의 보유이고, 결국 리브라를 이용한 신용창출이 일어날 것이다. 리브라를 담보로 한 다른 암호화폐 혹은 법정화폐의 대출도 충분히 가능하다. 결국 리브라는 그 성질상 리브라 네트워크에서 사용하는 화폐의 성질을 가지고 있으므로 외국환으로 해석하는 것이 합당하다.

음, 그 밖의 지급지시"란 증권에 해당하지 아니하는 환어음, 약속어음, 우편 또는 전신에 의한 지급지시와 그 밖에 지급을 받을 수 있는 내용이 표시된 것으로서 기획재정부장관이 인정하는 것을 말한다.

② 법 제3조 제1항 제3호 다목에서 "대통령령으로 정하는 것"이란 대금을 미리 받고 발행하는 선불카드와 그 밖에 이와 유사한 것으로서 기획재정부장관이 인정하는 것을 말한다.

• 스테이블코인(Stablecoin)은 달러화 등 기존 화폐에 고정 가치로 발행되는 암호화폐를 말한다.

달러는 달러 네트워크, 원화는 원화 네트워크에서 사용되는 화폐이다. 국가와 경제 네트워크의 경계가 비슷했던 지금까지의 세상에 페이스북 네트워크를 포함한 새로운 블록체인 네트워크가 엄청나게 많이 추가될 것이고, 새로운 블록체인 네트워크는 화폐로 기능하는 소프트웨어를 탑재하고 있다. 이러한 기존의 국가네트워크와 새로운 블록체인 네트워크의 균형을 위해서는 새로운 외국환거래법이 필요할 수도 있다. 기존의 국가에서 외국환거래법을 새롭게 수정하는 것과 마찬가지로 새로이 만들어지는 블록체인 네트워크에서도 법정화폐 네트워크와의 연결, 즉 법정화폐와의 교환·구매 등 거래를 규율할 알고리즘이 필요하다. 이 알고리즘이 바로 거래소 제도라고 할 수 있다.

블록체인 네트워크에서 화폐의 역할을 하는 코인·토큰 등과 법정화폐가 만나는 공간의 디자인이 중요한 이유가 여기에 있다. 이 공간은 결국 정보가 어떻게 생성될 수 있고, 그 생성된 정보가 어떻게 저장되고 유통되도록 하는가의 문제와 연결된다. 어떤 유저가 블록체인 네트워크에서 어떤 활동을 하여 암호자산, 암호화폐를 취득하는지, 아니면 법정화폐로 거래소에서 어떤 블록체인 네크워크의 암호자산, 암호화폐를 구매하는지 등의 정보는 자금세탁 문제, 세금부과 문제와 연결될 뿐 아니라 법정화폐가 사용되는 현실 네트워크, 암호화폐가 사용되는 블록체인 네트워크 양쪽 모두에게 가치가 있다.

한국은 특별한 상황*이 아닌 한 국민들이나 회사의 외국환거래를

• 외국환거래법 제6조 제1항
  기획재정부장관은 천재지변, 전시·사변, 국내외 경제사정의 중대하고도 급격한 변동, 그 밖에 이에 준하는 사태가 발생하여 부득이 하다고 인정되는 경우에는 대통령령으로 정하는 바에 따라 다음 각 호의 어느 하나에 해당하는 조치를 할 수 있다.

통제하지는 않는다. 자금세탁, 테러자금유출입이 아닌 한 외국환거래는 원칙적으로 자유롭다. 암호화폐와 암호자산의 등장으로 전통적인 자금세탁방지나 외국환거래통제수단은 실효성이 점점 사라지고 있다. 비트코인과 같은 암호화폐가 유입되어 달러와 연동된 암호자산(예컨대 테더)을 구입하는 경우 사실 달러가 유입되는 효과를 가져올 수도 있고, 달러를 가지고 비트코인과 같은 암호화폐를 사는 경우 그 자체로 달러의 해외유출과 동일한 효과를 가져올 수도 있다.

현행 외국환거래법의 목적인 원화가치의 안정을 생각해보면 암호화폐를 외국환거래법 적용대상으로 인정하여야 그 거래정보를 거래소 등으로부터 정부가 취득할 수 있는 근거가 된다. 다만, 탈중앙화 거래소와 같이 네트워크 자체에 정보가 저장되는 분산화거래소의 경우에는 정부도 해당 네트워크의 노드에 참여함으로써 투명하게 공개된 정보에 접근할 수 있게 되지만 탈중앙화 거래소의 계정에 대한 신원을 어떻게 파악할 수 있는지 또 다른 문제에 부딪히게 된다.

---

1. 이 법을 적용받는 지급 또는 수령, 거래의 전부 또는 일부에 대한 일시 정지
2. 지급수단 또는 귀금속을 한국은행·정부기관·외국환평형기금·금융회사등에 보관·예치 또는 매각하도록 하는 의무의 부과
3. 비거주자에 대한 채권을 보유하고 있는 거주자로 하여금 그 채권을 추심하여 국내로 회수하도록 하는 의무의 부과
외국환거래법 제6조 제2항
기획재정부장관은 다음 각 호의 어느 하나에 해당된다고 인정되는 경우에는 대통령령으로 정하는 바에 따라 자본거래를 하려는 자에게 허가를 받도록 하는 의무를 부과하거나, 자본거래를 하는 자에게 그 거래와 관련하여 취득하는 지급수단의 일부를 한국은행·외국환평형기금 또는 금융회사등에 예치하도록 하는 의무를 부과하는 조치를 할 수 있다.
1. 국제수지 및 국제금융상 심각한 어려움에 처하거나 처할 우려가 있는 경우
2. 대한민국과 외국 간의 자본 이동으로 통화정책, 환율정책, 그 밖의 거시경제정책을 수행하는 데에 심각한 지장을 주거나 줄 우려가 있는 경우

국경을 초월한 블록체인 네트워크와 조세징수의 문제

최근에 한국의 국세청에서 외국인의 암호화폐소득에 대한 소득세 원천징수와 관련하여 한국 암호자산 거래소인 빗썸에 803억 원의 세금을 부과하였다. 또한 한국인의 암호화폐 거래로 인한 소득에 대해서도 소득세를 부과하여야 한다는 주장에 대하여도 논의가 시작되었다. 외국에서는 암호자산에 대해 이를 자산으로 보고 법인세, 양도소득세 등을 부과하여야 한다는 주장이 힘을 얻고 있다.

이는 2019년 9월 국제회계기준위원회(ISAB)산하 국제회계기준(IFRS) 해석위원회가 암호화폐를 화폐나 금융자산으로 분류할 수 없고 무형자산*이나 재고자산**으로 봐야 한다는 의견을 내놓은 것에 따른 것이라고 생각된다.

개인적으로 암호화폐, 암호자산을 일률적으로 화폐나 금융자산이 아닌 무형자산이나 재고자산으로 볼 수는 없고, 암호화폐의 기능에 따라 다양하게 해석되어야 한다고 생각한다. 그러나 일단 국제회계기준에 따른 유권해석은 그 해석이 여러 문제를 노출시키기 전까지는 국제적 규범으로 작동하게 될 가능성이 크다.

모든 것을 정보의 차원에서 인식한다면 지금 현실의 화폐, 금융상

---

* 무형자산(無形資産)은 비유동자산 중의 하나이다. 기업의 영업활동 과정에서 장기간에 걸쳐 사용되어 미래의 경제적 효익이 기대되는 자산으로, 유형자산과의 차이점은 물리적 형태가 없는 무형의 자산이다(https://ko.wikipedia.org/wiki/무형자산, 2020. 1. 20. 접근).
** 재고자산(在庫資産)은 유동자산 중의 하나이다. 정상적인 영업과정에서 판매를 위하여 보유하거나 생산 중에 있는 자산 및 생산 또는 서비스 제공과정에 투입될 원재료나 소모품 형태로 존재하는 자산을 말한다. 재고자산의 종류로는 상품, 제품, 반제품, 재공품, 원재료, 미착품, 소모품 등이 있다(https://ko.wikipedia.org/wiki/재고자산, 2020. 1. 20. 접근).

품, 무형자산, 재고자산을 블록체인 네트워크에서 암호화폐, 암호자산으로 추상화할 수 있다. 그러한 추상화에 따른 회계처리는 블록체인 네트워크의 생태계를 활성화하는 쪽으로 이루어져야 할 것이다. 비트코인을 화폐로 사용하고 있는 현실에도 불구하고 이를 무형자산 혹은 재고자산으로 회계처리를 한다면 비트코인의 이전에는 양도소득세를 부과하여야 한다는 결론에 이르게 된다.

비트코인의 가치를 비트코인을 사용하는 네트워크에서 측정하는 것이 아니라 거래소를 통한 법정화폐를 기준으로 한다면 비트코인은 자산으로 인식될 것이다. 그러나 거래소를 통해 비트코인을 자산으로 인식할 수 있다고 하여 비트코인 네트워크에서 자산이 아닌 화폐의 기능을 한다는 점이 없어지는 것은 아니다. 비트코인 네트워크에서의 화폐의 기능을 회계기준상 해석으로써 없앨 수 있는지는 단언할 수 없다.

우리 민법 제466조(대물변제)에서는 '채무자가 채권자의 승낙을 얻어 본래의 채무이행에 갈음하여 다른 급여를 한 때에는 변제와 같은 효력이 있다'고 규정하고 있다. 대법원 판결*에 따르면 채무자가 채무와 관련하여 채권자에게 채무자 소유의 재산을 양도하기로 약정한 경우에 대물변제인지 청산절차를 유보하고 양도한 것인지는 의사해석의 문제라고 하고 있다.

---

* 채무자가 채무와 관련하여 채권자에게 채무자 소유의 재산을 양도하기로 약정한 경우에, 그것이 종전 채무의 변제에 갈음하여 대물변제조로 양도하기로 한 것인지 아니면 종전 채무의 담보를 위하여 추후 청산절차를 유보하고 양도하기로 한 것인지는 약정 당시의 당사자 의사해석에 관한 문제이다. 이에 관하여 명확한 증명이 없는 경우에는, 약정에 이르게 된 경위 및 당시의 상황, 양도 당시의 채무액과 양도목적물의 가액, 양도 후의 이자 등 채무 변제 내용, 양도 후의 양도목적물의 지배 및 처분관계 등 여러 사정을 종합하여 그것이 담보 목적인지를 가려야 한다(대법원 2015. 8. 27. 선고 2013다28247 판결 등 참조).

비록 비트코인이 민법이 정한 법정화폐가 아니라고 해석하더라도 비트코인 네트워크에서 각 노드들 사이에서 비트코인의 이전을 대물변제가 아니라 청산절차를 유보하고 양도한 것으로 해석하기는 어렵다. 위에서 본 회계기준에 따라 비트코인을 자산으로 인정하고 비트코인의 보유, 거래에 따른 세금을 부과하는 것은 화폐의 진화를 고려하지 않은 것이다.

어떤 디지털 네트워크에서 암호자산의 이전이 최종적인 것이 아니라 시장에서의 암호자산의 가격과 실제 채무액과의 차이를 청산하는 것을 예정하고 있는 것이라고 보는 것은 법정화폐를 통해 암호자산을 구매할 수요의 존재를 전제하여야 한다. 그래야 가격이 형성되기 때문이다.

그러나 블록체인 네트워크에서의 암호자산의 가격은 반드시 블록체인 네트워크 밖에서의 암호자산의 수요를 필요로 하는 것이 아니다. 암호자산의 공급은 블록체인 네트워크의 알고리즘에 의해 결정되는 것이므로 법정화폐로 암호자산의 가격을 산정하는 것이 적정하다고 보기는 어렵다.

무엇보다 블록체인 네트워크에서 디지털 시장 설계에 따라 알고리즘으로 만들어진 암호화폐나 암호자산을 일률적으로 무형자산이나 재고자산으로만 보는 것은 그 목적이 법정화폐 네트워크에서 세금부과를 위해 결정한 것이라고 할 수 있다. 그러한 세금부과는 결국 블록체인 네트워크의 활성화를 저해하고 법정화폐네트워크가 불공정하게 이득을 취하는 결과가 된다.

중앙은행 디지털 화폐(Central Bank Digital Currency, CBDC)가 만들

어지는 경우 중앙은행 디지털 화폐의 경우 블록체인 네트워크에서 만들어진 암호화폐와 그 기능은 다를 바 없음에도 화폐로 인정을 한다면, 블록체인 네트워크에서 만들어지는 암호화폐의 경우에도 기준을 충족하는 경우 화폐로서 인정을 못할 바도 아니다.

문제는 '화폐이냐, 자산이냐'라는 암호자산의 성질이 중요한 것이 아니다. 국가와 같은 법정화폐 네트워크에서 블록체인 네트워크에서의 암호화폐, 암호자산의 생산·이전에 대하여 세금을 부과하는 것이 문제이다. 암호화폐나 암호자산을 거래소를 통하여 법정화폐로 구매하여 보유하다가 거래소를 통하여 법정화폐로 바꾸는 경우에는 암호자산 투자 혹은 암호자산 거래로 인한 법정화폐 수익이라고 할 수 있다. 그러나 다른 경로로 암호자산을 취득하여 보유 중 거래소를 통해서 법정화폐 수익을 취득하는 경우 복권 소득 등과 같은 기타소득으로 분류하자는 논의가 있다. 그러나 암호자산을 법정화폐로 바꾸는 것은 아직 많은 사람들이 법정화폐 네트워크에서 생활하고 있어 법정화폐의 화폐수요가 크다. 만일 암호화폐 소득에 대해 세금을 많이 부과하게 된다면 사람들은 암호자산을 법정화폐로 바꾸려고 하지 않을 것이다. 하나의 암호자산에서 다른 암호자산으로 이전하게 된다면 암호자산과 법정화폐와 연결이 없으므로 암호자산 거래소의 시장 가격을 참고하여 암호자산 소득을 가정적으로 산정할 수밖에 없다. 만일 거래소에 상장되지 않은 암호자산의 경우 그 가격을 산정할 툴도 없어 소득세를 부과하기에는 여러 난점이 존재한다.

또한 거래소를 통하지 않고 암호자산을 이전하는 경우나 중앙화된 거래소가 아닌 탈중앙화 암호자산 거래소의 경우 현실에서 누가 어떠한 거래를 하였는지에 대한 정보를 세금당국이 충실하게 획득하기도 어렵다.

블록체인 네트워크 역시 새로운 가치창출조직으로 스스로의 유지·보수와 네트워크의 노드들의 가치 증진을 위해 공동의 비용이 필요하고, 이러한 공동의 비용은 사실 법정화폐 네트워크의 세금과도 같다. 그렇다면 블록체인 네트워크의 노드들 사이의 거래나 네트워크 내의 암호화폐, 암호자산의 보유 자체에 법정화폐로 세금을 부과하는 것은 상당히 신중을 요해야 할 것이다.

나무보다는 숲을 보아야 한다. 앞서 여러 번에 걸쳐 말한 바와 같이 블록체인 네트워크나 암호화폐, 암호자산은 세계적인 투기의 대상으로 갑자기 나타난 것이 아니다. 인류 문명의 진화에 따른 새로운 사회의 기술로 나타난 것이라는 관점에서 바라보아야 초기의 여러 문제에 대하여 냉정하게 바라볼 수 있다. 모든 새로운 금융혁신은 항상 밝은 면만 있는 것이 아니었고, 어두운 면도 존재하였다. 자본주의의 근간이 되는 주식회사만 해도 수많은 투기의 역사로 점철되었지만 일반으로부터 자본을 조달하여 많은 돈이 소요되는 인프라를 구축하거나 항공기사업 등 큰 자본이 필요한 산업이 발전할 수 있었다. 투기와 투자가 분명하게 구분되지 않는 것은 가치라는 것이 본질적으로 주관적이기 때문이다.

블록체인 네트워크와 개인정보 보호 혹은 프라이버시 보호의 문제

자율주행차가 상용화된다고 생각해보자. 원격으로 해킹하여 위험한 운전을 하게 할 수도 있다는 것은 자율주행차의 운행에 큰 위협이 된다. 자동차에 안전한 정보만을 전송하는 것이 중요한데 어떠한 정보가 안전한 정보인지, 혹은 탑승자의 승인을 받은 정보인지를 자율주행차가 인식하려면 블록체인 네트워크로부터 인증을 받은 정보를 받도록 하는 것이 대안이 될 수도 있겠다는 생각이 든다.

안전한 정보, 혹은 진실한 정보를 디지털 네트워크에서 인식하는 것은 다양한 방법이 있겠지만 진정한 정보를 골라내는 필터(알고리즘에 따라 달라질 수 있다)를 통과한 정보만을 블록체인 네트워크에 기재한다면 그 블록체인 네트워크에 등재된 정보만을 자율주행차가 인식한다면 해킹의 우려는 거의 없을 것이다.

예전에는 저장되지 않았고, 컴퓨터가 인식할 수 없었던 정보가 컴퓨터가 인식할 수 있는 정보로 저장가능하게 되면서 개인정보와 프라이버시의 보호·보안은 점점 중요해졌다.

익명성은 인간의 존엄성을 지키는 기본이 되는 것으로 인간은 자신이 속한 네트워크 내에서 자신이 원하는 수준의 익명성을 보장받을 때 인간으로 행복을 느낄 수 있다. 따라서 디지털 네트워크에서도 노드의 익명성을 어느 정도 보장받을 수 있도록 네트워크 운영체제를 설계해야 한다.

그러나 익명성의 보장과 개인정보 보호는 같은 것이 아니다. 개인

정보라 하더라도 보호할 필요성을 느끼지 못하는 정보도 있고, 자신이 특정되지 않는다고 하더라도 공개되는 것을 원하지 않는 정보도 있다. 정보를 공개할 것인가, 정보를 비식별처리하여 해당 개인과의 연관관계를 알 수 없도록 할 것인가와 같은 문제는 각각의 정보가 네트워크에서 가지는 맥락에 따라 달라질 수밖에 없다.

개인정보 보호 문제를 접근함에 있어 정보의 대상이 된 개인, 혹은 스스로 자신에 대한 정보를 생산(broadcasting)한 개인을 보호한다는 명목으로 개인에 대한 정보를 요구하는 정부, 수사기관, 기업, 범죄단체, 기타의 조직이 개인에 대한 정보를 전혀 취득하지 못하게 하거나, 취득한 정보를 저장하지 못하게 하거나, 유통하지 못하게 하는 것은 앞으로 점점 실효성이 없을 것이다. 개인들이 납득할 만한 정보 취득, 저장, 유통 절차를 빠르게 마련하는 것이 더 중요해질 것이고 원하지 않는 정보유통에 대하여 개인을 보호할 수 있는 시스템을 디지털 네트워크에 탑재하도로 하는 것이 요구될 것이다.

네트워크 내의 어떤 조직이 의미 있다고 판단하여 취득한 정보를 법률에 의해 시간을 정해 일률적으로 비용을 들여 삭제하도록 하는 것은 비효율적이다. 인간이 인식할 수 없을 정도로 거대하게 커지는 정보우주에서 볼 때 일단 생성된 디지털 정보는 그 삭제하였다는 사실 자체도 하나의 정보에 해당한다. 삭제란 해당 네트워크에서 네트워크의 바깥으로 정보를 보내어 네트워크에서 정보를 이용할 수 없도록 하는 것이다. 정보의 대상이 되는 개인과 개인에 대한 정보를 요구하는 조직, 네트워크 사이의 균형은 법률과 같이 유연하지 못한 기준으로는 충족하기 어렵다. 인류가 수천 년 동안 발전시켜온 자본주의 시장의 경우 유연한 기준을 제공할 수는 있지만 현실의 자본주의 시장의 기준은 '돈'과 '가격'뿐인데 세상에는 마이클 샌델Michael J. Sandel 교수가 말한 것처럼 돈으로 살 수 없는 것*이 많기 때문에 돈과 가격만으로는 미래의 네트워크정보사회를 관통하는 정보에 대한 기준이 되기 쉽지 않다.

돈으로 살 수 없다고 하여 바로 가치를 측정할 수 없다고 생각할 필요는 없다. 가치를 측정하면 바로 돈으로 바꿀 수 있다고 생각할 필요도 없다. 블록체인 네트워크에서 돈으로 바꿀 수 없음에도 가치가 있다고 하는 것들에 대하여 측정가능한 기준만을 만들어주면 되는 것이다. 그 기준에 따라 개인과 블록체인 네트워크의 균형을 맞추어 가면 될 것이다.

아무리 법률과 제도가 정비되어 있다고 하더라도, 인간의 가장 중요한 정보에 대해 스스로 관리, 통제할 수 없다고 한다면 인간은 근원적인 안정감을 느끼지 못할 것이다. 자신이 자신이라고 믿을 만한 근거가 되는 유전정보와 같은 정보, 정보의 대상이 되는 인간에게 가장 중요한 정보로서 사생활의 비밀에 속하는 정보, 네트워크에는 중요한 정보이고 누구인지 아는 것은 중요하지 않은 정보, 인간에 대한 것이 아닌 외부 세계에 대한 정보 등 정보를 다양하게 분류하여 가치를 매기는 것 역시 정보가 생산되는 네트워크에서 이루어져야 한다. 하나의 네트워크에서 다양한 정보에 대한 가치평가가 이루어지기는 쉽지 않다. 인간은 다양한 층위에서 중첩적으로 여러 디지털 네트워크에서 디지털 활동을 하고, 해당 디지털 활동으로 인하여 정보의 가치

---

* 마이클 샌델, 『돈으로 살 수 없는 것들(무엇이 가치를 결정하는가)』, 안기순 역, 와이즈베리.

평가 및 정보의 공개수준이 자동적으로 결정될 것이다.

자신에 대한 정보의 경우 정보를 전파(broadcasting)할 당시 정보의 공개범위와 시간과 공간을 충분히 관리할 수 있는 설계를 할 의무를 정보가 전파되는 디지털 네트워크, 디지털 플랫폼 운영 회사에 부과하여야 한다. 이는 하나의 국가에서 해결할 수 있는 것은 아니다. 지구를 하나의 큰 네트워크라고 생각할 때 개인정보 관리 시스템에 관한 문제를 다루는 국제기구를 구축하고 그 국제기구에서 합의를 거쳐 디지털 네트워크의 설계와 구축방법을 고민해야 한다.

지금 인류는 기후변화와 환경파괴 등 국가를 넘어선 여러 문제를 진정으로 해결할 디지털 수단을 발견하고 이를 만들어가는 시기에 와 있다. 이러한 지구적 문제에 대한 디지털 네트워크적인 해결책을 연구하는 것, 나는 이것 역시 '블록체이니즘'이라고 부르고 싶다.

데이터 3법˙의 통과와 블록체인 네트워크

산업계에서 지속적으로 요청해온 데이터 3법이 통과되었다.˙˙ 이로

• 개인정보 보호법, 정보통신망법, 신용정보법 등 개인정보를 다루는 3개의 중요 법안을 말한다.
•• 2018. 11. 15. 인재근 위원이 대표발의한 개인정보법개정안에서는 입법제안이유로 '개인정보의 개념을 명확히 하여 수범자의 혼란을 줄이고, 안전하게 데이터를 활용하기 위한 방법과 기준 등을 새롭게 마련하여 데이터를 기반으로 하는 새로운 기술·제품·서비스의 개발 등 산업적 목적을 포함하는 과학적 연구, 시장조사 등 상업적 목적의 통계작성, 공익적 기록보존 등의 목적으로도 가명정보를 이용할 수 있도록 하는 한편, 개인정보처리자의 책임성을 강화하기 위한 각종 의무부과 및 위반 시 과징금 도입 등 처벌도 강화해서 개인정보를 안전하게 보호할 수 있도록 제도적인 장치를 마련하여 개인정보의 보호를 강화하면서도 관련 산업의 경쟁력 발전을 조화롭게 모색하려고 한다.'라고 기재하고 있다.

인하여 엄청난 변혁이 일어날 것이다. 물론 어떠한 방향으로 제도가 운영될 지는 아직 불분명하다. 가명정보*의 가치가 명확하게 수면 위로 떠오를 것이고, 정보의 생산자인 개인들은 정보를 가공하여 판매하는 회사의 수익을 공유할 수 없다는 점에 대해서 의문을 제기할 것이다.

주식회사만이 가치창출조직으로 기능할 경우에는 쉽게 '그러한 문제에 대하여 답변할 수 없겠지만, 개인이 제공하는 정보를 모아 두는 디지털 정보저장소를 주식회사가 아닌 디지털 네트워크로 조직화할 수 있고, 그 디지털 정보저장소의 수익으로 네트워크의 노드들의 부를 증진시키는 것도 이론상 가능하다.

시민단체는 개인정보ㅍ보호가 충분하지 않고, 의도를 알 수 없는 정부나 기업이 정보를 결합하여 개인을 특정할 수 있으며 이는 개인의 행복의 근원이 되는 익명성을 파괴할 수도 있다고 주장하면서 데이터 3법의 통과에 반대해 왔었다.** 시민단체의 주장에도 새겨들을 만한 주장이 있다.

하지만 산업혁명의 수많은 문제를 알고 있더라도 국제사회에서 스스로를 보호하려면 산업혁명의 대열에 참가할 수밖에 없었던 것은 역사가 증명하고 있다. 정보가 자본이 되는 정보통신혁명도 이와 같

---

* 가명처리를 하여 추가적인 정보를 사용, 결합하지 않고서는 특정개인을 알아볼 수 없는 정보를 가명정보라 한다.
** 참여연대에서는 2019. 8. 12.자로 개인정보 보호법 개정안에 대한 입법의견서를 통해서 개정안은 1) 동의제도의 실질화에 역행하는 문제, 2) 개인정보보호위원회의 독립성 및 위상 문제, 3) 가명정보·익명정보의 정의 문제, 4) 정보주체의 동의 없는 가명정보의 처리 범위의 문제, 5) '과학적 연구' 정의의 문제, 6) 가명정보의 제3자 제공의 문제, 7) 정보집합물의 결합에 관한 문제, 8) 동의 없는 개인정보 이용 및 제공조항의 문제, 9) 감독기관의 독립성 결여 문제에 대해 각각 문제가 있다고 지적하고 있다.

은 여러 가지 문제에도 불구하고 개별 국가가 피할 수 있는 것은 아니다. 다른 나라보다 더 빨리 데이터를 자유롭게 가공하고 판매하여 자본으로서 역할을 할 수 있게 하는 경쟁에 조만간 전 세계가 뛰어들 것이다.

개인을 특정할 정보가 네트워크에 자유롭게 공개되는 것이 왜 그렇게 큰 문제가 될까? 비용을 들여 가명처리를 한 정보를 왜 다시 비용을 들여 개인을 특정하는 식별처리를 하려고 할까?

어떠한 정보는 개인이 스스로 네트워크에 자신을 알아달라고 공표(broadcasting)한다. 가수나 배우는 자신의 일상이나 자신의 개인적인 사생활도 네트워크에 알리려고 노력한다. 수많은 유튜브 채널에서 유튜버 스스로 자신에 대한 정보를 제공한다. 자신이 스스로 의식적으로 공표한 정보 자체로는 큰 문제가 없을 수 있다.

문제는 정보의 결합이다. 예컨대 어떤 개인이 여행계획을 네트워크에 전체공개로 올렸다고 생각해보자. 이 정보를 아무런 의도 없이 보는 것은 문제가 없다. 그러나 절도를 하려는 범죄자의 입장에서 보면 이 정보는 자신의 범죄계획을 수립하기에 도움이 되는 정보이다. 이제 범죄자의 입장에서 보면 여행계획을 올린 사람이 언제 집을 비우고, 집의 위치는 어디인지가 궁금할 것이다. 집의 위치를 알기 위해서는 추가적인 정보가 필요할 것이다. 이러한 추가정보를 개인정보 보호법에서 보호해주길 사람들은 기대한다. 자신이 노출을 원하지 않는 정보는 자신의 동의나 승낙 없이는 유출되지 않을 것이라는 기대가 합리적이어야 아무런 두려움 없이 자유롭게 여행계획과 같은 정보를 올릴 수 있을 것이다. 한편, 여행에 도움을 주는 여행사나 숙박업체의 경우에도 해당 여행계획에 대한 정보는 서비스를 제공하여 매출을 올리는 데 도움이 되는 정보이다. 어떤 비행기를 탈 것인지, 1등석이나 비즈니스석을 탈 가능성이 얼마나 되는지, 지금까지 여행을 갔을 때 어떤 곳에 주로 숙박을 하였는지, 여행은 액티비티를 주로 하는지, 관광을 주로 하는지 궁금할 것이다. 그래야 해당 유저에게 관심 있는 서비스정보를 제공할 수 있을 것이다. 이 정보는 해당 유저가 가입한 항공사나 호텔이 가지고 있는 정보이다. 이러한 정보를 활용하여 자신에게 맞춤 정보를 제공하는 것에 대해서는 앞선 것과 다르게 사람들은 크게 두려워하지 않을 것이고 오히려 원할 것이다.

따라서 이렇게 본다면 자신의 위치, 집의 위치, 회사의 위치에 관한 정보는 될 수 있으면 제공하기 싫어하는 정보이고, 여행을 가서 묵었던 숙소나 항공기 좌석 정보는 제공하는 것에 대해 정보의 대상자인 개인이 크게 반발하지 않는 정보이다. 그래야 시간과 비용을 절약해서 최선의 선택을 할 수 있기 때문이다. 여행회사에서 호텔 등 숙박정보, 항공기 탑승정보를 다른 회사, 다른 조직으로부터 구매를 하거나 이전을 받을 때 해당 정보의 대상인 개인에게 정보요청권을 이전받는 것이 필요할까? 아니면 여행회사에 정보를 제공할 숙박회사, 항공회사에서 정보를 제공하기 전에 해당개인에게 정보를 제공해도 될 것인지에 대하여 동의를 받는 것이 필요할까? 정보제공을 하면서 돈을 받고, 그중 일부를 해당 개인에게 돌려준다고 할 경우는 또 어떠할까?

법 이전에 도덕이 있다는 말이 있다. 우리는 지금의 법과 도덕으로도 자신의 정보열람·제공·이전행위로 인하여 해당 정보의 대상인 개인에게 법률적으로 용납이 되지 않는 피해가 갈 것인지 아닌지에 대한 판단이 가능하다.

해당 개인에게 피해를 줄 가능성이 있음을 알면서도 정보를 열람·제공한 경우에 대해서는 법률로 처벌하면 될 것이고, 처음부터 어떤 정보는 열람·제공·이전이 가능하다고 포지티브한 방식으로 개인정보를 보호하려는 시도는 그 목적을 달성하기 어렵다.

계속해서 말하고 있지만 정보는 관계이고, 개인과 네트워크 사이의 합의에 따라 계속해서 정보노출에 대한 균형이 실시간으로 이루어지기 때문에 유연한 기준이 필요하다. 또한 정보가 자본으로 기능하는 시대로 가는 것은 여러 가지 문제, 즉 개인의 프라이버시 보호, 익명성의 소멸 등에도 불구하고 거스를 수 없는 시대의 흐름이기 때문이다.

자본이 형성된 사회와 그렇지 않은 사회의 차이에 대해서는 우리가 지난 세기 뼈저리게 경험했던 역사이다.

개인의 안전과 관련한 정보, 개인이 지키고자 하는 사생활의 비밀과 같은 정보의 생산, 유통이 수익을 창출할 수 없도록 디지털 네트워크를 디자인하는 것이 필요하다. 그리고 정보의 주체인 개인이 정보를 네트워크에 공유(broadcasting)할 당시에 정보의 존속기간, 정보와 자신과의 연결 정도를 관리할 수 있는 기능을 탑재하도록 디지털 네트워크의 설계기준을 만들어가야 한다.

자본주의의 발달에 따라 가치를 생산하는 주식회사를 규율하는 회사법은 수백 년의 시간을 두고 계속해서 발전하였다. 각국의 다른 회사법은 서로 경쟁하면서 더 나은 회사 규율 제도를 실험하였다. 다국적 기업이 만들어지면서 각국의 회사법은 서로 보완하면서 국가의 경계를 넘어서는 회사를 만들고 규율할 수 있도록 국제적인 무역 규범을 포용하는 단계로 발전하였다.

가치창출조직으로서 주식회사에서 디지털 네트워크로 전환되는 것도 '블록체이니즘'의 한 특징이다. 국내의 소규모 네트워크에서 여러 국가에 걸쳐 있는 거대한 디지털 네트워크까지 지배구조와 이익분배, 조직 운영 등에 대한 새로운 규율이 필요하다. 이러한 디지털 네트워크에 대한 규율 역시 각 국가에서 독자적으로 정할 수도 있지만 실효성이 없다. '블록체이니즘' 시대의 특징은 모든 네트워크가 디지털 네트워크로서 정보가 소멸되지 않고 네트워크에 저장될 뿐 아니라 국경을 초월하여 쉽게 네트워크에 가입·탈퇴가 가능하다는 것이다. 따라서 디지털 네트워크의 많은 노드들이 속한 국가의 현행 법률에 저촉되지 않는 네트워크 운영이 요구된다. 디지털 네트워크의 운영은 기본적으로 컴퓨터 소프트웨어에 의해 이루어진다. 이러한 소프트웨어는 국회에서 제정하는 법률이나 행정부의 시행령과 달리 네트워크의 노드들로부터 권한을 위임받은 바 없는 개발자들이 만드는 것이기 때문에 네트워크의 운영 알고리즘이 준수해야 할 기술적 표준을 국제적으로 정립할 필요가 있다.

이러한 기술적 표준은 국제조약과 같은 방식으로 만들어질 수도 있고, 국제 인터넷 표준화기구에서 만드는 인터넷 표준 등의 형식으로 자리 잡을 수도 있다.

개인적인 생각이지만 네트워크의 운영알고리즘이 준수해야 할 기술적 표준은 UN, EU와 같은 국가공동체의 설립·운영을 유추하여 그 조직 원리와 운영 원리를 소프트웨어로 구현하는 방식으로 만들수 있지 않을까 생각한다.

데이터 저장소의 문제

데이터를 저장하는 방식이 중앙 집중적인 서버가 아니라 분산 네트워크라는 것은 무엇을 의미하는 것인가?

엄청나게 확장하는 정보우주에서 데이터 저장소는 정보우주를 해석하고, 관리할 수 있는 수단으로 기능하게 될 것이다. 데이터 저장소와 데이터 거래소는 항상 밀접하게 연결되어 있다.

데이터 저장소가 중앙 집중 서버인 경우는 현재와 같이 정보를 보관하는 서버를 관리하는 기구가 주식회사와 같이 소수의 지배를 받기가 쉽다. 데이터를 한 곳에 모아둔다면 그 정보를 모아서 저장할 서버를 확충하고, 관리하는 사람 혹은 조직이 필요하고, 그러한 서버확충과 유지관리에 대한 비용지출이 필요하다.

데이터 저장소를 중앙 집중 서버로 만드는가, 분산 네트워크로 만드는가의 문제는 어떠한 차이가 있을까? 중앙 집중 서버는 문제가 생겼을 경우에 책임소재가 분명하고, 문제해결의 주체도 분명하여 신속하게 문제를 해결할 수 있으며, 새로운 기술을 도입하여 시스템을 업그레이드하기에도 편하다.

그러나 이러한 경우 운영주체는 책임을 지는 만큼 정보에 대해 권한을 가지게 된다. 정보 관리에 대한 권한이 커지고, 집중되는 것이 문제이다. 중앙 집중 서버를 관리하는 조직이 정보저장을 의뢰하는 사람들의 요구를 반영할 통로가 보장되지 않은 주식회사의 경우가 문제의 핵심이다.

물론 회사는 고객의 요구에 부응하려고 한다. 그러나 회사가 독점적 지위를 얻게 되어 고객의 요구에 특별히 부응할 필요가 없게 되면 회사는 주주의 이익 곧 이익의 확대만을 최우선 과제로 생각하게 된다.

정보의 독점, 권한의 남용과 같은 문제를 규제를 통해서 해결하는 것만으로는 부족하다. 정보를 분산하여 네트워크에 저장하게 된다면, 정보의 독점은 시스템적으로 제어가 된다. 그리고 정보를 분산 네트워크에 저장하게 되면 네트워크의 노드들 사이의 정보의 투명성이 확보된다. 왜냐하면 네트워크의 노드들은 누구나 정보관리자의 허락 없이 정보에 접근 가능하도록 시스템이 만들어지기 때문이다. 다만, 이러한 네트워크는 중심이 없기 때문에 어떻게 만들고 관리할 것인지 아직 인류가 알지 못하고 있다. 이러한 네트워크의 설립, 유지에 대한 계속적 실험이야말로 '블록체이니즘'의 핵심 정신이다.

토큰 이코노미와 자본시장법, 전자금융거래법, 외환거래법의 충돌

토큰 이코노미[•]란 아직 그 개념이 명확하게 정립되지 않았다. 토큰

• 토큰 이코노미(token economy)는 블록체인에서 사용하는 코인 또는 토큰을 활용하여 서비스를 제공하여 이윤을 창출하는 방법, 참여자들에게 보상을 주어 활성화하는 방법과 분산원장의 거버넌스(Governance) 등을 결합한 경제 생태계이다. 토큰 이코노미는 암호경제(crypto economy)를 구성하는 중요한 일부분이다(http://wiki.hash.kr/index.php/토큰

을 사용하여 가치를 창출하고, 보상을 하는 등 법정화폐 경제와 다르게 순환하면서 경제규모가 커지는 경제구조를 말한다고 생각한다. 쉽게 말하면 토큰을 사용할 수 있는 경제시스템이다.

토큰을 사용하여 가치를 평가하고, 보상을 하는 등 디지털 경제를 프로그래밍할 수 있다는 생각은 최근에 나온 것으로 기존의 법률이 예상할 수 없었던 것이다.

지금 인류는 상품 및 서비스에 대한 지불, 결제, 해외송금, 무역, 투자 등 사회적 시스템이 디지털로 변화하면서 기존의 규율이 맞지 않게 되는 순간을 지나고 있다. 토큰 이코노미의 성장은 필연적으로 토큰 이코노미에서 통용되는 토큰이 법정화폐, 즉 비토큰 이코노미(non-token economy)에서 사용되는 화폐 기준으로 가치가 상승한다. 이러한 논리로 많은 사람들이 토큰·코인에 투자하고 있다. 물론 토큰 이코노미가 현실에서 잘 안착하는 것을 전제로 해야 한다.

미국 증권감독위원회(SEC)는 비트코인과 이더리움의 경우 증권이 아니라고 발표하여 증권법 규정을 위반하지 않고도 계속해서 사업을 할 수 있도록 해 주었고, '크립토 맘'이라고 불리는 헤스터 피어스 미국 증권거래위원회 위원은 암호화폐를 발행한 암호화폐 스타트업에 대해 3년간 증권법 적용 여부를 유예해 줘야 한다고 주장하기도 하였다.•

자본시장법 적용을 하게 된다면, 지금의 암호화폐 발행업체, 암호자산 거래소는 엄격한 법률의 적용을 받아 영업을 위해 추가적인 자본과 규제에 부합하는 여러 물적 시설을 갖추어야 할 것이다. 그러나 코인, 토큰이 없던 시기에 만들어진 국내의 자본시장법을 그대로 적

이코노미, 2020. 2. 12. 접근).
• https://joind.io/market/id/1437, 2020. 2. 14. 접근.

용한다면 코인, 토큰은 그 잠재력을 충분히 발휘하기도 어려울 뿐 아니라 코인·토큰은 발행, 상장 등이 어려워져 암호자산 생태계가 생기기도 전에 소멸할 수밖에 없다.

자본시장법의 적용을 받지 않기 위해서는 코인·토큰이 증권이 아니라고 해석해야 한다. 하지만 블록체인 네트워크를 만들기 위한 자본조달방법으로 코인·토큰이 사용되고 있어 코인·토큰이 투자성이 없다고 하기도 어렵다.

중앙이 없는 블록체인 네트워크로 주식회사와 다른 플랫폼을 만들기 위한 목적으로 블록체인 네트워크에서 통용되는 코인·토큰을 판매하는 경우 해당 코인·토큰은 그것이 네트워크에서 어떻게 사용되더라도 자본시장법의 증권에는 해당하지 않는다고 선언하고, 다만 그로 인한 부작용은 별도의 법률에서 규율하는 것을 제안해 본다.

미국이나 홍콩, 일본 등에서는 블록체인 네트워크의 코인·토큰의 실질을 보고 증권에 해당하는 경우에는 기존의 증권법을 적용하는 방향으로 가고 있다. 세계적으로 그러한 기준이 공통으로 적용된다면 별 문제가 없을 수 있겠지만 일부 나라에 국한된 경우 아직 블록체인 생태계가 정립되지 않았다면 대부분의 블록체인 프로젝트가 증권법 규제가 덜한 곳으로 가게 되리라는 점은 분명하다.

규제를 하되 지금의 자본시장법을 '적용할 것인가, 적용하지 않을 것인가?'라는 질문으로 시작하는 것이 아니라 현재 암호자산 생태계를 어떻게 디자인할 것인지, 건전한 암호자산 생태계를 만드는 데 문제되는 부분이 무엇인지를 실사하고 그 실사결과에 따라 문제를 교정하면서 제도를 발전시키는 접근이 필요하다.

전자금융거래법 제1조는 '이 법은 전자금융거래의 법률관계를 명확히 하여 전자금융거래의 안전성과 신뢰성을 확보함과 아울러 전자금융업의 건전한 발전을 위한 기반조성을 함으로써 국민의 금융편의를 꾀하고 국민경제의 발전에 이바지함을 목적으로 한다'고 규정하고 있다. 또한 전자금융거래법이 적용되는 주요 대상인 전자금융거래*와 전자지급거래**에 대하여도 규정하고 있다.

블록체인 네트워크는 가치를 전달할 수 있는 디지털 플랫폼이라고 할 수 있으므로 블록체인 네트워크의 각 노드들은 전통적인 금융결제망을 통하지 않고도 서로서로 가치를 전달할 수 있다. 이러한 가치전달을 전자금융거래나 전자지급거래에 포섭하는 경우도 문제가 될 수 있다. 현행 전자금융거래법상으로는 가치전달을 사업으로 하는 경우만 규제하는 것으로 보여서 별 문제가 없지만 향후 블록체인 네트워크의 노드로서 금융상품이나 서비스를 판매하는 경우에는 전자금융거래법을 적용할 것인지 여부도 역시 문제가 된다.

전자금융거래법이 규정하고 있는 전자화폐,*** 전자채권,**** 선불전

- '전자금융거래'는 금융회사 또는 전자금융업자가 전자적 장치를 통하여 금융상품 및 서비스를 제공(이하 "전자금융업무"라 한다)하고, 이용자가 금융회사 또는 전자금융업자의 종사자와 직접 대면하거나 의사소통을 하지 아니하고 자동화된 방식으로 이를 이용하는 거래를 말한다.
- ** '전자지급거래'라 함은 자금을 주는 자(이하 "지급인"이라 한다)가 금융회사 또는 전자금융업자로 하여금 전자지급수단을 이용하여 자금을 받는 자(이하 "수취인"이라 한다)에게 자금을 이동하게 하는 전자금융거래를 말한다.
- *** '전자화폐'라 함은 이전 가능한 금전적 가치가 전자적 방법으로 저장되어 발행된 증표 또는 그 증표에 관한 정보로서 다음 각 목의 요건을 모두 갖춘 것을 말한다.
  가. 대통령령이 정하는 기준 이상의 지역 및 가맹점에서 이용될 것
  나. 제14호 가목의 요건을 충족할 것
  다. 구입할 수 있는 재화 또는 용역의 범위가 5개 이상으로서 대통령령이 정하는 업종 수 이상일 것
  라. 현금 또는 예금과 동일한 가치로 교환되어 발행될 것
- **** '전자채권'이라 함은 다음 각 목의 요건을 갖춘 전자문서에 기재된 채권자의 금전채권을

자지급수단,● 직불전자지급수단 등은 화폐의 진화로 나타난 코인·토큰과 비슷한 부분이 많다. 블록체인 프로젝트에서 생산되어 블록체인 네트워크에서 사용할 코인, 토큰을 전자금융거래법상 전자화폐, 전자채권, 선불전자지급수단에 편입시키는 경우 블록체인 네트워크를 만드는 개발자, 개발회사가 네트워크를 지배하지 않음에도 불구하고 전자금융거래업자로 금융위원회의 허가, 등록, 감독 등을 받아야 한다.

블록체인 프로젝트에 대하여 기존의 전자금융거래법 규제를 적용한다면 그 규제가 새로운 시대에 맞는 제대로 된 규제가 아니므로 전자금융거래법이 목적으로 하고 있는 전자금융거래업의 건전한 발전을 통한 국부의 증진에 역행할 수 있다.

블록체인 프로젝트는 네트워크를 만드는 것으로서 네트워크의 지배구조는 주식회사의 지배구조와 다르기 때문에 네트워크를 만드는 개발자나 재단 등에 대하여 전통적인 회사를 상정하고 만든 규율을 적용하는 것은 적절하지 않다.

자본시장법과 마찬가지로 전자금융거래법에 대해서도 실제 적용

말한다.
　가. 채무자가 채권자를 지정할 것
　나. 전자채권에 채무의 내용이 기재되어 있을 것
　다. 「전자서명법」 제2조 제3호의 공인전자서명이 있을 것
　라. 금융회사를 거쳐 제29조 제1항의 규정에 따른 전자채권관리기관에 등록될 것
　마. 채무자가 채권자에게 가목 내지 다목의 요건을 모두 갖춘 전자문서를 「전자문서 및 전자거래기본법」 제6조 제1항에 따라 송신하고 채권자가 이를 같은 법 제6조 제2항의 규정에 따라 수신할 것
● '선불전자지급수단'이라 함은 이전 가능한 금전적 가치가 전자적 방법으로 저장되어 발행된 증표 또는 그 증표에 관한 정보로서 다음 각 목의 요건을 모두 갖춘 것을 말한다. 다만, 전자화폐를 제외한다.
　가. 발행인 외의 제3자로부터 재화 또는 용역을 구입하고 그 대가를 지급하는 데 사용될 것
　나. 구입할 수 있는 재화 또는 용역의 범위가 2개 업종 이상일 것

과정에서 문제점이 발생하면 그 문제를 해결하는 방식으로 규제를 디자인해야 하고, 처음부터 가상의 문제발생을 예상해서 포괄적인 규제를 하는 것은 생태계의 진화를 가로막는 결과로 귀착된다.

외환송금의 혁신에 대해서는 지구적 차원에서의 요청이라고 볼 수 있다. 남미의 노동자들이 미국에 와서 얻은 달러를 고국에 보내려고 할 때 수수료로 많은 비용이 지출되는 것이 비트코인이 확산되게 된 원인 중의 하나였다. 국경을 넘을 때마다 외화를 바꾸고 외화를 바꿀 때마다 수수료가 많이 발생하는 것은 확실히 문제이다.

국가와 국가 사이의 장부 변환을 신뢰성 있게 하는 작업에 많은 중개인이 개입되어 있는 지금의 금융시스템 때문에 사람들은 과도한 비용을 지출할 수밖에 없다. 또한 지금의 금융시스템으로 이익을 얻는 조직이 있기 때문에 쉽사리 변하기도 어려웠다. 거대한 외환시장에서 각기 다른 외환을 가진 사람들의 거래가 즉각 이루어지고 청산도 바로 이루어질 수 있는 블록체인 네트워크의 태동을 사람들이 요구하고 있다. 노동과 자본이 자유롭게 이전하는 것에 거부감을 느끼고, 여러 가지 문제가 발생한다는 생각을 충분히 가질 수 있다.

하지만 미래의 사회는 지구에 사는 사람들이라면 누구나 지구의 어느 곳이라도 자유롭게 가고, 거주하고, 자신이 가진 가치를 창출하여 블록체인 네트워크로부터 보상을 받아 지구 어느 곳에서라도 살 수 있는 그런 세상이 될 것이다. 그러한 세상은 인종, 성별, 빈부 등에 의해 여러 가지로 차별되는 세상이 아닐 것이고, 전쟁이 없는 사회가 될 것이다. 벌써 국가가 아닌 도시로의 전환, 군대의 소멸에 대하여 이야기하는 정치학자도 있다.

지금까지 외국 돈은 각 국가의 법정통화만을 의미하였다. 그러나 국경을 가로지르는 새로운 블록체인 네트워크, 혹은 디지털 네트워크에서 다양한 화폐나 디지털 자산을 만들어내고 이를 통용하게 된다면 전통적인 외국 돈과의 관련 없이도 해당 네트워크에서 다양한 거래와 청산을 할 수 있게 된다.

블록체인 네트워크에서의 발행되는 가치단위인 코인·토큰을 각 그 성격에 따라 그때그때 외환으로 간주하거나 외환이 아니라고 하는 것도 점점 어려워질 것이다. 이러한 변화는 국가의 외국환관리의 필요성과 자유로운 해외 노드와의 거래보장 사이에서 어떠한 것이 더 사회에 유익한 것인가에 따라 결정될 것이다.

디지털 에셋은 어떻게 진화할 것인가 ─ 디지털 에셋과 저작권 문제

블록체인법학회의 정회원인 경희대학교 김재인 교수와 디지털 에셋에 관하여 이야기를 나눈 적이 있었다. 그리고 한컴위드 블록체인 팀, 트러스트버스의 최정원 매니저, 법무법인 바른의 한서희 변호사와도 디지털 에셋을 이용한 비즈니스모델에 대하여도 이야기를 나누었다.

김재인 교수는 디지털 에셋은 태어날 때부터 디지털로 태어난 디지털 정보에서 먼저 만들어질 것이라고 이야기하였고, 필자도 동의하였다. 손으로 만질 수 있는 물건 등의 정보를 블록체인 네트워크에 동일성을 유지하면서 등재할 수 있는 사회적 기술이 아직 나타나지 않았기 때문이다.

블록체인 네트워크에 정보를 업로드하는 순간 해당 정보는 장부에 기재되는 것과 같다. 실물 중에서도 부동산, 주식, 채권 등은 법률로써 자산으로 인정되고 있다. 그러한 이유로 국가에서 인정하는 장부에 자산 이동이 기재되어 있고, 장부에 기재됨으로써 자본으로 기능하고 있다.

지금 장부에 기재되어 자산으로 기능하는 부동산이나 주식 등의 장부를 블록체인 네트워크로 바꾸는 것은 많이 시도되는 블록체인 프로젝트이다. '남미 국가는 왜 자원이 많고, 국토가 넓으며 국민의 수도 많음에도 왜 영미와 같은 자본주의가 꽃피지 못했는가?'라는 질문에 천착한 남미의 유명한 경제학자인 에르난도 데 소토는 자산에 대한 소유권이 분명해져야 자산은 자본으로 진화한다는 점을 깨달았다. 그의 책 『자본의 미스터리』에도 그러한 생각이 잘 나타나 있다.

에르난도 데 소토는 아직 토지에 대한 소유권이 불분명한 국가의 토지 소유권을 블록체인 네트워크에 기재하는 프로젝트를 주장하였고, 팩텀이라는 블록체인 네트워크 개발조직과 함께 2015년부터 온두라스에서 토지 소유권을 블록체인 네트워크에 기재하는 프로젝트를 수행하였다.

그러나 위 프로젝트는 사실상 실패로 끝난 것으로 여겨지고 있다. 왜냐하면 토지에 대한 경계를 확정하고 그에 대한 권리자를 파악한 후 최초로 블록체인에 기재할 때 진정한 권리자가 등재되지 않을 가능성이 너무 커졌기 때문에 온두라스 국민들의 신뢰를 얻지 못한 것이다. 독재자인 권력층이 임의로 타인의 토지를 자신의 토지인 것처럼 조작하는 것이 비일비재하였고, 자신의 토지를 입증할 수 있는 사법시스템도 제대로 구동되지 않았기 때문이다.

실물의 정보를 블록체인에 올릴 경우 정확하며, 법률에 의해 권위가 담보되는 정보가 블록체인에 기재되는가 하는 문제가 소위 오라클 문제이고 이 문제는 아직 분명한 해결책이 없다. 따라서 이미 역사적으로 충분히 신뢰할 만한 토지 소유권 장부가 만들어져 있고, 그에 따른 제반 법적 시스템이 구비된 나라에서 기존의 토지 소유권 장부를 블록체인기반으로 변화시키는 것이 현재로서는 실현가능성이 있다. 국가권력이 토지 소유권을 확인하는 과정에서 국민의 신뢰를 얻지 못하는 국가에서는 블록체인에 토지 소유권을 기재하여 토지를 자본으로 기능하도록 하기 어렵다.

확립된 토지대장과 등기부를 블록체인 네트워크에 옮겨 기재하더라도 현재로서는 블록체인기술이 등기의 무효, 취소 등을 어떻게 반영할 것인가에 대해 분명하게 답을 해주고 있지 않기 때문에 여전히 미흡한 부분이 있다.

그럼에도 실물자산을 토큰화하는 것은 그 자체로 금융혁신이자 사회적 기술의 진화이다. 블록체인 네트워크에서 소유권이 이동되도록 정보를 디지털화한다면 단순히 등기부를 블록체인 네트워크로 바꾼 것에 불과하다고 말할 수 없는 잠재력이 발현된다. 토지 소유권이 신용의 기반이 되어 자본으로 추상화되었지만 아직 현실의 토지 소유권의 사용방식 등에 자본이 묶여있었다. 토지 소유권이 블록체인 네트워크에 기재된다면 아래와 같은 잠재력이 발휘될 수 있다. 첫째,

지구적 차원에서 법정화폐의 제약 없이 토지 소유권이 자본으로 기능할 수 있게 될 수 있다. 둘째, 법정화폐 외의 다른 가치 있는 자산과의 즉시 교환이 가능할 수 있다. 셋째, 토지 소유권의 권리를 다양한 방식으로 새롭게 재해석할 수 있고 재해석된 권리는 블록체인 네트워크에서 그 권리자를 네트워크에 바로 확정해 줄 수 있다.

이러한 잠재력 때문에 부동산의 지분 등을 토큰화하는 프로젝트가 계속되는 것이다. 주식, 채권, 특허권, 디자인권 등 국가가 관리하는 권리를 확인하는 공적인 장부가 있는 것들에 대해서는 모두 부동산과 같이 블록체인 네트워크에 해당 권리를 기재하려는 블록체인 프로젝트가 생기는 것은 모두 위와 같은 잠재력이 있기 때문이다.

그러나 등기부, 특허권 장부 등과 같은 공적인 장부가 없는 자산들 예컨대 물건의 경우에는 오라클 문제 때문에 블록체인 네트워크를 통해 물건의 권리자를 확정해주기가 어렵다.

다이아몬드, 미술품, 골동품, 중고명품 등 아주 고가의 동산의 경우에 위·변조가 많기 때문에 진품임을 확정할 수 있는 기술을 요청하는 시장의 요구가 있다. 다이아몬드에 대하여 블록체인기술을 적용하여 다이아몬드 공급과 관련한 혁신을 꾀하는 '에버렛저'라는 스타트업이 있다.

현재까지 다이아몬드 거래의 99.8%는 킴벌리 프로세스*에 의해

---

* 2003년 다이아몬드의 수출입에 관한 세계적인 협의기구이다. 정식명칭은 킴벌리 프로세스 인증체계(Kimberley Process Certification Scheme, KPCS)이나 흔히 킴벌리 프로세스로 간략하게 불린다. 내용을 간단히 정리하자면 협약을 맺은 국가들만이 다이아에 대한 수출입를 실행한다는 것으로 명분은 아프리카 대륙 여러 곳에서 발생하는 전쟁자금으로 사용되는 다이아의 불법 유통을 통제하기 위해서이다. 우리나라를 비롯해 유럽연합, 미국, 중국, 일본, 인도, 브라질 등 대다수 주요 국가들이 가입해 있다(https://namu.wiki/w/킴벌리 프로세스, 나무위키, 2020. 2. 12. 접근).

이루어지고 있다고 한다. 이 프로세스의 핵심은 킴벌리가 발행하는 원산지 증명서와 같은 인증서를 발행해 다이아몬드의 가치를 증명하는 것이다. 그런데 이 인증서가 위·변조되는 문제로 보험회사들은 매년 다이아몬드 도난 및 사기 사건으로 막대한 보험금을 지불하고 있다. 위 인증서를 블록체인기술을 적용하여 위조 또는 변조를 막는 것이 위 스타트업의 추구하는 것이다. 에버렛저는 자신들이 만드는 블록체인 장부에 개별 다이아몬드의 고유번호, 원산지, 4C 특징, 과거 거래내역 및 소유주에 대한 기록을 저장한다. 이 회사는 다이아몬드에서 나아가 예술품에 대해서도 생산, 유통, 소유관계를 블록체인 네트워크에 올리고자 하는데 2019. 3.경 오라클 블록체인 플랫폼을 도입한다고 발표하였다. 이처럼 비싼 동산의 경우에는 해당 동산의 특징과 그 소유관계를 장부로 만들 시장의 요구가 있다. 하지만 통상의 가격이 비싸지 않은 동산의 경우에는 가지고 있다는 것이 소유권자를 증명하는 것으로 인식되고 있기 때문에 별도로 소유권자를 증명할 장부를 만들어야 할 사회적 필요가 적다. 그런 이유로 동산을 자본화하기는 어렵다. 하지만 앞으로 생산, 제조 단계부터 어떠한 물건에 대한 정보를 만들어내고 실물과의 대응관계를 잘 연결한다면 이론적으로는 개인이 가진 모든 물건도 사용가치를 벗어나 자본화의 길을 갈 수 있다.

현재는 개인들이 가진 물건들 중 일부를 기부하기도 하고, 중고물품으로 거래하기도 하는 정도에 그치고 있다. 앞으로 개인들이 생산, 혹은 구입하는 단계에서부터 해당 물건에 대한 정보를 네트워크에 제공하여 컴퓨터가 물건에 대한 소유권 기타 권리자를 확정할 수 있다면 동산의 소유권 이동도 지금과 다른 차원으로 바뀔 수도 있을 것이다.

실물 세계에서 토지, 건물, 다이아몬드, 미술품 등을 블록체인 네트워크로 만들고 싶어 하는 사회적 요구는 있지만 오라클 문제로 쉽지 않다는 것을 살펴보았다. 태어날 때부터 컴퓨터가 인식할 수 있는 정보로 태어나는 디지털 정보로 만들어지는 디지털 음원, 디지털 텍스트, 디지털 영상의 경우에는 손에 잡히는 실물이 없기 때문에 보다 쉽게 디지털 에셋으로 진화할 수 있다.

디지털 정보를 생산하는 머신은 그 자체로 네트워크에 연결가능한 컴퓨터라고 볼 수 있기 때문에 생산과 동시에 자신의 계정으로 디지털 정보를 블록체인 네트워크에 올리는 것이 가능하다. 블록체인 네트워크의 운영 소프트웨어에 정해진 바에 따라 최초에 생산한 사람이 해당 디지털 정보에 대한 사용권한을 다양하게 설정할 수 있으며, 저작권을 행사할 수도 있고, 행사하지 않을 수도 있으며, 해당 디지털 정보의 권장가격도 설정할 수 있다.

이러한 기술적 진보는 기존의 저작권법을 새로운 단계로 진입시킬 것이다. 저작권법에서는 '저작물*'은 인간의 사상 또는 감정을 표현

---

* 저작권법에서는 저작물의 예시를 아래와 같이 들고 있다.
  1. 소설·시·논문·강연·연설·각본 그 밖의 어문저작물
  2. 음악저작물
  3. 연극 및 무용·무언극 그 밖의 연극저작물
  4. 회화·서예·조각·판화·공예·응용미술저작물 그 밖의 미술저작물
  5. 건축물·건축을 위한 모형 및 설계도서 그 밖의 건축저작물
  6. 사진저작물(이와 유사한 방법으로 제작된 것을 포함한다)
  7. 영상저작물
  8. 지도·도표·설계도·약도·모형 그 밖의 도형저작물
  9. 컴퓨터프로그램저작물

한 창작물을 말한다.'라고 규정되어 있다.

인간의 생각이나 감정을 표현한 창작물은 모두 저작권의 대상이 될 가능성이 있기 때문에 저작권법은 그 적용 방법에 따라 사회에 큰 영향을 미치게 될 수 있다. 지금까지 저작권은 작가의 창작활동을 보다 북돋아 주고 문화와 관련한 산업을 육성한다는 목적으로 입법되었다. 저작자는 저작물을 생산한 순간 공적인 장부에 저작자로서 등록을 하지 않더라도 저작권을 취득할 수 있다. 저작자로서 등록을 하는 것은 저작물에 대해 저작자를 쉽게 찾고, 저작자의 권리를 행사하기 쉽게 하기 위해서일 뿐이다. 저작물을 블록체인 네트워크에 올리게 되면 현재 유튜브 등과 같은 디지털 영상저작물을 볼 수 있는 플랫폼 운영업체가 가진 정보유통 독점이나 주식회사의 문제점을 피할 수 있다. 디지털로 된 저작물에 대해 정보를 공유하는 것 외에 해당 저작물을 이용하여 자유롭게 여러 가지 변형을 가해 새로운 저작물을 만들기 위해서는 무엇이 필요할까? 디지털 저작물에 대해 저작권자를 확정하고, 블록체인 네트워크의 노드들이 2차 저작물에 쉽게 접근할 수 있도록 저작권의 가치를 명확하고, 적절하게 정해주는 것이 필요하다. 또 어떤 순간을 기점으로 해당 저작권의 가치를 평가하는 알고리즘을 투명하게 블록체인 네트워크에 알리고 네트워크 노드들 대다수의 동의를 얻어야 한다. 저작권의 가치를 평가하는 알고리즘에 반대하는 노드들은 다른 경쟁 저작권 유통 블록체인 네트워크에서 다시 새로운 알고리즘을 적용하도록 노력하여 채택하도록 할 수 있을 것이다.

인간의 모든 생각이 디지털로 고정될 수 있으므로 사람들의 생각을 고정한 디지털 정보는 그 자체로 최소한의 가치를 가지게 될 것이다. 물론 네트워크에 많은 가치를 가져다주는 정보(노드들이 좋아하는 정보라고 할 수 있다)는 더 큰 가치를 가지게 됨은 분명하다. 이러한 가치판단을 위한 알고리즘은 노드들의 합의에 따라 블록체인 네트워크에 적용될 것이다. 지금의 기성세대와 달리 수많은 블록체인 네트워크에 자신의 일상을 올리는 것이 자연스러운 젊은 세대를 생각해보자. 자신의 일상이나 생각을 올린 정보가 사소하지만 수년간 축적되어 네트워크에 기여하였다면 성년이 될 무렵에는 축적된 정보를 자신이 필요한 네트워크에 사용할 다른 화폐나 화폐 대용물, 혹은 암호자산으로 바꾸어 하고 싶은 일을 할 수도 있다.

이런 의미로 나는 암호자산을 '젊은 자본'이라고 부른다. 젊은 자본은 늙은 자본, 즉 기성의 달러나 원화로 표시되어 있는 자산보다 그 가치를 점점 높여갈 것이다.

블록체인 네트워크에 정보를 올리는 것만으로도 소위 기본소득제 비전을 가능하게 할 수도 있다. 정보를 유통하는 플랫폼을 독점적으로 유통하는 회사의 영향력은 블록체인 네트워크에 정보가 올라오는 즉시 가치평가가 되면서 점점 줄어들게 될 것이다.

디튜브DTube와 같은 플랫폼은 디지털 영상물을 중앙이 없는 분산형 블록체인 네트워크에 올려 유튜브와 같은 중앙이 있는 동영상 플랫폼의 문제를 해결하려고 하고 있다.

• 디튜브(D.Tube)는 블록체인 기반의 탈중앙화 분산형 동영상 플랫폼을 위한 암호화폐이다. 디튜브는 탈중앙화 유튜브(Decentralized Youtube)라는 뜻으로서, 기존의 중앙화된 유튜브를 넘어서는 탈중앙화 동영상 플랫폼을 목표로 한다.
디튜브는 스팀(Steem) 플랫폼 기반의 디앱(DApp)이다. 디튜브는 IPFS 기반의 P2P 네트워크를 사용한다(http://wiki.hash.kr/index.php/디튜브, 2020. 2. 14. 접근).

11장

'블록체이니즘'과 대한민국의 확률적 미래
Blockchainism & Future of Korea

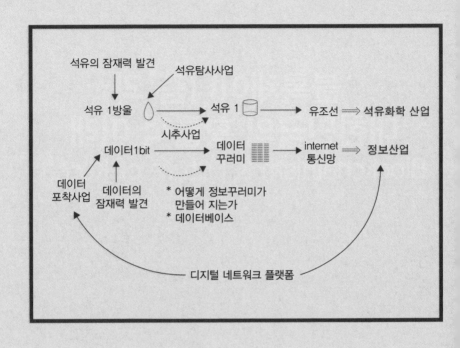

암호자산을 통한 금융은 기존의 금융보다 훨씬 비용이 덜 들면서도
세계를 대상으로 자본을 모을 수 있는 네트워크이고,
보다 정교하게 금융상품을 만들 수도 있다.
기존의 금융제도는 서서히 저물어갈 것이고,
블록체인 네트워크는 기존 은행, 증권사, 보험사, 펀드운용사들을 대체할 것이다.

'블록체이니즘'과 대한민국의 확률적 미래
(Blockchainism & Future of Korea)

미래는 알 수 없다고 하지만 복잡계와 확률에 대한 새로운 연구가 진전되면서 미래에 대해 우리는 다르게 대하게 될 것이다. 마치 태풍의 경로가 시시각각 변화하지만 우리는 태풍의 진로에 대해 모른다고는 하지 않는다. 확률적으로 판단하기 때문이다.

'블록체이니즘'이 지배적인 이념으로 한국에 자리잡을 때 한국에 어떠한 영향을 미치게 될지 알 수는 없지만 '블록체이니즘'이 가진 속성을 파악해보면 우리는 한국의 문화와 부에 대하여 긍정적 영향을 미치게 될 것인지, 부정적 영향을 미치게 될 것인지 판단할 수 있다. 물론 이 판단은 시간이 흐르면서 계속적으로 그 확률이 변화할 것이다.

대한민국과 '블록체이니즘'

사회가 발전하면서 사회의 구성원들은 사회의 시스템에 대해 보다 더 공정성과 투명성을 원하게 된다. 효율성보다 공정성과 투명성을 원하게 되면 블록체인 네트워크로 정보를 저장·유통할 유인이 생기게 된다.

투명성이야말로 네트워크를 성장시키는 핵심적 속성이다. 투명성이 보장되지 않는 네트워크는 성장하기 어렵다.

사회의 공적인 정보시스템을 블록체인 네트워크로 변환시키게 되면 사회의 투명성은 급격하게 올라가게 된다. 석유가 핵심 에너지원으로 등극하게 되자 각국은 전력을 다해 석유자원의 탐사에 나섰다. 중동지역의 국가들은 석유가 발견되기 전에는 큰 부를 축적하기 어려웠지만 석유가 발견되고 그 석유의 가치가 점점 증가함에 따라 국가의 부도 같이 증가하였다.

정보는 이제 새로운 시대의 석유이다. 정보의 가치가 증가함에 따라 정보를 많이 가지고 가공하여 새로운 가치를 만들어내는 국가의 부가 증가할 것임은 분명하다. 정보가 새로운 시대의 석유가 되려면 정보는 컴퓨터가 인식할 수 있는 디지털로 변환되어야 하고, 정보의 처분과 관련한 장부의 작성이 가능해야 한다. 정보를 자본으로 변화시켜 줄 수 있는 것, 이것이 정보와 블록체인이 만나는 지점이다.

석유와 달리 정보는 인간이면 누구나 채굴이 가능하다. 그러나 정보를 디지털로 변환하여 저장하기 위해서는 사회 구성원의 디지털 라이프가 문화가 되어 자신의 디지털 행위를 저장하고 공유하는 것이 물 흐르듯 이루어져야 한다.

한국만큼 사회의 구성원들의 디지털 라이프가 활성화된 나라도 드물다. 이러한 디지털 라이프 정보는 블록체인을 만나면서 새로운 자본으로 변환될 잠재력을 가지게 된다.

K-POP으로 대표되는 한류 역시 블록체인을 만나면 새로운 전기를 마련할 수 있을 것이다. 태어날 때부터 디지털로 태어나는 디지털 음원이나 디지털 영상, 디지털 사진은 유튜브, 구글 등 다양한 디지털 플랫폼을 통해 K-POP 및 한류의 확산을 가져왔다. 그러나 디지털 정보는 초기에는 공짜경제(Free economy)라는 말로 표현되다시피 공짜로 복사되어 유통되었다. 소리바다나 냅스터 등 P2P 네트워크를 통해 디지털 음원을 공유하는 네트워크가 많이 생겼고 이러한 네트워크는 기존의 저작권 업체와 많은 법적 분쟁을 치러야 했다. 결국 디지털 음원을 무료로 공유하는 것은 불법으로 규정되었지만 음원 자체의 가격은 수익이 크게 나오지 않을 정도로 내려가게 되었다.

디지털 정보를 무료로 복사하여 공유하는 것을 막기 위하여 여러 기술적 수단이 도입되기는 하였다. 이러한 기술을 통칭하여 디지털 권리 관리(Digital Rights Management, DRM)라고 부르고 있는데 이는 출판자 또는 저작권자가 그들이 배포한 디지털 자료나 하드웨어의 사용을 제어하고 이를 의도한 용도로만 사용하도록 제한하는 데 사용되는 모든 기술들을 지칭하는 용어다. 디지털 정보의 경우 기술발전에 따라 다양한 형태로 정보이용방식을 프로그래밍할 수 있다. 디지털 음원이나 디지털 영상을 소유하는 것이 아니라 스트리밍 방식으로 1회에 한해서 서버에 접속하여 서비스 이용을 하고 그 서비스 이용 대가를 받는 방식으로 대부분의 정보 이용 방식이 바뀌고 있다. 이러한 방식은 전통적인 저작권법에 기초하여 시장성이 있는 디지털 정보의 저작권을 저작권자로부터 다수 확보한 유통업체가 디지털 정보를 소유하면서 디지털 정보에 대한 열람·이용에 대한 대가를 받는 것인데, 이 역시 유통업체가 거대한 자본을 가진 주식회사로서 네트워크의 이익보다는 주식회사의 이익을 우선하는 문제가 항상 존재한다. 또한 자신이 관리하는 디지털 플랫폼에서 유저들의 자발적인 기부에 의한 디지털 정보(음원, 영상, 텍스트 등 가치 있는 모든 정보)의 생산·유통도 회사의 이익에 배치된다면 이를 억압하려고 하게 된다.

전통적인 저작권법에 따르면 공적인 장부에 등록이 되지 않았다고 하더라도 창의적인 저작물에 대해서는 당연히 저작자의 권리가 인정된다. 그러나 현재와 같이 국경을 초월하여 디지털 정보가 실시간으로 공유가능한 세상에서는 저작자의 권리를 사전에 인지하기가 어렵다. 디지털 네트워크에서의 노드들 사이의 디지털 정보의 공유에 대해서는 자생적인 문화가 생겨나고 있고, 이러한 문화는 시일이 걸리겠지만 법률이나 약관 등에 포섭될 것이다.

어떤 사람이 인터넷에 디지털 정보인 사진을 업로드하였다고 생각해보자. 해당 디지털 정보는 자신이 쓴 텍스트일 수도 있고, 음원일 수도, 사진일수도, 영상일 수도 있지만 편의상 사진이라고 해보자. 누구나 인터넷에 접속하여 사진을 보고 자유롭게 공유할 수도 있지만 저작자가 누구나 영리목적으로도 사용가능하다고 미리 공지해두지 않은 이상 그러한 디지털 사진을 다시 가공해서 새로운 사진을 만들거나 책이나 가방, 옷 등의 물건에 디지털 사진을 인쇄하여 판매할 수는 없다. 그렇다고 저작자와의 협상 없이 영리 목적으로 사진을 사용하기 전에 적당한 가격으로 사진을 사용할 수 있는 권리를 구매할 수 있는 방법도 보편화되지 않았다.

많은 사람들에게 알려져 있어 이미 새로운 지위를 얻은 사진과 같은 특수한 사례가 아니면 저작자와의 연락비용 및 협상비용*이 커지면 커질수록 저작자에게 보상을 할 수 있는 기회는 사라지게 된다.

전통적인 방식보다는 디지털 정보가 생산되면서 바로 기본적인 가격이 책정되고 네트워크에서의 이용정도 및 여러 상황변화를 감안하여 자동으로 알고리즘에 의해 저작자와 이용자의 대면이나 협상 없이 가격이 책정되어 거래가 되도록 하는 것이 보다 나은 방식일 것이다.

블록체인 네트워크에서 저작물인 디지털 정보를 등록하고 그 해당 디지털 정보에 대응하는 단위가치의 양을 매칭시킴으로써 이러한 방식이 가능할 수도 있을 것이다.

한류로 표현되는 문화 콘텐츠 역시 모두 디지털 정보로도 변환이 가능하다. 디지털 정보에 대하여 권한을 가진 자가 누구인지를 블록체인 네트워크에서 확인해줄 수 있고 그 정보의 가치도 암호자산시장에서 결정될 수 있다.

블록체인을 기반으로 하는 디지털 콘텐츠 이용을 위한 스마트계약 (smart contract)은 이미 널리 논의가 되고 있다. 그 구조는 저작물 창작자가 데이터를 블록체인에 기록하고, 블록체인 디지털 콘텐츠 플

---

* 디지털 세계에서 최초의 저작자를 찾고, 그와 저작권 사용비용에 대해 일일이 협상해야 하는 노력이 다른 저작권이 없는 디지털 정보를 찾는 노력보다 크다면 해당 디지털 정보는 영리적 목적으로는 사용되지 않을 것이다.

랫폼(Blockchain Digital Contents Platform, BDCP)을 통해 디지털 콘텐츠를 전송하면, BDCP 시스템 자체의 전자화폐 지갑의 공개키로 암호화하여 콘텐츠를 클라우드에 저장하고, 구매자는 포털 서비스를 통해 구매 프로세스를 수행하며, 일반 포털에서는 BDCP와 Open API를 통해 블록체인에 저작권 소비(유통) 거래를 수행하게 되며, 인증과정을 거치게 되면 BDCP는 해당 콘텐츠를 자신의 비밀키로 복호화한 후, 구매자의 공개키로 암호화하여 전송하게 되고, 최종적으로 구매자는 내려받은 디지털 콘텐츠를 자신의 비트코인 지갑의 비밀키를 통해 복호화하여 콘텐츠를 소비하는 구조라고 설명된다.*

현재의 저작권법은 유튜브와 같은 강력하고 독점적인 저작물 유통 플랫폼이 생기면서 여러 가지로 도전받고 있다. 저작권자의 수는 각 노드 수만큼 많아지고 유튜브의 저작물 이용정책이나 보상정책에 따라 저작물의 생산, 유통, 소비가 좌우되며 한 국가가 이를 관리할 수 없는 상태에까지 이르고 있다.

디지털 콘텐츠인 저작물의 생산, 유통, 소비에 대한 플랫폼 사업자의 독점은 여러 가지로 문제가 되고 이를 해결하기 위한 다양한 블록체인 프로젝트가 실험 중이다.

한류로 대변되는 디지털 정보도 블록체인 네트워크에서 새로운 잠재력을 실현할 수 있다. 물론 지금의 블록체인 네트워크 기술은 여러 가지 속도나 용량 등의 문제, 몰카 동영상 및 블록에 정보를 올리는 것 자체가 범죄가 되는 동영상에 대한 삭제의 문제, 디지털 정보거래

---

* 이상민, 블록체인을 활용한 디지털 콘텐츠 저작권 보호방법 연구, 숭실대학교 석사학위논문 (2017.9.)[정진근, 블록체인(Block-chain): 저작권제도에서의 활용가능성과 한계에 대한 소고, 계간 저작권 2018 겨울호에서 재인용].

및 그에 대한 암호화폐 이전에 있어서 암호화폐가 가진 여러 가지 문제에 대해 신뢰할 만한 답을 내놓지는 못하고 있다.

그러나 이러한 문제는 향후 해결될 수 있는 수준의 것이라고 생각되고 큰 틀에서 회사가 아닌 네트워크가 정보를 저장·유통하는 플랫폼으로 기능할 수 있을 것이라고 생각한다.

그렇다면 지금의 주식회사는 어떠한 변화를 거칠 것인가? 한류의 중심에 서있다는 SM엔터테인먼트, YG엔터테인먼트, JYP엔터테인먼트와 같은 가수발굴, 음원제작, 유통 등 소위 기획사는 어떤 선택을 해야 하는 것일까? 블록체인 네트워크라고 하여 전연 중심이라고 부를 만한 것이 없다고 할 수는 없다. 원화 네트워크라고 하는 우리나라의 경우를 보더라도 여러 중심이 있다. 정부는 원화 네트워크의 투표를 통해 계속 교체되고 원화 네트워크의 운영과 원화 네트워크가 창출한 부를 공정하게 분배하려고 노력한다. 주식회사가 블록체인 네트워크로 변화하더라도 주식회사는 국가의 정당과 같은 형태, 즉 블록체인 네트워크 내에서 지속적으로 운영과 거버넌스에 참여하는 조직으로 변신할 것이다. 주식회사의 활동은 서서히 수직적 구조에서 업무로 쪼개진 수평적 구조로 전환될 것이며 주식회사 역시 작은 네트워크 조직으로 변화하게 될 것이지만 그 구성원들의 목적이 뚜렷하게 집중되어 있다는 차이가 있다.

한국이 빠르게 이와 같이 다양한 블록체인 네트워크를 건설한다면 일자리 문제에 대한 새로운 해결책이 될 수 있다. 소위 정규직으로, 해고 등이 법률적으로 제한되고 다양한 법적 보호를 받는 일자리는 시대의 흐름에 따라 사라지고 다양한 네트워크에서 다양한 소득을 창출하되 국가는 가장 기본적인 네트워크로서 시장참여자들에게 기본적 생존을 위한 기본소득을 지급할 수 있는 시스템을 유지하는 정도면 된다는 입장이다.

주식회사는 이익이 남아야 새로운 근로자를 채용한다. 주식회사가 디지털 네트워크와의 경쟁에서 이기지 못하여 이익이 남지 않으면 새로운 근로자를 채용할 수 없다. 그 뿐 아니라 인간은 주식회사에 근로자로 근무하기보다는 네트워크에서 자유롭게 가치창출을 하고 싶어 하고 그러한 컴퓨팅 수단은 지금도 발전하고 있다.

블록체인 네트워크에 필요한 국제규범 제정 이슈에 대한 선점

블록체인 네트워크는 결국 개별국가와 여러 가지로 충돌할 수밖에 없다. 왜냐하면 블록체인 네트워크는 익명성과 국제성을 가지고 있기 때문이다. 지금 국가가 국민의 자산거래에 대한 정보를 획득할 수 있는 것은 다양한 법률에 기초하여 정보를 저장하고 전달하는 역할을 하는 은행 등으로부터 정보를 받기 때문이다. 그런데 블록체인 네트워크는 자산거래에 있어 제3자의 역할이 필요가 없다. 물론 거래를 도와주는 중개업 자체가 완전히 소멸할 것으로 생각하지는 않는다. 국가가 국민의 자산거래에 대한 정보를 알지 못하면 과세 등에 큰 문제가 발생한다. 거래가 일어난 것은 네트워크의 노드들이 모두 알 수 있지만 그 노드들과 실제 국민의 신원과 연결하는 정보를 행정기관, 은행 등에서 한꺼번에 정보를 저장·관리하지 않기 때문에 제3자가 알기 어렵고 해당 개인만이 네트워크의 계정이 누구의 계정인지 알 수 있다.

또한 디지털로 구축되는 블록체인 네트워크에는 다양한 국가의 사람들이 자유롭게 가입·탈퇴를 할 수 있다. 블록체인 네트워크에 참여하는 것만으로도 여러 종류의 기본적인 소득을 보장할 수 있기 때문에 한번 블록체인 네트워크에 참여하면 탈퇴할 필요성이 줄어들도록 블록체인 네트워크를 설계하고 시스템을 보완할 것이다. 블록체인 네트워크들은 블록체인 네트워크들끼리 경쟁하고 협업할 것이다.

이렇게 볼 때 새로운 디지털 네트워크가 국제적으로 무수히 생겨남에 따라 국제적으로 이러한 디지털 네트워크의 규제가 필요하다. 디지털 네트워크가 범죄 등에 이용되지 않도록 디지털 네트워크의 설계부터 운영까지 기본적인 조건에 대한 기준이 필요하다.

블록체인 네트워크를 위한 다양한 기준을 연구하고 공표할 국제기구나 조직 역시 많이 생길 것이다. 이러한 국제기구나 조직을 주도적으로 만들고 운영하는 것이 블록체인 세계에서 주도권을 잡을 수 있는 방법 중 하나일 것이다.

국내 연구자들과 국내 기업가들이 새롭게 부상하는 블록체인 네트워크에 대한 국제기준 수립과 관련한 문제에 대해 많은 관심을 가져야 할 것이고, 블록체인법학회 역시 이를 위해 노력하고 있다.

풍부한 디지털 정보를 가공, 유통, 소비, 재생산할 수 있는 기술 발전을 요구하는 시대적 요청

한국의 인터넷과 통신환경은 세계 어느 나라에도 뒤지지 않는 풍부한 디지털 정보를 가질 수 있게 하였다. 이러한 디지털 정보는 아무 생각 없이 본다면 지금의 세계에 아무런 가치가 없는 것처럼 보일 수 있다. 실제로 디지털 정보는 음원, 영상 등 회사가 자본을 투자하여 만든 것 외에는 별다른 가치가 없다고 여겨져 왔다.

복잡계에 대한 연구, 컴퓨팅 기술의 엄청난 발전, 빅데이터 분석기술의 발전, 인공지능 기술의 발전 등은 무수히 많은 디지털 정보를 요구하기 시작하였고, 이러한 수요의 급증과 더불어 정보를 자본화할 수 있는 블록체인기술이 나오면서 디지털 정보는 새롭게 조명을 받기 시작하고 있다.

이러한 디지털 정보를 채굴(컴퓨터가 인식할 수 있는 상태)하여 가공해서 서비스로 제공할 수 있는 산업은 한국이 잘할 수 있는 분야이다. 언제 일어나 무엇을 하고, 아침으로 무엇을 먹고 무엇을 마시며, 어떤 이동수단으로 직장에 출근하며 디바이스로 무엇을 검색하고 어떤 디지털 정보를 향유하는지 등 이 모든 것이 디지털 정보로 변환되면 가치가 있다.

정보 하나하나도 물론 가치가 있겠지만 이 정보들이 모이면 새로운 차원의 가치로 변환된다. 이것이 '빅데이터'이다. 수많은 사람들이 서로 영향을 주고받으며 살아가는 사회는 대표적인 복잡계이다. 이러한 복잡계는 수많은 사회 구성원들의 상호작용을 바탕으로 작동하기 때문에 수많은 정보가 수집되어야 그에 따라 컴퓨터를 이용해서 예측하고 대응할 수 있다. 빅데이터 없이는 사회나 시장과 같은 복잡계의 미래를 예측하기 어렵고 결국 사회 네트워크를 고도화하는 설계를 할 수도 없다.

사생활의 비밀 유출이나 프라이버시 침해를 두려워하지 않고 자발적으로 사회 네트워크에 유용한 정보를 공유하는 문화는 미래 네트워크 정보사회에 필요한 소양이 될 것이다. 자유롭게 자신의 정보를 네트워크에 올리기 위해서는 자신이 네트워크에 제공한 정보에 대한 통제가 가능하다고 느끼게 해주어야 한다.

지금까지 연기처럼 날아가 버린 개인에 대한 정보를 컴퓨터가 인식할 수 있도록 하는 회사, 개인에 대한 정보를 모아 가치가 있는 빅데이터로 만들고 이를 가공하여 새로운 가치를 만드는 회사, 이 새로운 가치를 측정할 수 있는 단위로 평가할 수 있도록 하는 인프라를 생성·유지·운영하는 회사, 정보가 자본이 되고, 자본이 된 새로운 암호자산을 이용하여 새로운 금융상품을 만드는 회사 등이 한국의 기존 정보 산업을 새로운 차원으로 도약할 수 있도록 할 것이다. 그리고 위 회사들은 블록체인 네트워크의 하나의 노드이자 허브로서 활동할 것이다.

개인의 비밀과 디지털생활에서 생산되는 정보와의 구별

세상의 모든 것은 '정보'이다. 그러므로 이 세상의 모든 것이 구별되는 것처럼 정보도 모두 구별될 수 있다. 누구나 볼 수 있는 상태로 정보를 공개하더라도 문제가 없는 정보도 있고, 아무도 내용을 볼 수 없는 상태로 두어야 하는 정보도 있다. 법률로 규제하기 위해서는 공개 정도에 따른 사회적 효과를 염두에 두고 정보를 잘 구분하여야 한다.

현행 법률의 경우 개인정보와 비개인정보로 나누고 개인정보의 경우 일단 특별한 사정이 없는 한 동의 없는 개인정보 저장, 사용, 거래를 할 수 없도록 하고 있지만 정보의 구분을 좀 더 세밀하게 구분하여 공개 정도, 영리적 이용 정도, 동의의 필요성 여부를 단계적으로 적용하는 것이 보다 좋을 것이다.

개인이 스스로 블록체인 네트워크에 브로드캐스팅한 정보의 경우 저작권의 대상이 되지 않는 이상 자유롭게 저장·사용할 수 있도록 하되, 다른 사람이 그 개인에 대한 정보를 획득한 경우에는 그 개인의 디지털 형식을 가진 동의를 얻도록 디지털 네트워크를 설계해야 한다.

사생활의 비밀을 유지하는 것은 행복의 기본이 되는 조건이다. 또한 공개되면 범죄에 사용되기 쉬운 정보, 예컨대 집과 직장, 가족에 대한 정보 등은 동의 없이는 사용할 수 없도록 하되, 동의를 거부할 특별한 사정이 없다고 객관적으로 추단되는 정보의 경우 자유롭게 사용할 수 있도록 하며 해당 개인이 추후에 사용을 중지시킬 권리를 보유하도록 하는 것도 고려해볼 만하다.

개인의 사찰과 참여한 공동체인 네트워크에의 정보기여의 구분

한국민에게는 국가 권력이 법률에 따르지 않고 개인을 사찰한 경험이 트라우마처럼 남아있다. 산업계에서 데이터를 영리목적으로 사용할 수 있도록 해달라고 수없이 요구함에도 시민단체에서는 오히려 개인정보법을 더욱 강화하여 국가나 기업이 개인에 대한 정보를 가질 수 없도록 하여야 한다고 주장하여 왔다.

자신에 대한 개인정보를 공동체인 네트워크에 기부한다는 생각은 아직 나타나지 않았지만 네트워크 정보사회로 가는 길목에서는 이러한 정보기부 문화의 확산이 필요하다. 인간이 가진 가장 중요한 정보 중 하나인 유전자정보를 생각해보자. 정보과학의 발달은 생물학을 정보과학의 한 분야로 만들었다. 유전자 정보가 점점 해독됨에 따라 해당 유전자와 인간이 합성한 약물, 식품, 술과 담배, 운동 등 건강과 관련이 있는 건강정보가 어느 정도의 임계점을 넘어 모이게 되면 빅데이터가 유전자와 건강과의 연관을 밝혀줄 수도 있을 것이다. 이러한 것이 가능하기 위해서는 개인이 공동체 전체의 미래의 이익을 위해 자신의 정보를 공동체에 기부하는 것이 필요하다. 자신의 정보를 네트워크에 기부하는 경우 현실의 자신을 그대로 나타낼 필요도 없다. 유전자 정보에 대해 말하자면, 유전자 정보와 관련한 정보를 집적할 익명의 아바타를 새로 탄생시키면 된다. 이 아바타는 디지털 네트워크의 새로운 노드로 필요한 정보를 집적하고 연결하는 통로가 될 수 있다. 이 아바타가 현실 세계의 어떤 사람과 연결되는지는 그 사람만이 통제할 수 있도록 설계도 가능하다.

물론 이러한 연결에 관한 정보를 중앙에서 관리하되 그 정보열람에 대하여는 법관의 영장이나 법원의 결정에 의해 하도록 하는 방식도 불가능한 것은 아니다. 어찌 보면 범죄의 의심 등이 있거나 디지털 네트워크의 노드로서의 아바타가 어떤 문제가 있어 이를 교정해야 한다고 할 때 제3자가 현실의 사람과 아바타와의 연결을 알 수 있도록 하는 것이 꼭 필요할 수도 있다.

완전한 익명성은 완전한 공개와 마찬가지로 존재하지 않는 극단으로 취할 바가 못 된다.

디지털 네트워크에 자신의 정보를 제공하여 디지털 네트워크가 이 정보를 가공·사용할 수 있도록 하는 것은 디지털 네트워크에 기여하는 것이다. 따라서 네트워크에서 활동하는 것만으로도 해당 노드는 존재의 의의가 있으며 네트워크가 그 해당 노드에 보상을 하는 것 역시 이러한 점에서 정당화될 수 있다. 복잡계 해석을 위한 빅데이터에 포함된 어떤 정보가 빅데이터의 가공·해석을 통하여 창출된 새로운 가치 있는 정보에 어느 정도 기여하였는지를 정확히 판단하는 것은 매우 어려운 일이다.

가치 있는 정보로 인한 수익 등을 배분하는 것을 인간의 자의에 맡기지 않고 합의된 알고리즘에 따라 자동으로 배분하도록 시스템을 구성하는 것이 블록체인 네트워크의 지속적인 유지에 도움이 될 것이다.

정보의 자본화로 인한 신금융허브로의 도약

현재까지의 인류의 경험으로 볼 때 부(wealth)는 최종적으로 금융자본이 된다. 금융자본은 실제 현실세계의 가치 있는 물건(우리는 이를 주로 자산이라고 부른다)을 추상화한 것으로 추상화의 결과 시간과 공간을 초월하여 이동할 수 있다. 현실세계의 자산은 해당 자산에 대한 권리를 매개로 추상화되었지만 권리의 추상화의 결과인 증권, 채권, 혹은 회원권 등이 디지털 공간에서 이동할 수 있기까지는 오랜 시간이 흘렀다. 아직까지도 인터넷을 통하여 재산적 권리를 이전하는 것은 쉽지 않은 일이다. 지금까지 법적 권리는 국가가 제정한 법률에 의해서 인정되어 왔다. 물론 국가의 법률에 의하지 않더라도 서로 경제생활을 같이 하는 소규모 공동체의 자치적인 규약에 의해서 인정되기도 하였지만 이런 경우에도 결국 궁극적으로는 법률에 의해 포섭되었다.

미국 서부 개척은 인디언의 땅을 빼앗거나 아무도 사용하지 않는 땅에 깃발을 꼽고 이를 신고하여 장부를 만드는 방식으로 거의 이루어졌다. 연방정부에서 그러한 행위가 위법이고 소유권을 인정할 수 없다는 내용으로 많은 법률을 제정하였다. 그러나 결국 미국 서부에서 광범위하게 인정되는 소유권 획득, 거래 방식은 법률에 의해 합법적인 것으로 포섭되었다.

이때부터 미국에서 자산의 자본화가 급격하게 진행되어 자본주의가 발전하게 된 동력이 되었다고 보는 학자[*]도 있다.

---

[*] 에르난도 데 소토의『자본의 미스터리』, 니얼 퍼거슨의『금융의 지배』라는 책을 보면 자세한 내용을 알 수 있다.

미국의 서부개척과 비슷하게 암호자산을 인정하지 않는다고 하더라도 암호자산을 인정하는 네트워크에 참여하는 사람들이 많아지고, 실제 암호자산을 거래하거나 지급수단으로 사용하는 것이 일상화되면 결국 그 압력으로 인하여 암호자산을 인정하는 법률이 만들어질 수밖에 없을 것이다.

정보를 자본화하는 일에 곧 세계가 경쟁하게 될 것이다. 왜냐하면 정보를 자본화하여야 정보기업이나 정보네트워크를 만들 수 있기 때문이다. 정보기업과 디지털 정보네트워크는 사회를 네트워크정보사회로 한 단계 진화시키고 있다. 기존의 달러 중심의 금융자본 시스템에서 우리나라가 새롭게 도약하기란 쉽지 않다. 기술 개발이나 사회진보 역시 금융의 도움을 받을 수밖에 없고 그 금융은 달러 중심의 미국이 지배하고 있기 때문이다.

새로운 도약을 위해서는, 새로운 사회로 진입하기 위해서는 새로운 자본이 필요하다. 새로운 기술 발전도 전통적인 금융자본의 도움을 받게 되면 결국 그 과실은 금융자본이 가장 많이 가져갈 수밖에 없도록 시스템화 되어 있다.

암호자산은 그 자체로 새로운 자본이 될 수 있다. 경제적 가치로 환산하기 어려웠던 햇빛을 에너지로 바꿀 수 있는 기술이 개발되면서 태양광 산업이 생겨 커다란 가치를 만들어냈듯이, 경제적 가치로 환산되지 못하고 사라졌던 정보를 블록체인 네트워크를 통해 경제적 가치가 있는 자산으로 만들 수 있다.

이러한 정보를 포착하여 안전하게 거래할 수 있도록 하는 플랫폼을 만드는 데 모든 노력을 경주해야 한다. 이러한 디지털 네트워크를 만들고 유지하기 위해서는 디지털 네트워크의 가치를 산정할 수 있는 가치평가수단이 필요하고, 그 수단으로 암호자산이 사용될 수 있다.

세계의 암호자산 중 대부분이 한국에 모이거나 새로운 블록체인 프로젝트를 통해 만들어진 암호자산이 한국에서 주로 사용가능하다고 생각해보자.

비트코인이나 이더리움과 같은 암호화폐는 그 자체로, 혹은 비트코인과 이더리움을 담보로 하여 대출받은 법정화폐로 블록체인 네트워크를 만들거나 그에 필요한 여러 가지 서비스를 만드는 스타트업이나 개인에게 투자금으로 사용될 수 있다.

암호자산을 받아 이를 이용하여 사업을 계속하거나 네트워크를 만들어가는 여러 조직들은 하나의 생태계, 하나의 네트워크를 이루게 된다. 이러한 생태계는 암호금융이라고 부를 수 있는 금융에 의해 만들어질 수 있다.

암호자산을 통한 금융은 기존의 금융보다 훨씬 비용이 덜 들면서도 세계를 대상으로 자본을 모을 수 있는 네트워크이고, 보다 정교하게 금융상품을 만들 수도 있다. 기존의 금융제도는 서서히 저물어갈 것이고, 블록체인 네트워크는 기존 은행, 증권사, 보험사, 펀드운용사들을 대체할 것이다.

다른 어느 나라보다 빠르고 선도적으로 이러한 생태계를 만들게 되면 새로운 혁신의 시대에 암호금융에 있어 허브로 큰 부를 만들어 낼 수 있다.

이러한 잠재력과 가능성이 있기 때문에 지금의 블록체인, 암호화폐의 현실에서의 여러 문제점들은 빨리 해결하고 암호금융이 신뢰를 얻을 수 있도록 제도를 디자인해야 한다. 지금 다단계 업체나 투기세력, 시장조작 세력은 오히려 제도가 없기 때문에 기승을 부리고 있다고 할 수 있다.

한국 정부는 블록체인의 가능성 자체를 크게 보지 않는다고 판단된다. 지금 블록체인을 이용하여 실제적으로 회사보다 더 큰 가치를 만들어내는 네트워크가 없기 때문이고, 정보를 자본화하기 전에 투기와 도박의 대상으로 코인·토큰을 발행하고 있는 것이 현실이기 때문이다.

한국은 2017년 김치프리미엄으로 표현되는 암호화폐 투기광풍과 같은 투기열풍을 겪었기 때문에 암호화폐, 암호자산의 가능성을 객관적으로 보기 어려워졌다. 다단계 업체나 유사수신행위를 하는 단체들이 암호화폐를 빙자하여 사기행위를 많이 저지르고 있고, 암호화폐, 암호자산이 상장된 거래소에서 계속해서 암호화폐가 큰 폭의 가격등락을 하여 거래되는 것을 본 일반 대중이 이에 쉽게 속고 있다. 코인, 토큰이라는 단어 자체를 마케팅 수단으로 쓰지 못하게 하는 것이 필요할 정도이다.

블록체인 네트워크와 암호자산 생태계의 활성화를 위해서는 과연 새로운 혁신조직인 블록체인 네트워크의 구축과 유지를 위해 암호화폐, 암호자산이 왜 필요한지, 언제 어떻게 암호자산을 거래할 수 있는지 국가적 차원에서 명확한 기준을 제시하여야 한다. 그리고 그 기준에 따른 감시·감독을 하여 블록체인기술에 따른 코인, 토큰이라고 대중을 속이는 코인·토큰을 판매하거나 유통할 수 없도록 하고 그 판매, 유통을 한 사람과 조직을 형사적으로도 처벌하는 것이 필요하다.

지금 페이스북이나 구글, 애플, 알리바바, 텐센트와 같은 거대 네트워크 정보기업은 전 세계 사람들을 자신의 네트워크에서 활동하도록 하고 있다. 유저를 기준으로 한다면 벌써 페이스북은 중국의 인구를 넘었다. 디지털 네트워크 기업이 운영하는 플랫폼은 전 세계 유저의 정보를 빨아들이고 있다. 네트워크 정보기업이 저장하고 있는 정보에 대하여 유저들이 정보 삭제를 요청하거나 정보이전을 요구할 권리는 보장되지 못하고 있다.

자국의 지배적인 네트워크 기업이 없는 유럽에서 잊힐 권리에 대한 논의가 먼저 나오고 개인정보에 대하여 보다 강하게 보호를 하도록 규제를 하는 일반개인정보보호법(General Data Protection Regulation) 역시 유럽에서 먼저 논의되는 것은 유럽인의 정보가 구글, 페이스북 네트워크를 통해 구글, 페이스북 서버에 저장되는 것이 문제가 되기 때문이다.

디지털 네트워크 플랫폼 유저들의 정보가 어느 하나의 주식회사의 서버에 저장되고, 그 회사가 독점적으로 유저들의 정보를 가공·유통하여 이익을 올리는 것은 점점 더 큰 문제가 될 것이다.

이러한 문제가 점점 커지게 되면 결국 그 반대급부로 그 문제를 해결하기 위한 시대적 요청 역시 커지게 될 것이다.

이러한 시대적 요청에 부합하는 것이 '블록체이니즘'이라고 할 수 있다. 중앙이 없는 블록체인 네트워크가 구글과 페이스북과 같은 정보가 어느 한 곳에 저장되는 네트워크형 기업을 대체하려고 하는 운동과 그 이념 역시 '블록체이니즘'이다.

12장

'블록체이니즘' 선언
Blockchainism Manifesto

BLOCK
CHAINISM

—

'블록체이니즘'은 정보를 새롭게 정의해서 생산하기 때문에
필연적으로 그 정보를 가치 있게 만드는 관계, 즉 네트워크를 만들게 된다.

'블록체이니즘' 선언(Blockchainism Manifesto)

'블록체이니즘' 선언을 선도적으로 2020년 6월 대한민국의 서울에서 발표한다.

이는 네트워크정보사회의 지배적 이념이 될 '블록체이니즘'을 풍부하게 하고 유연하게 할 학문적, 예술적, 문화적 여러 활동이 대한민국에서 이루어지기를 바라는 소망 때문이다. 블록체인기술과 '블록체이니즘'은 정보사회에 엄청난 잠재력을 가지고 있고, 인공지능이나 전통적인 정보통신기술은 이러한 잠재력을 피우기 위한 전제기술이라고도 생각될 정도이다.

블록체인산업 생태계가 대한민국에서 활성화되어 대한민국이 먼저 새로운 네트워크정보사회로 진입하기를 희망한다.

'블록체이니즘'이란 무엇인가?

'블록체이니즘'은 새로운 시대의 시대정신이다. 새로운 시대는 네트워크정보사회를 말한다. 네트워크정보사회를 이끌어가는 무정형의 다양한 측면에서의 새로운 해석의 총합이 '블록체이니즘'이라고 할 수 있다. 아직 구체적으로 그 형태와 성질이 알려지지 않은 '블록체이니즘'의 세 가지 큰 본질적 특징은 무엇인가?

첫째, 세계는 원자가 아니라 정보의 관점에서 해석되고, 정보가 가치 있는 자산이 된다.

둘째, 가치를 창출하는 조직이 주식회사에서 디지털 네트워크로 변화하고 있다.

셋째, 국가와 지역, 인종, 성별, 나이 등의 제한이나 차별을 넘어서는 국제적인 규범, 국제적으로 통용되는 화폐가 사용되는 디지털 네트워크가 폭발적으로 만들어지는 시대가 된다.

이러한 '블록체이니즘'의 시대가 오고 있다는 것을 아는 사람도 있고, 큰 시대적 흐름을 보지 못하고 하루하루 주어진 문제를 해결하기에 급급한 사람들도 있다. 사회는 진화하고, 기술도 진화한다는 것을 분명하게 인식해야 한다.

국가와 사회의 진화 역시 계단식으로 이루어진다. 아무리 노력해도 노력하지 않는 사람의 처지와 다를 바 없는 경우도 많은데 이 역시 아직 계단을 올라갈 정도로 에너지가 축적되지 않았기 때문이다. 물이 끓기 전에 온도가 올라가더라도 아직 액체 상태의 물이 바로 수증기가 되지 않는 것과도 같다. 국가와 사회의 진화가 새로운 단계로 변화한다는 것을 분명하게 인식한다면, 지금의 시대는 에너지가 축적되어 계단식으로 새로운 사회로의 변화 시점임을 알아차릴 수도 있을 것이다.

네트워크정보사회로 세계가 의식적이든, 무의식적이든 경쟁하고 있다는 것을 알아야 미래에 대한 계획을 세울 수 있다. 글로벌하게 유행을 하였던 ICO, 비트코인과 이더리움과 같은 암호자산의 가치폭등, 암호자산을 통한 외환규제와 자금세탁의 회피 등은 순간적인 유행이 아니라 새로운 시대로의 진입을 위한 전조증상이다. 우리는 이러한 현상에 집중하고 그 의미를 파악하여 미래를 위한 설계도를 잘 작성해야 한다.

모든 생명은 그 자체로 진화하도록 디자인되어 있다. 모든 생명은 자신의 잠재력을 최대한 발휘하도록 운명되어 있다. 아이는 넘어져 아프더라도 계속해서 걸음마를 연습한다. 실패를 실패라고 여기지 않고 계속 도전한다. 아이는 걷고 달릴 수 있는 자신의 능력을 개발하도록 운명되어 있다. 자신의 잠재력을 충분히 발휘하기 위해 노력하는 것은 유전정보에 각인되어 있는지도 모르는 일이다.

사회는 9시에 출근해서 6시까지 회사에서 주어진 일을 하고, 회사로부터 일의 성과를 평가받는 사회에서 스스로 네트워크에 필요한 일을 하고, 참여한 네트워크로부터 일의 성과를 평가받는 사회로 이동하고 있다. 구글이나 페이스북, 아마존과 같은 최첨단 정보기업은 실제 성과를 내지 않으면 아무리 회사의 책상에 오래 앉아 있다 하더라도 일을 하지 않은 것처럼 취급하는 문화로 가고 있다. 일은 결국 성과로 측정될 수밖에 없고, 성과는 대표이사나 대주주가 아닌 시장, 혹은 네트워크가 판단할 수밖에 없는 시대가 오고 있다.

의도하지 않았지만, 혹은 자신이 좋아서 그냥 했지만 이 사회에, 인류에, 네트워크에 큰 기여를 할 수 있다. 아인슈타인의 '상대성이론', 하이젠베르크의 '불확정성의 원리'에 관한 논문은 인류에 큰 기여를 하였고 두 사람은 세계적인 명성을 얻었다. 하지만 두 논문 중 어떤 것이 인류에 더 큰 기여를 한 것일까? 두 사람의 연구는 공유재 (commons)로 인류에 귀속되었다고 하더라고 두 연구자에 대한 보상이 명성으로 충분한 것일까? 학계나 연구소에서 근무하지 않아 학술잡지에 기고하기 어려운 사람들의 지적 성과물, 혹은 사토시 나카모토의 비트코인에 대한 소고처럼 온라인 카페와 같은 곳에 업로드한 지적 성과물에 대해서는 어떻게 그 가치를 충분히 평가하고 사회적인 보상을 해 줄 수 있을까?

이러한 질문은 '블록체이니즘'을 공부하면서 당연히 생각하게 되는 질문들이다. 블록체인은 지금까지 그냥 포착되지 않고 사라져버렸던 좋은 정보를 포착해서 가공, 유통, 소비, 재생산하는 모든 기술을 합한 것이다. 정보혁명의 발달은 개인의 컴퓨팅 능력을 기하급수적으로 상승시켰고, 앞으로도 그럴 것으로 예측되고 있다. 현재 블록체인기술의 문제가 되고 있는 여러 가지 문제들, 전력소비의 문제, 효율성의 문제 등은 시간이 해결해줄 것이다. 중요한 것은 현재의 기술수준이 아니라 블록체인이 나타나게 된 사상적, 시대적 배경이다. 이것이 '블록체이니즘'이다.

조세징수의 문제를 해결하기 위해 문자와 수학을 고안하게 된 것처럼 정보의 자본화에 따른 정보의 독점, 부의 분산화를 해결하기 위해 블록체인기술이 나타났다. '블록체이니즘'은 정보를 새롭게 정의해서 생산하기 때문에 필연적으로 그 정보를 가치 있게 만드는 관계, 즉 네트워크를 만들게 된다. 이러한 가치 있는 정보생산이 없다면 네트워크를 새로 만들 필요도 없고, 또한 생산된 정보를 현재와 같이 기업이나 국가가 독점한다면 굳이 블록체인기술을 사용할 필요도 없다. 그렇게 되면 사회가 복잡하면서도 개인의 창의성을 충분히 발휘할 수 있는 다양한 네트워크로 중첩된 사회로 진입하기는 어렵게 된다. 어떤 이들은 구글이나 페이스북이 공정하고 정의롭게 행동하도록 법과 제도로 강제한다면 굳이 새로운 네트워크를 만들 필요가 없고, 회사가 네트워크보다 생산성이 더 높다고 주장한다.

그러나 양자정보물리학에 따르면 '정보는 관계'라고 정의된다. 다양한 관계가 많아질수록 정보가 다양해질 뿐 아니라 어떤 정보는 그정보를 생산할 네트워크가 필요하다. 결국 노드의 수가 적고 노드 간상호작용이 많지 않은 회사는 네트워크보다 정보생산에 있어 뒤떨어질 수밖에 없다. 아마존이나 쿠팡을 예로 들어 본다면 각 회원이 어떠한 제품을 구매하는가 하는 정보만이 회사인 아마존과 쿠팡에 집적될 뿐 유저들 상호간의 네트워크가 없다. 그리고 그 정보는 유저 개인들 입장에서는 크게 중요하지 않은 정보의 집합에 불과하다.

또한 페이스북과 같이 다수 유저들과의 네트워킹 정보를 회사가알 수 있다고 하더라도 그러한 정보를 다른 유저들이 공유재로 사용하기도 어렵다. 결국 복잡한 네트워크의 유저들 간의 네트워킹을 정보로 포착할 수 있다면 네트워크의 정보는 질적·양적으로 회사에서축적하는 정보를 훨씬 초과할 수밖에 없다.

결국 새로운 시대는 주식회사의 진화버전으로 네트워크 조직을 원하고 있고, 개인들이 수많은 네트워크에 중복으로 참여가 가능하기때문에 하나의 회사의 직원으로만 일하는 경우에 비해 훨씬 많은 가치 있는 정보를 공동체인 네트워크에 제공하게 될 것이다. 이러한 사회가 진정 네트워크정보사회이다.

지금의 사회를 네트워크정보사회로 만들어 개인의 자유와 창의성을 충분히 발휘할 수 있는 사회가 되도록 하는 것이 바로 '블록체이니즘'이다.

자유로움은 부를 기반으로 한다. 부유함이 없는 상태에서 사회가 자유롭기는 어렵다. 네트워크정보사회는 지금의 사회의 부를 획기적으로 증진시킬 것이다. 석유가 있어야 석유화학이 가능하다. 새로운 기술발전으로 석유가 에너지원으로 자리를 잡자 산유국은 큰 부를 얻을 수 있었고, 그 자원을 가공·유통·소비하는 거대한 산업이 생겼을 뿐 아니라 인류의 문명을 변화시켰다.

정보는 새로운 시대의 석유이다. 정보를 가공·유통·소비하는 거대한 산업생태계가 생성될 것이고, 인류의 문명을 획기적으로 변화시킬 것이다. 이러한 정보는 석유와 달리 네트워크가 있으면 생성된다. 그러므로 복잡계 네트워크인 모든 사회, 국가는 정보를 어떻게 포착하여 유통시키는가에 따라 부를 생성할 수 있다.

이러한 네트워크를 잘 만들고, 공정하게 운영한다면 개인들도 자신의 정보가 제3자의 영리를 위해 이용되는 것이 아니라 스스로와 공동체인 네트워크를 위해 사용된다고 인식하여 스스로 네트워크가 원하는, 네트워크가 가치 있다고 생각하는 정보를 블록체인 네트워크에 제공하고 그에 대한 보상을 받게 될 것이다.

이 책은 블록체인 네트워크의 건설이 중요하고, 이는 시대적 요청임을 말하고자 하는 생각에서 쓰게 되었다.

2020년 서울에서 '블록체이니즘'이라는 새로운 사상이 좀 더 구체화되기를 기대해본다.

참고문헌

개정판 자본시장법 주석서 Ⅰ, Ⅱ, 한국증권법학회, 2015. 8. 10.
과학의 새로운 언어, 정보, 한스 크리스천 폰 베이어 저, 전대호 역, 승산, 2007. 1. 18.
광장과 타워, 니얼 퍼거슨 저, 홍기빈 역, 21세기북스, 2019. 2. 20.
금융의 역사, 윌리엄 N. 괴츠만 저, 위대선 역, 지식의 날개, 2019. 7. 29.
기업, 계약 그리고 금융구조, 올리버 하트 저, 오철 역, 한국경제신문, 2017. 12. 12.
네트워크의 부, 요하이 벤클러 저, 최은창 역, 커뮤니케이션북스, 2015. 4. 1.
넥스트머니, 고란, 이용재 공저, 다산북스, 2018. 6.
돈의 본성, 제프리 잉햄 저, 홍기빈 역, 삼천리, 2011. 4. 15.
디지털사회 법제연구(블록체인 기반의 스마트계약 관련 법제연구), 정경영, 백명훈 공저, 한국법제연구원, 2017. 8. 29.
마스터 알고리즘, 페드로 도밍고스 저, 강형진 역, 비즈니스북스, 2016. 7. 22.
민주주의의 그 비판자들, 로버트 달 저, 조기제 역, 문학과 지성사, 1999. 6. 18.
블록체인거버넌트, 전명산 저, 알마, 2017. 5. 31.
블록체인혁명, 돈 탭스콧, 알렉스 탭스콧 저, 박지훈 역, 을유문화사, 2018. 12.
비트코인 현상, 블록체인 2.0, 마이클 케이시, 폴 비냐 저, 유현재, 김지연 역, 미래의 창, 2017. 7. 10.
사회신용, 클리포드 H. 더글러스 저, 이승현 역, 역사비평사, 2016. 4. 4.
21세기 자본, 토마 피케티 저, 장경덕 역, 주식회사 글항아리, 2014. 12. 15.
인공지능과 법, 한국인공지능법학회 저, 박영사, 2019. 2. 28.

조직의 재창조, 프레데릭 라루 저, 박래효 역, 생각사랑, 2016. 8. 30.

지식의 공유, 엘리너 오스트롬, 샬럿 헤스 공저, 김민주, 송희령 역, 타임북
스, 2010. 6. 1.

크립토 에셋, 암호자산 시대가 온다, 크리스 버니스크, 잭 타터 공저, 고영훈
역, 비즈페이퍼, 2018. 6. 5.

팀오브팀스, 스탠리 맥크리스털, 탠텀 콜린스, 데이비드 실버먼, 크리스 퍼
셀 공저, 고영훈 역, 이노다임북스, 2016. 8. 10.

포스트 프라이버시 경제, 안드레아스 와이겐드 저, 홍지영 역, 사계절, 2018.
11. 26.

화폐와 신용의 이론 상권, 하권, 루드비히 폰 미제스 저, 김이석 역, 한국경제
연구원, 2011. 1. 24.

FATF 국제기준 해설, 이귀웅 저, 박영사, 2017. 3. 15.

찾아보기